광야 같은 인생에서 승리하는 비결

광야 같은 인생에서

출 애 굽 에 답 이 있 다

승리하는 비결

이은철 지음

동아일보사

저자의 말

보건복지부 국립정신건강센터에서 실시한 '2024년 국민 정신건강 지식 및 태도 조사'에 따르면 국민 10명 중 7명은 지난 1년간 심각한 스트레스와 지속적인 우울감 등 정신 건강 문제를 경험했다. 통계청에서 펴낸 '아동 청소년 삶의 질 2022' 보고서에 따르면 청소년 자살도 늘었다. 자살은 청소년 사망 원인 1위다. 2024년 기준 한국의 마약 사범 수는 2만 명을 넘어섰다. 10년 전보다 3배 넘게 증가한 수치다. 특히 2030세대의 마약 사범 비중이 높다.

지금 대한민국은 어느 시대보다 모든 것이 풍요로운 환경이지만 정신적·정서적으로 문제를 겪는 이들이 늘고 있다. 전문가들이 여러 가지 원인을 찾아 예방하고 치유를 위해 노력하지만 그 노력의 열매가 그다지 만족스럽지 못한 상황이다.

　교육의 질은 물론이고 삶의 질 또한 높아졌지만 정신적·정서적 아픔이 더 커지는 상황이 안타까울 뿐이다. 그렇다면 왜 이런 아픔이 우리 사회를 뒤덮고 있는가. 상황이 이렇게 된 것은 사람을 통전적·전인적으로 이해하지 못하기 때문이다.

　수년 전 어머니가 병원에 입원한 적이 있다. 아들로서 어머니를 붙잡고 기도하고 있는데 간호사가 와서 종교 행위를 하지 말라고 강하게 말리는 일이 있었다. 신앙을 가지고 기도하면 여러 가지 이적과 기적을 많이 경험하게 되는데, 이것을 병원에서 인정하지 않는 경우가 있다.

　채널A의 〈이제 만나러 갑니다(이만갑)〉를 즐겨 본다. 북한을 이탈한 사람들의 이야기를 들어보면 말도 되지 않는 듯한 경우에 하나님을 찾고 기적적으로 탈출한 이들이 많다. 만일 하나님이 계시면 한국에 가게 해달라고 기도하고 임진강에 뛰어들어 탈북한 이도 있다. 이런 영적 영역을 인정하지 않으면 온전한 전인 치유, 전인 건강, 전인 평안으로 나아가는 데 한계가 있다.

    40여 년간 영성 치유, 심리 치유, 내적 치유, 전인 치유 분야에서 많은 경험을 했다. 사람들에게 조금이나마 도움이 되고 유익한 길을 찾아보려고 애써 왔다. 그간의 경험을 토대로 이론이 아닌 실제 원리를 나누고자 이 책을 집필했다. 독자에게 전인적 건강, 전인적 치유의 은혜가 임하기를 기원한다.

차례

저자의 말   004

PART 1   012

하나님의 형상을 닮은 사람

- 하나님의 형상 • 전인이란 • 전인의 구조
- 전인의 기능 • 전인의 상호 관계 • 전인의 유형
- 전인 유형의 특징 • 전인의 거듭남

PART 2   034

출애굽의 유형

- 출애굽의 현재성 • 출애굽의 틀: 여정

PART 3　056

애굽
거듭남의 필요성

- 애굽의 삶과 상징 • 애굽의 실제
- 애굽의 진단 • 애굽의 과업

PART 4　074

출애굽
거듭남의 길

- 출애굽이란 • 출애굽의 목적 • 출애굽의 실제
- 출애굽 진단 • 출애굽의 과업 • 영접 기도

PART 5　094

홍해
거듭남의 확증

- 홍해의 중요성 • 홍해의 영적·신앙적 의미
- 홍해(세례)의 실제 • 홍해 과정의 진단
- 홍해(세례)의 과업 • 구원의 불안정

PART 6   118

광야
거듭남의 삶

- 광야의 의의 • 광야의 필연성 • 광야의 목적
- 광야의 실패 • 광야 교회에서 실패한 이유
- 광야에서 실패한 결과
- 광야의 실제 : 신앙 공동체의 본질
- 광야의 은혜 • 광야에서의 승리
- 유대 민족의 광야 • 신 광야 • 시나이 광야
- 바란 광야 • 광야의 진단 • 광야의 과업
- 마음의 할례

PART 7   198

요단강
거듭남의 능력

- 요단강의 의미 • 요단강의 영적·신앙적 의미
- 예수님과 성령의 관계 • 요단강의 영적 실제
- 성령의 임재(靈生·born again) • 성령의 내주(靈安)
- 성령 세례(靈洗) • 성령의 감동(靈交)
- 성령의 인도(靈從) • 성령 충만(靈性)
- 성령 은사(靈敏) • 성령의 기름 부으심(靈力)
- 성령의 조명(靈感) • 요단강의 진단 • 요단강의 과업

PART 8　　　　　　　　　　　　　　　　　246

신 벗음
거듭남의 성품

- 네 발에서 신을 벗어라
- 신 벗음의 실제 : 영점(零點·Ground Zero)
- 영점의 진리 • 영점의 은혜
- 영점에서의 승리 • 신 벗음의 삶
- 신 벗음의 진단 • 신 벗음의 과업

PART 9　　　　　　　　　　　　　　　　　290

가나안
거듭남의 성장

- 가나안 • 가나안의 의미 • 대적의 대상
- 가나안의 영적 의미 • 가나안 정복의 원리
- 여리고성의 교훈 • 여리고성의 정복
- 에발산과 그리심산 • 그리심산과 에발산의 실제
- 그 길을 걷는 자들 • 도피성 • 도피성의 목적
- 도피성의 영적·복음적 의미
- 가나안 교회의 진단 • 가나안 교회의 과업

나가면서　　　　　　　　　　　　　　　　340

구약성경 창세기 1장 25절에서 27절까지의 말씀을 보면,
하나님께서 땅의 짐승들과 모든 생물을 그 종류대로 창조하신 후에
마지막에 사람을 창조하시면서 하나님의 형상대로 우리를 만드셨다고 기록돼 있다.
세상에 여러 종교가 있고, 그 종교들이 가진 경전이 있지만 성경만큼 창조의 기록을
정확하게 기록한 것은 없다. 사람이 스스로 존재하는 것이 아니기 때문에
우리는 하나님의 피조물임을 인정할 수밖에 없다. 사람의 생명은
유한하며 영원할 수 없기에 피조물로서 창조주를 찾고 믿고 의지하려고 한다.
다만 그 창조주가 어떤 분인지에 따라 종교가 나뉜다.

PART 1

하나님의 형상을 닮은 사람

하나님의 형상

|

성경에서 형상은 주로 이미지(image)로 표현됐다. 하나님이 이르시되 우리의 형상(in our image)을 따라, 하나님이 자기 형상(in his own image), 곧 사람을 만드셨다. 하나님의 형상은 우리와 같은 육체의 형태를 의미하는 것이 아니라 하나님의 이미지(image), 곧 하나님의 상징·전형(type)·개념·관념·생각·사상·정신·이상·철학·가치관·세계관 등을 의미한다.

요한계시록에서 이미지는 짐승의 우상(요한계시록 13: 15, 14: 9, 14: 11)으로 표현됐다. 짐승의 우상이란 짐승의 이미지(image of beast)다. 사람들이 미처 깨닫지 못하지만 세상에는 두 종류의 정신을 가진 사람들이 있다. 하나님의 이미지를 가지고 살아가는 자들과 짐승의 이미지를 가지고 살아가는 자들이다. 심리학자들은 짐승의 정신을 가진 자들을 여러 가지로 표현한다. 사이코패스(psychopath), 나르시시스트(narcissist), 과잉행동장애, 신경발달장애, 조현병 및 정신병적 장애, 성격장애 등이다. 물론 이런 정신적 장애가 다 짐승의 이미지 때문이라는 것은 아니다. 다만 정신적 장애와 짐승의 이미지를 구별하지 못하는 것이 문제다. 구약시대나 신약시대나 우상은 형상화다. 인간 내면의 욕망과 욕구를 종교화, 형상화한 것이다. 따라서 우상숭배란 자기 숭배(self-worship)다. 그러므로 하나님의 형상이란 우리의 외모가 아닌 마음, 생각, 사상, 정신, 개념, 관념이다. 즉 마음의 형상(image)이 중요하다(에스겔 14: 3, 14: 4, 14: 7). 하나님은 사람의 행동이나 삶을 보시기 전에 사람의 마음, 생각, 사상, 관념을 보신다.

"마귀가 벌써 시몬의 아들 가룟 유다의 마음에 예수를 팔려는 생각을 넣었더라(요한복음 13: 2)."

"육신을 따르는 자는 육신의 일을, 영을 따르는 자는 영의 일을 생각하나니 육신의 생각은 사망이요, 영의 생각은 생명과 평안이니라. 육신의 생각은 하나님과 원수가 되나니 이는 하나님의 법에 굴복하지 아니할 뿐 아니라 할 수도 없느니라(로마서 8: 5-8)."

"내가 이 백성에게 재앙을 내리리니 이것이 그들의 생각의 결과라(예레미야 6: 19)."

"사람은 마음의 생각이 늘 악하다(창세기 6: 5)."

"사람의 마음이 만물보다 심히 거짓되고, 심히 부패했다(예레미야 17: 9)."

사람들이 하나님의 형상, 하나님의 사상·정신·관념·개념으로 창조됐다는 것은 우리가 하나님처럼 전인(全人, Whole Person)적으로 창조됐음을 의미한다.

전인이란

전인(Whole Person)은 하나님의 피조물로서 하나님의 형상을 의미한다. 하나님께서 사람을 창조하시되 자신의 형상대로, 자신의 모습대로 창조하셨다. 하나님의 형상, 하나님의 모습으로서의 전인은 영(Spirit)·혼(Soul)·육(Body)이다. 초대교회 교부인 오리겐(Origens), 로마의 클레멘스(Clements of Roma), 알렉산드리아의 클레멘스(Clements of Alexandria), 니싸의 그레고리(Gregory of Nissa) 등은 인간의 몸을 영·혼·육으로 구별했다.

마르틴 루터(Martin Luther) 역시 인간이 하나님의 형상을 닮았다는 것을 중요시하며 인간을 영·혼·몸으로 이해했으며, 장 칼뱅(Jean Calvin)은 르네상스 인문주의의 영향과 플라톤의 사상을 이어받아 인간을 영혼, 육체로 구분하되 하나의 통일체로 보았다. 심신의학자들은 의사들이 환자들을 치유할 때 영적·심리적·육체적 구조에 따른 치유를 강조했다. 세계보건기구(WHO)는 1998년 본 회의에서 기존의 건강 개념에 영적 건강을 추가해 정의를 새롭게 했다. "건강이란 질병이나 장애가 없을 뿐만 아니라 신체적·정신적·사회적·영적으로 완전한 역동적 안녕 상태다."

폴 투르니에(Paul Tournier)는 인간의 초자연적 영역인 영적 영역을 다음과 같이 구분했다.

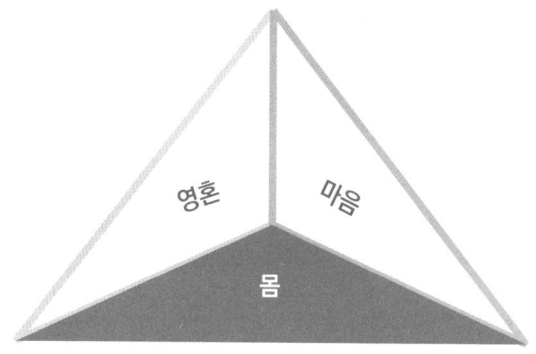

전인의 구조

여러 신학자는 인간의 구조를 영·혼·몸 통전적으로 보았다. 이를 성경도 증거로 보여주고 있다(히브리서 4: 12, 시편 16: 9, 시편 32: 9, 데살로니가전서 5: 23, 에스겔 36: 25-27). 사람들이 하나님의 형상을 닮았다는 것은 영·혼·육을 가졌다는 의미다. 따라서 연약한 존재로 태어난 사람들은 영·혼·육이 거듭나야 한다. 거듭남이 전인적이어야 하는 것뿐만 아니라 치유도, 건강도, 성장도 심지어 복을 받는 것도 전인적이어야 한다.

찰스 솔로몬(Charles R. Solomon)은 《풍성한 삶》에서 지그문트 프로이드(Sigmund Freud)가 말하는 이드(Id)·에고(Ego)·슈퍼에고(Super Ego)를 성경이 말하는 몸(Body)·혼(Soul)·영(Spirit)으로 대체해 설명하며, 몸·혼·영 3부로 구성된 인간의 상호 관계를 설명하기 위해 원형 도표를 그려 사용했다. 이는 그가 세운 그레이스 펠로십 인터내셔널(Grace Fellowship International)을 통해 영적 치유라는 분야를 개척하고 상담 과정을 통해 인간의 총체적 행동 전체를 설명하고 이해하는 데 적합한 것으로 입증됐다.

영(Spirit)

사람이 하나님의 영을 가졌다는 것은 하나님을 가장 잘 닮은 것이며 피조물 중 유일하게 하나님을 닮은 것이다. "하나님은 영이시다(요한복음 4: 24)." 영은 생명의 실체요 본질이다. 구약에서 '영'은 루아흐(ruach)다. 이는 '숨을 쉬다' '바람이 불다'라는 동사에서 유래된 것으로 '영' '숨' '바람'으로 사용된다. 이 영은 성경에서 '생기(breath of life)' 또는 '생령(living soul)' '전능자의 기운' 등으로 번역됐다. 영은 원래 하나님만이 지니신 하나님의 신격이다. 이 하나님의 신격이 사람에게 부여됨으로써 사람이 영적 인격체가 됐다. 피조물인 인간은 영의 기능을 통해 하나님과 관계를 맺고 하나님과 교제한다.

혼(Soul)

인간의 혼은 자아의식 또는 심리적 의식으로서 마음을 의미한다. 인간의 마음은 매우 복잡해서 쉽게 이해하기 어렵다. '혼' '마음'은 인간 속에 있는 자아를 말하는데, 자아는 '나' '자신' '인격'을 의미하며 사고, 학습, 문제 해결, 의지, 인식, 기억, 주의, 사상, 감정, 정서, 정신을 의미한다. 인간의 성격, 태도와 관계를 결정짓는다. 마귀의 유혹과 공격을 가장 먼저 그리고 가장 심하게 받는 곳이다.

육(Body)

육은 사람의 영과 혼을 담는 그릇과 같다. 몸은 생리적 현상에 따라 반응하며 사지백체, 오장육부, 이목구비를 총체적으로 일컫는 말이다. 이는 사람을 물리적·세속적·공간적으로 보는 것이다. 육은 자기만족을 추구하는 모든 열망, 욕심, 필요, 욕구의 총체다.

전인의 기능

영의 기능

직관(Intuition)

직관은 영적 감각기관으로서 정신력이나 이성적이나 연역적인 것을 통해서 아는 것이 아니라 성령의 조명이나 영감을 통해 직접적으로 깨닫는 것이다. 사도 바울은 직관을 "사람의 일을 사람의 속에 있는 영 외에 누가 알리요. 이와 같이 하나님의 일도 하나님의 영 외에는 아무도 알지 못하느니라. 우리가 세상의 영을 받지 아니하고 오직 하나님으로부터 온 영을 받았으니 이는 우리로 하여금 하나님께서 우리에게 은혜로 주신 것들을 알게 하려 하심이라(고린도전서 2: 11-12)"라고 했다.

사람의 사정은 사람 속에 있는 영만이 통찰을 통해 아는 것이다. 사람의 마음, 혼의 기능은 배우고 습득해서 아는 것과 전혀 다른 즉각적 인지, 즉각적 판단, 즉각적 통찰이라고 할 수 있다. 직관은 영적 기능으로 사람의 영이 건강하면 창조주 하나님과의 관계가 형성되고 하나님의 뜻과 영적 섭리를 알게 된다.

양심(Conscience)

양심은 영이 가진 두 번째 기능으로 하나님의 거룩함과 의로우심을 나타내는 기능으로 불의와 타협할 수 없는 기능이다. 영의 영역인 양심이란 일반적·도덕적·영적 진리를 이해하는 것이고, 옳고 그른 것과 의와 불의, 부정과 정직을 구별하는 능력이다. 양심은 수많은 정보를 판단하는데, 문화·말·행동·학습·종교·도덕·윤리·우정·직감 등과의 관계에서 옳고 그른 것을 분별·구별·판단해서 마음과 육체에 전달함으로써 의롭고 선하게 행하려는 의지를 준다.

영교(The Spiritual Communication)

영교는 영적 교제로서 하나님께서 사람에게 생명을 주실 때 그 생명을 받아들이는 기능이다. 피조물인 인간은 창조주 하나님과 교제하고, 의사소통을 함으로써 하나님의 인도하심을 깨닫게 되고, 하나님께서 주시는 평안을 누리게 된다. 그러나 이 교제가 두절되면 영적 죽음 상태가 돼 여러 가지 미신과 우상숭배에 빠지게 된다. 그럴수록 사람의 삶은 더 고통스러워진다.

혼의 기능

사람의 전인을 이루는 것 가운데 하나인 혼은 자아의식, 심리적 의식으로 다른 사람과 관계를 맺고 교제하게 이끈다.

지(Knowledge, 생각)

혼의 기능 가운데 중요한 것은 생각의 기능이다. 생각은 어떤 일을 고안하고, 의도하고, 상상하고, 계획한다. 또한 생각은 여러 가지를 추론·추리·궁리하고, 많은 정보를 인식·기억하고, 다시 상기하는 일을 하며 이해하는 능력이다. 따라서 생각은 우리가 어떤 행동을 하느냐를 결정하는 중심이다.

인간은 심리적 동물로서 생각이 어떤 각본을 가지고 있느냐에 따라서 개인의 삶을 연속적으로 지배하는 것으로, 사상·신조·주관적 관점을 가지고 모든 사물과 사건을 이해하고 판단한다. 인간은 여러 가지 정보에 의해 혼란에 빠지기도 하고, 갈등하거나 번민하기도 하고, 염려·근심·고민에 빠지기도 한다. 인간의 정신·심리·인격이 건강하냐, 건강하지 못하느냐, 인간이 어떤 사상을 가지고 어떻게 행동하느냐를 결정하는 것이 생각이다. 따라서 무엇보다 생각을 바로 갖는 것이 중요하다.

생각은 여러 가지 교육과 훈련을 통해 변화될 수 있다. 그리고 좋은 환경과 정보를 통해 건전한 생각으로 바꿀 수 있다. 따라서 건강한 인격체를 만들고 병든 정서를 치유하기 위해서는 혼의 기능 가운데 가장 중요한 생각과 사상을 바로잡아 주는 것이 중요하다.

정(Emotion, 감정·정서)

인간의 감정은 가장 상처받기 쉽고, 흥분하기 쉬워 가장 많은 도움이 필요한 부분이다. 인간의 감정은 몇 가지 특징을 가지고 있다.

첫째, 감정은 자신을 둘러싼 환경에서 일어난 사건을 느끼는 대로 움직인다.

주위 환경에서 일어난 상황에 대처하기 위해 신체 대부분의 기관에 자극을 주어 전체적으로 반응을 일으킨다. 긴장하면 손에 땀이 나는 것이나, 화가 나면 얼굴이 붉어지는 것이나, 긴장하면 근육이 떨리는 것이나, 슬픈 일을 당하면 눈물이 나고, 두려운 일이 있으면 입술이 마르는 것 등이다.

둘째, 감정은 한번 체험되면 생각이라는 기능 속에 기억으로 남는다. 따라서 기억이 떠오를 때마다 감정이 반복된다.

셋째, 감정은 불쾌한 것보다 유쾌한 것, 어려운 것보다 쉬운 것에 이끌리게 돼 있다.

넷째, 감정은 수시로 변하기에 결코 신뢰할 수 없다.

의(Behavior)

인간의 의지는 선택과 결정을 내리는 기제(mechanism)다. 하나님은 사람에게 자유의지를 주셨다. 그러나 타락하고 오염되고 부패하기 쉬운 인간의 의지는 하나님과 관계를 맺고 교제하기보다 자유분방하게 행동하고자 한다. 이 때문에 영과 혼이 병들어 간다.

육의 기능

육은 영과 혼을 담는 그릇이다. 육은 영과 혼의 명령에 따라 자연을 의식하고 환경과 관계를 맺는다. 몸은 생리적 현상에 따라 반응하며 세상에 속해 세상을 의식하며 살아간다. 영지주의자들은 몸의 기능을 오해해 영은 거룩하고 몸은 부정한 것으로 여겨서 금식과 금욕 생활을 중요하게 여겼다.

인간의 육체(몸)는 다섯 가지 감각기관을 가졌다. 시각, 청각, 촉각, 미각, 후각이다. 에릭 번(Eric Berne)은 인간의 모든 행동은 생리적 욕구에 의해 동기화되며, 생리적 욕구는 식욕·수면욕·배설욕이라고 보았다. 그러나 그 가운데서도 가장 큰 욕구는 인정욕구다.

전인의 상호 관계

인간의 전인 구조는 영·혼·육으로 돼 있다. 그러나 인간의 인격 구조는 서로 완전히 분리되는 것이 아니라 통전적 일체, 전인적으로 서로 연결되고 연합돼 유기체로 돼 있다.

영	혼	육
직 관 →	지(생각) →	진리, 자유
양 심 →	의(의지) →	결단, 신뢰
영 교 →	정(감정) →	사랑, 예배

전인의 유형

유형(pattern, type)이란 개개인의 성격이 각각의 특성으로 묶여 있는 것이다. 이는 하나의 행동 양식이며 모든 것을 수용하는 존재 양식이다. 즉 유형은 그 유형 특성별로 지각하고 사고하고 느끼고 결정하며 반응해 관계를 맺는 형식(form)이다. 사람들은 누구나 자신만의 행동 양식이 있다.

육의 유형: 생리(체질)

체질이란 각 개인별 신체의 생리적 특질이나 건강상의 특질, 정신 작용, 외부의 자극에 대해 일어나는 반응이다. 유전에 의해 조상으로부터 물려받은 것과 출생 후 환경에 따른 영향이 가해져서 형성된다. 성경에는 예체르라는 말로 시편 103편 14절, 베드로후서 3장 10절, 13절에 사용됐다. 예체르는 '형태' '틀' '개념'이다. 동양에서 체질론은 동무 이제마(1837~1900) 선생이 정리했다.

혼의 유형: 심리(기질)

사람의 기질은 히포크라테스(Hippocrates)가 4액체 병리설을 주장한 후 갈레노스(Galenos)가 이를 바탕으로 4기질설로 분류해 체계화했다.

기질이란 사람의 기력이나 체질로 개인의 성격을 이루는 기초가 되는 유전적·생물학적·감정적 영향을 받는다. 타고난 기질과 외부에서 습득된 성격이 합쳐져 한 인간의 인격이 된다. 기질은 그것이 단점이든 장점이든 간에 사람이 살아가는 동안 항상 그에게 영향을 미치는 것으로 인간 행동의 근거가 된다.

영의 유형: 영리(영성)

영성(spirituality)은 하나님을 만나는 깊은 체험을 통해 하나님의 조명을 받고 하나님과 관계를 맺는 영적 감각, 관계의 양식이다. 즉 하나님의 말씀을 마음 깊이 받아들이는 감수성과 하나님의 임재를 받아들이는 예민성이다.

체질		기질		영성
태양인	→	다혈질	→	제단형
태음인	→	우울질	→	율법형
소음인	→	담즙질	→	은혜형
소양인	→	점액질	→	은사형

전인 유형의 특징

체질의 특징

태양인

태양인은 머리가 명석하고 통찰력이 있으며, 지조 있는 양심가가 많다.

동정심을 가졌으며 독창적이고 영웅심이 강하다. 그러나 사람을 쉽게 사귀고 쉽게 상처를 주는 단점이 있다.

태음인

인자하고 마음이 너그럽다. 집념과 끈기가 있고, 묵묵히 실천하지만 외골수이며 고집이 세다.

소양인

민첩한 순발력과 불같은 열정을 지녔다. 명랑하고 낙천적이며 다정다감하고 희생정신이 강하다. 그러나 포기를 잘하며 가정에 소홀하고 허영심이 많고 충동적이며 변덕이 심하다.

소음인

사색적이며 치밀하고 착실하다. 예의가 바르며 계산적이고 알뜰하다. 그러나 질투가 많고 비판적이며 비관적이다. 생기가 부족하고 무기력하기 쉽다.

기질의 특징

다혈질

진실하고 현실적이다. 매사에 낙관적이며 사랑이 많고 사교적이나 말이 많고 시끄러운 편이다. 감수성이 예민하고 때때로 분노하지만 쉽게 사과하고 용서를 구한다. 그러나 무질서하고 극단적이며 의지가 약하고 세련되지 못한 경우가 있다. 주관적이고 약속과 책임을 잘 지키지 않는다. 따라서 다혈질을 극복하려면 친구와 이웃의 도움이 필요하고, 자제력과 절제, 마음의 평화를 위해 노력해야 한다.

우울질

우울질의 가장 큰 약점은 열등감, 열등의식, 고독이다. 환상에 젖어 살며 의심이 많고 변덕스러운 편이다. 비관적이고 복수심이 강한 기질이라 현실에서 도피하려는 경향이 많다. 따라서 우울질을 극복하려면 사랑과 관심, 도움과 이해심, 적극적인 사고력을 키우는 것이 중요하다.

담즙질

담즙질은 독립심이 강하고, 의지와 결단력을 갖췄다. 실용적·활동적이며 지도자적 소질이 다분하다. 그러나 담즙질은 정서적으로 메말라 딱딱하고 화를 잘 내는 편이다. 또한 성급하며 묘한 잔인성이 있다. 매우 무뚝뚝하고 빈정대는 말을 잘한다. 따라서 담즙질은 자신의 의지를 꺾는 노력을 하고, 겸손하고 온유해지려는 훈련이 필요하다.

점액질

천성적으로 태평하며 조용한 기질이다. 상담자의 역할을 잘하며, 모방 능력이 있다. 차분하고 정돈된 사람이다. 그러나 게으르고 나태한 면이 있으며 인색하고 이기적이기도 하다. 고집스러운 반면 우유부단한 면도 있다. 따라서 점액질은 나누는 훈련, 결단의 용기, 자신을 포기하는 훈련이 필요하다.

영성의 특징

영성은 신령한 성품을 의미하는 것으로 어떤 특별한 정신적 영향을 받는 것을 의미하며 신앙만이 아닌 문화, 이념, 세계관을 포함한 영적인 힘, 능력이다. 영성에도 색깔이 있고, 특징이 있다. 영성의 특징은 체질과 기질을 보고 그들이 신앙생활을 하는 방식을 통해 구별해 볼 수 있다.

제단형

하나님께서 깨어진 관계를 회복하시기 위해 가장 먼저 만드신 제도가 제단형 유형이다. 하나님은 제사를 통해 깨어진 관계가 회복되기를 원하셨다.

제단형의 특징은 사회정의, 개교회(個教會) 중심, 은혜와 축복은 오직 성전을 통해서만 주어진다고 믿는다. 그들은 은혜보다 의식을 중요하게 여긴다.

율법형

율법형의 대표자는 '바리새인' '서기관' '율법사'다. 이들은 율법대로 살려고 노력하며 자신의 행동을 의롭다고 여기고, 사람들에게 인정받으려 한다. 비판적이며 가르치기를 좋아하는 교수형의 사람들이다. 또한 보수적·전통적이며 신앙생활을 의무로 여기기 때문에 죄책감을 떨쳐버리지 못하고 힘들어한다.

은혜형

이들은 자신이 전적으로 부패하고 무능력함을 인정하며 하나님을 의지하기 때문에 점진적으로 발전한다. 하나님을 진정으로 사랑하는 사람이며, 균형 잡힌 신앙생활을 중요하게 여긴다. 그러나 은혜형은 모든 것이 하나님의 은혜여야 한다고 생각하고, 모든 것을 하나님께 맡겨두고 자신은 노력하지 않으려는 경향이 있다.

은사형

은사형은 방언, 신유, 이적, 은사 등을 중요하게 여긴다. 치유적인 영감을 강조하고 뜨거운 열정, 기도의 열정, 체험적 신앙을 중시하는 경향도 있다. 그러나 종교적 열정이 미신이나 무술로 흐를 수 있다.

전인의 거듭남

이처럼 사람들이 영·혼·몸(육)의 전인격을 가지고 살아가는 데 중요한 것은 몸은 혼의 지배를 받고, 혼은 영의 지배를 받고, 영은 하나님의 지배 또는 짐승과 마귀의 지배를 받는다는 점이다.

인격	구조	원리	기능	유형	관계 양식	질병 이유	거듭남 원리
전인	영→	영리→	영교 양심 직관	영성→	제단형 율법형 은혜형 은사형	하나님 상실 믿음 상실	거듭남 새생명 접붙임 새 영 접붙임
	혼→	심리→	지식 감정 의지	기질→	다혈질 우울질 담즙질 점액질	인격장애 인간관계 단절, 부적격	거듭남 마음의 할례 훈련, 연단
	육→	생리→	시각 청각 촉각	체질→	태양인 태음인 소양인 소음인	환경에 대한 부적응 삶의 균형파괴	거듭남 믿음의 능력 삶의 자세

출애굽의 과정을 통해 영·혼·육 전인적으로 거듭나 건강한 영혼과 정신을 가진 인생의 승리자가 되자.

PART 1 • 하나님의 형상을 닮은 사람

출애굽의 역사, 출애굽의 과정은 개인으로서나 교회에서나
가장 중요하고 위대한 것이다. 출애굽은 새 역사의 시작으로 믿음의 시작,
교회의 시작이며, 복음의 시작, 구원의 시작, 천국의 시작,
성도의 시작, 하나님 나라의 완성이다. 출애굽은 위대한 승리다.

PART 2

출애굽의 유형

출애굽의 현재성

출애굽은 이스라엘 백성에게 전무후무한 역사적 대사건이었다. 그러나 지금 이 시대를 살아가는 우리에게도 아주 중요한 영적 사건이다.

> 출애굽은 지금도 계속되는 진행형이다.

출애굽은 이스라엘 백성에게 과거의 사건이 아니라 지금도 계속되는 진행형이다. 그래서 유대인들은 유월절과 장막절을 지키며 출애굽 당시를 해마다 절기로 지키고 있다. 지금 이 시대를 살아가는 우리에게도 마찬가지다. 출애굽은 현재진행형이다. 다만 우리가 이 진리를 전혀 모른 채 주먹구구식으로 믿어왔을 뿐이다. 그러나 이제는 새로워져야 한다. 그러지 않으면 희망이 없다. 유대인들에게는 출애굽 사건보다 더 위대한 것은 없었다. 성경의 저자들은 출애굽 사건을 이렇게 묘사하고 있다.

"이스라엘이 여호와께서 애굽 사람에게 행하신 큰 능력(출애굽기 14: 31)" "이런 큰일, 크고 두려운 일(신명기 4: 32-34)", 정말 온 세상이 두려워 떤 엄청난 사건이었다. "이적과 기사, 모든 큰 권능과 위엄(신명기 34: 11-12)" "큰 일(시편 71: 19)" "기이한 일(시편 72: 18)" "대사, 큰일(시편 126: 1-3)." 이처럼 출애굽의 역사는 가장 중요하고 위대한 것이다.

출애굽은 새 역사의 시작이다.

출애굽의 역사, 출애굽의 과정은 개인으로서나 교회에서나 가장 중요하고 위대한 것이다. 출애굽은 새 역사의 시작으로 믿음의 시작, 교회의 시작이며, 복음의 시작, 구원의 시작, 천국의 시작, 성도의 시작, 하나님 나라의 완성이다. 출애굽은 위대한 승리다. 따라서 우리에게도 온전한 출애굽의 크고 두려운 역사가 없다면 우리는 진정한 그리스도인이라고 할 수가 없다.

여러분의 출애굽 과정은 어떠한가.

진짜 그리스도인이냐 가짜 그리스도인이냐, 진짜 거듭난 자냐 가짜 거듭난 자냐, 진실로 거듭난 자냐 거듭나지 못한 자냐? 그것은 출애굽의 권능과 기적을 진정으로 경험했느냐 안 했느냐의 문제다. 성도뿐만 아니라 목사, 장로 중에도 출애굽을 경험하지 못한 사람이 얼마든지 있을 수 있다. 정말 안타까운 것은 지금 이 시대 교회 안에도 하나님께서 명령하신 온전한 출애굽이 무엇인지를 알지 못하고 경험하지도 못한 사람이 너무나 많다는 것이다. 이런 사람들 때문에 교회가 지탄받고 사람들이 교회를 떠나며 교회에 나오려는 이들까지도 발길을 돌리는 것이다.

출애굽의 유형

기독교의 역사 속에서 출애굽은 다섯 번에 걸쳐 이루어졌다. 출애굽 사건은 국가적이며 교회적이며 공동체적이면서도 개인적이다.

제1차 출애굽: 첫 번째 출애굽(애굽에서 가나안으로)

제1차 출애굽이 너무나 중요하다. 만일 제1차 출애굽을 바로 해석하지 못하면 성경 전체를 바르게 해석하기 어렵기 때문이다. 제1차 출애굽을 바르게 인식해야 구원의 여정에서 체계적이고, 성경적인 믿음의 삶을 살아갈 수 있다. 첫 번째 출애굽, 즉 제1차 출애굽이 너무나 중요한 것은 첫 번째 출애굽, 제1차 출애굽이 모든 신학과 신앙의 뿌리가 되기 때문이다.

장영일 장신대 총장은《구약신학의 역사적 기초》에서 "출애굽 사건을 골격(틀)으로 하여 독특한 구조를 형성하고 있는 이스라엘의 역사를 바라보는 구약성서 해석자들의 견해는 다분히 논리적이고 도식적이라 할 수 있다. 첫 번째 출애굽 사건은 컴퓨터의 하드웨어에 비유된다"고 말한다. 여기서 골격, 도식을 잘 기억하자. 장영일 총장은 또 "제1차 출애굽은 출애굽 이후에 태어나는 모든 이스라엘 백성들의 정신세계를 지배하게 되는 사상으로서 이스라엘의 정체성을 확립해 주는 뿌리 경험일 뿐만 아니라 동시에 거의 모든 구약신앙, 구약신학의 모체가 된 사건이기에 우리는 이 사건을 모든 구약신앙, 신학의 다양한 사상 가운데서 가장 중요한 역사적 기초로 삼으려는 것이다. 마치 약방의 감초처럼, 구약의 모든 저자는 그들의 신학적 전제로서 이 사건을 직간접으로 언급하고 있으며 구약신학의 거의 모든 사상적 강줄기는 이 사건을 통과해 흐른다. 결국 이스라엘 백성은 물론 오늘의 구약 학도까지도 이 사건을 통해 구약신학의 거의 모든 분야, 즉 구속신앙, 신학 등을 배우고 이해할 수 있게 된다. 이 하나의 사건, 아니 이스라엘이 그들의 역사의 시작과 끝에서 반복하여 겪은 이 뿌리 경험을 통하여 수많은 사상과 신학이 잉태되고 태어났다고 보는 것이다"라고 했다.

요약하면 제1차 출애굽 사건은 이스라엘의 정체성을 확립해 주는 뿌리 경험이며 모든 신앙과 신학의 모체, 골격, 구조, 도식이자 뼈대로서 모든 신앙과 신학의 기초라는 것이다. 팔머 로버트슨(O. Palmer Robertson) 교수는 《계약신학과 그리스도》에서 "성경의 뼈대가 되는 것은 계약인가, 세대인가? 계약관계 수립에서 하나님의 주도하심은 구속 역사를 형성한다. 그의 주권적 개입은 위대한 성경의 시대들을 이해하는 데 주요 뼈대를 제공한다"고 했다. 성경의 뼈대는 신학의 뼈대이며 신앙의 뼈대이고, 구속사의 뼈대다. 이 뼈대를 출애굽 과정의 원리로 본다.

그리고 이 사건은 기독교 역사에서 시대마다 반복해서 경험된다. 로버트슨 교수는 "아브라함, 모세, 다윗의 계약은 각각 독립적 개체로 나타나지 않는다. 오히려 각각의 잇따른 계약은 먼저 세워진 계약관계에 기초를 두고 그 기본 중심을 이어받고 있다. 이런 통일성은 특히 이스라엘의 역사 경험과 성경이 강조하는 연대기에 잘 나타난다"고 했다.

로버트슨 교수의 주장대로 제1차 출애굽에서 제5차 출애굽은 각각의 독립적인 출애굽이 아니라 가장 먼저 이루어진 첫 번째 출애굽에 잇따른 통일성을 가지고 있다. 이처럼 첫 번째 출애굽 사건은 구약시대나 신약시대나 지금 우리 시대에서 가장 중요한 사건이다. 그럼에도 한국 교회가 이 사실에 근거하지 않고 맹목적으로 신앙생활을 하게 하는 것은 큰 문제가 아닐 수 없다. 그러므로 성도들은 출애굽의 비밀을 잘 공부하고 체계적으로 정리해서 그리스도의 정병(elite soldiers)으로 건강한 전인적 인격체로 성장, 성숙해야 한다.

제2차 출애굽: 출(出)바빌론(바빌론에서 예루살렘으로)

배경은 에스라 1장이다. 이스라엘 백성들이 하나님께 죄를 지음으로써 바빌론의 침략을 받아 예루살렘 성전은 파괴되고 왕과 백성들은 바빌론으로 끌려가 70년 동안 생활하게 됐다. 그리고 때가 되어 하나님께서 바빌론 왕 고레스의 마음을 움직여 예루살렘 성전을 재건하도록 귀환시킨 사건이다. 제1차 출애굽과 거의 유사한 형태로 이루어져서 이를 제2차 출애굽이라 한다. 제1차 출애굽이 하드웨어이면, 제2차 출애굽은 소프트웨어다. 제2차 출애굽인 출바빌론 사건의 실상에서 지나칠 수 없는 중요한 관점은 제1차 출애굽과 제2차 출애굽인 출바빌론 사건 사이에는 그 내용과 의미에서 유형론적 연속성이 존재한다는 것이다(장영일).

이 사실을 절대로 잊지 말고 잘 기억하자. 하나님은 유대인들에게 출애굽 사건을 마치 개인적 경험처럼 지속적으로 상기시키신다(여호수아 5장, 열왕기하 23: 21-23, 에스라 6: 19, 사도행전 7장). 그리고 시편에서 80번 인용했다. 이러한 출애굽 사건의 연속성은 유대인들이 대학살과 핍박을 이기는 원동력이 됐다.

제3차 출애굽: 신약의 출애굽(세상에서 십자가로)

배경은 신약시대다. 이는 세상에서 십자가로, 율법에서 복음으로 출애굽하는 사건이다. 장영일 총장은 "예수 그리스도의 십자가 사건은 하나님의 아들, 예수께서 속죄양으로 세상에 내려오셔서 아담 이후의 모든 인간의 죄를 대신하여 피 흘리고 죽으시고 부활하심으로써 그를 믿는 자, 곧 그 마음의 문설주에 예수의 피를 바른 자는 누구든지 애굽의 이집트 왕 파라오보다도 몇천 배나 더 참혹한 죄, 사탄, 죽음의 억압에서 자유와 구원과 영생을 얻는 길을 열어놓으셨다는 점에서 인류 역사상 전무후무한 가장 크고 중요한 출애굽 사건이라 할 수 있으며, 그런 의미에서 갈보리 십사가 사선은 출애굽 사건의 계승이요 완전한 성취라 할 수 있는 것이다"라고 했다. 제3차 출애굽은 출애굽 사건의 완성이며 성취다. 예수님께서 친히 증거하셨다.

"모세가 광야에서 뱀을 든 것같이 인자도 들려야 하리니 이는 그를 믿는 자마다 영생을 얻게 하려 하심이니라(요한복음 3: 14-15)."

"내가 땅에서 들리면 모든 사람을 내게로 이끌겠노라 하시니(요한복음 12: 32)."

이것이 출애굽의 완성이다. 예수님께서 십자가에 달리셔서 세상의 죄와 죽음, 사탄의 포로 된 자들을 불러내시는 것, 이것이 출애굽의 완성이다.

신약학자 김세윤 박사는 그의 저서 《복음이란 무엇인가》에서 "우리는 예수가 자신의 죽음을 이스라엘의 출애굽 사건과 성전에서 올리는 속죄 제사의 모형을 종말론적으로 성취하는 구원의 사건이라고 해석한다든지 예언을 성취하는 종말의 구원자라고 했다는 것을 확인했다"고 했다.

제임스 파커(James. I Packer)도 그의 저서 《하나님의 인도》에서 "신약성경은 처음부터 하나님의 목적인 예수 그리스도의 죽음과 부활을 통해 죄와 죽음으로부터 완전한 해방을 이루는 것을 천명하고, 구약성경은 출애굽 역사인 애굽에서 해방돼 가나안에 정착하는 과정(여정)을 통해 그리스도가 이루실 완전한 구원을 예표(계시)한다"고 했다.

제3차 출애굽은 십자가 사건이며 제1차 출애굽의 완성이다. 따라서 제1차 출애굽의 의미를 바로 알지 못하면 제3차 출애굽도 바로 알지 못한다. 제1, 제2, 제3차 출애굽의 의미가 바로 해석되고 전파되지 못했기 때문에 "예수 믿으면 복 받는다" "예수 믿으면 잘된다"라는 싸구려 복음으로 전락해 버렸다.

제4차 출애굽: 시오니즘(열방에서 시온으로)

1948년 5월 14일은 이스라엘이 독립을 선언한 날이다. 유대 민족국가를 건설하는 것을 목표로 하는 유대 민족주의 운동인 시오니즘을 바탕으로 1948년 이후 140여 국가에서 유대인들이 이스라엘로 귀환해 정착하기 시작했고, 지금도 계속되고 있다. 이는 단순한 외적인 출애굽, 국가적 출애굽이다. 예수를 믿는 유대인 목사 스티브 라이틀은 "유대인의 입장에서 보면 제2의 출애굽이라 한다"고 했다.

우리가 제4차 출애굽을 관심 있게 봐야 하는 것은 제4차 출애굽은 예수 그리스도의 재림과 관계가 있기 때문이다. 종말의 증거 가운데 하나는 전 세계 유대인이 때가 되면 더 많이 이스라엘로 귀환하고, 유대인의 세력이 매우 커지면 제3의 성전이 건축되는 것이다. 제1차 성전은 솔로몬에 의해 기원전 960년에 건축됐고, 제2차 성전은 스룹바벨에 의해 기원전 520년에 세워졌다. 제3의 성전이 건축되면 수많은 유대인이 그 성전에서 메시야를 인정하며 대속죄적, 큰 회개의 날이 될 것이라고 보는 학자들이 있다. 이 사건이 있고 난 후에 바로 종말의 장막절이 된다.

《이스라엘 투데이》(Israel Today No3. 2006. Dec. P17)에 따르면 "이 성전의 건축은 유대인들이 세계 각지에서부터 이스라엘로 돌아오는 전대미문의 대규모 귀환이 발생하고 난 후 출애굽이 이루어지게 된다" "모슬렘들이 성전단을 장악한 채 3차 성전의 건축을 저지하고 있는 현실은 온 열방이 이스라엘을 치러 올라오게 될 종말의 전쟁으로 이어지게 될 것이다(스가랴 12: 1-8). 그러나 그날에 하나님께서 개입하심으로 결국 참 메시야가 성전 안으로 들어오는 역사가 이루어질 것이다"라고 했다. 그래서 4차 출애굽도 현재진행형이다.

제5차 출애굽(불신앙에서 믿음으로)

제5차 출애굽은 바로 이 시대 성도인 우리들의 출애굽이다. 이미 앞에서 설명한 대로 제1차 출애굽은 모든 신앙과 신학의 뿌리다. 또한 모든 신앙과 신학의 모체, 뼈대다. 그 출애굽은 각각의 다른 출애굽이 아닌 제1차 출애굽이 계승되고 발전되는 연속적인 것이다. 이 시대를 살아가는 우리도 반드시 출애굽의 여정에 순종해야 한다. 다시 장영일 총장의 말을 인용하면 "구약성경의 출애굽인 자유·해방 정신은 신약성경에서 그대로 계승되어 예수 그리스도의 십자가 사건에서 가장 완벽하게 만발하게 되며 이 자유사상을 청교도가 이어받아 지상에서 가장 자유가 존중되는 미국을 건설하게 되는 것을 본다. 그만큼 구약의 출애굽은 이스라엘과 유대인의 역사는 물론 예수 그리스도 이후의 인류 역사까지 일파만파의 영향을 미치고 그 역사를 이끄는 견인차가 됐다는 점에서 위대하고 놀라운 사건이 아닐 수 없다"고 했다.

《이스라엘 투데이》(Israel Today N20. 108 June P14)에도 "우리는 이스라엘 백성들이 경험한 출애굽과 유사한 여정을 가고 있지만 아직 약속의 땅에 도착한 것은 아니다. 이들 백성들이 이집트를 떠나는 데 3일이 걸렸지만 이집트의 성향에서 자유로워지는 데 40년이 걸렸다. 영생을 위한 신약의 출애굽은 집이나 교회에서 편안하게 이룰 수 있는 여정이 아니다. 그것은 우리 자신의 이기심을 영원히 버리고 성령이 우리 삶과 교회를 완전하게 인도하시게 하는 마음가짐이다. 이렇게 함으로써 우리는 광야를 건너 약속의 땅으로 들어갈 수 있는 것이다"라고 했다.

I.V.P 성경 배경 주석 마태복음 3장 1장에서 12절을 보면 세례 요한은 새로운 출애굽 사건을 선포한 전령이라고 했다. 이제 스스로에게 냉정하게 물어야 한다. 나는 온전한 출애굽을 경험했는가. 진정으로 출애굽을 경험했는가. 제1차, 제2차 출애굽을 한 백성들처럼 참 자유와 해방과 평안이 있는가. 십자가를 통한 승리가 있는가. 지금도 출애굽의 여정을 따라 순종하며 걸어가고 있는가. 이 경험이 없다면 진실하고 온전한, 전인이 건강한 인격체라 할 수 없다.

출애굽의 의의

제1차 출애굽은 신앙과 신학의 뿌리이며, 기초·틀·뼈대·모체다. 따라서 출애굽의 진정한 의미, 예언적 의미를 바로 아는 것이 중요하다. 출애굽은 신앙의 뿌리, 기초이기 때문에 예수님과 모든 제자가 하는 설교의 핵심이며 중심 주제였다. 사도행전 7장 스데반의 설교와 사도행전 13장 15-19절 바울의 설교, 고린도전서·히브리서 등등이 그렇다. 요한복음 1장 14절은 출애굽의 배경을 기초로 시작한다. '우리 가운데' '거하시매' '여기 거하시매', 즉 스케노오(σκηνόω)는 천막을 의미한다. 따라서 "말씀이 육신이 되어 우리 가운데 거하시매"라는 표현은 예수께서 우리 가운데 천막을 치시는 것이다. 요한은 이처럼 요한복음의 기초 배경을 출애굽 여정 중 광야에서 펼친 회막의 영광을 보여주며, 출애굽·시나이산·홍해·회막에 있었던 동일한 영광을 나타내고 있다.

출애굽 여정이 지금 우리에게 주는 의의가 무엇이며, 우리가 출애굽 여정을 바로 알고 순종해야 하는 이유는 무엇인가. 신약성경에서 수없이 인용된 출애굽의 과정은 그것이 지금 이 시대를 살아가는 성도들에게 본보기로 보여주셨음을 말씀하고자 함이다.

"이러한 일은 우리의 본보기가 되어 우리로 하여금 그들이 악을 즐겨 한 것같이 즐겨 하는 자가 되지 않게 하려 함이니(고린도전서 10: 6)"

"그들에게 일어난 이런 일은 본보기가 되고, 또한 말세를 만난 우리를 깨우치기 위하여 기록되었느니라(고린도전서 10: 11)."

이 말씀 역시 출애굽 과정인 광야의 삶을 비유로 선포한다. 말세를 살아가는 성도들이 출애굽을 본보기로 삼아 깨우쳐야 하고 깨달아야 함을 강조하는 것이다. 출애굽을 이해하지 못하면 영적 세계, 믿음의 세계를 결코 깨닫지 못한다. 이것이 한국 교회의 현실이다. 그래서 한국 교회는 소망이 없고 체질이 약하다. 여기 본보기란 도장, 형태, 양식, 유형, 사례, 모델, 틀을 의미한다. 이 본보기를 구약성경에서는 규례, 율례, 법도라는 말로 사용했다. 규례, 법도, 율례란 반드시 지켜 순종해야 할 법칙, 관습, 방법이다. 그러므로 반드시 알고 순종해야 한다.

출애굽 사건이 법도, 법칙, 방법, 규례란 말은 우리 신앙의 틀, 공식을 의미한다. 이 틀은 '법도이자 공식, 습관, 패러다임(paradigm)'이다. 이 공식을 다른 표현으로 하면 원리, 이치이며 성경의 법도다. 성경의 법대로 하지 않는 것은 무효이며, 실격이고, 탈락이다.

"경기하는 자가 법대로 경기하지 아니하면 승리자의 관을 얻지 못할 것이며(디모데후서 2: 5)"

법대로란 율법이 아닌 '경기 규칙', 우리에게는 성경적 믿음의 규칙을 말한다. 법대로란 일정하게 규정된 관습, 원리를 의미한다. 신구약 성경 전체에서 보여주신 믿음의 원리, 교회 생활의 원리, 삶의 관습, 틀이다. 그것이 바로 출애굽의 틀이다. 하나님께서 주신 유일한 틀이며 영원한 틀이다. 그러므로 반드시 이 틀에 맞게 틀의 규칙, 원리대로 믿고 그대로 살아가야 한다. 우리 생각, 마음, 기분대로 믿고 살아가는 것이 아니다. 이 믿음의 규칙, 원리대로 살아야 한다. 성경 속에서 출애굽 사건이 계속적·연속적으로 선포된 것은 그것이 신앙과 신학의 틀이며 방식이기 때문이다. 하나님께서 우리에게 주신 유일한 틀이며 방식이다. 다른 신앙의 길이나 다른 믿음의 방법이 있을 수 없다.

출애굽은 신앙과 신학의 틀이며 방식일 뿐만 아니라 전인적 거듭남의 틀이며 삶의 틀, 천국의 틀, 승리의 틀, 축복의 틀이다. 이제라도 신앙 공동체가 피눈물 나게 회개하고 지금이라도 신앙의 틀, 법도를 바르게 배워야 한다. 이것이 아니면 한국 교회는 희망이 없다. 히스기야가 놋뱀을 느후스단이라고 외치며 깨뜨려버린 것처럼(열왕기하 18: 4) 지금 우리의 잘못되고, 미신적 신앙의 틀을 과감하게 때려 부수고, 성경적 틀을 가져야 하는 것이다. 지금의 한국 교회를 보면 맹목적으로 교회를 다니고 기복신앙으로 믿으며, 출세와 성공만 좇다가 신앙의 틀대로 살지 못하는 경우가 대부분이다. 중세시대 암흑기와 같다. 이제 처절하게 회개해야 한다. 하나님의 틀에 순종하는 삶이 아닌 자신의 방법으로 자기 마음대로 살아온 삶을 회개해야 하고 깨뜨려야 한다.

출애굽의 틀, 방식에 순종해서 살라는 것은 예측할 수 없는 불확실한 미래를 살아가면서 하나님의 방식대로 살아가는 것이다. 광야의 이스라엘 백성은 하나님의 방식이 아닌 자신들의 방식으로 살고 싶어서 원망, 불평, 대적, 낙심, 좌절했다가 심판과 재앙을 받았다. 하나님의 틀, 방식대로 사는 것은 하나님의 목적, 하나님의 방향, 하나님의 시간에 맞추어 사는 것이며 하나님과 똑같은 속도로 따라가는 것이다. 그 과정을 믿음으로 잘 통과하는 것이다. 맹목적인 신앙생활, 주먹구구식 신앙생활, 이기적이고 자기중심적인 기복신앙적 신앙생활, 인본주의적·성공·출세·명예의 도구로만 생각하는 신앙생활을 버려야 한다.

그리고 하나님께서 주신 귀한 믿음의 틀을 따라 살아가야 한다. 하나님의 목적, 하나님의 방향, 하나님의 여정에 맞추고 하나님의 시간에 하나님과 똑같은 속도로 순종하며 살아가야 한다. 이것이 하나님을 하나님답게 인정해 드리는 것이며, 이 믿음의 틀에 순종하며 사는 것이 승리이며 영광이며 큰 복이다. 다른 길, 다른 방법은 없다.

출애굽의 틀: 여정

출애굽의 여정은 출애굽의 틀이다. 출애굽의 틀은 믿음의 틀, 구원의 틀, 복음의 틀, 천국의 틀이다.

출애굽을 경험한 사람들은 출애굽 과정에 있는 과업을 잘 성취해서 그리스도의 어른으로 성숙한 분량까지 성장해 가야 한다. 그러나 사람들은 믿음에 대해서 오해를 참 많이 한다. 특히 믿음이 아주 좋다는 것에 대해 오해를 많이 한다. 가장 큰 오해가 믿음은 만능 버튼, 전능의 스위치, 도깨비방망이로 생각하는 것이다. "믿습니다" 세 번만 하면 모든 것이 다 해결돼야 한다고 생각한다.

또한 신유, 방언, 예언, 계시, 이런 특별한 은사를 가진 자들이 가장 믿음이 좋은 자라고 생각한다. 그러나 마태복음 7장 22-23절에서 주님은 선지자의 이름으로 이런 엄청난 이적을 행한 자들에게 불법을 행한 자들이라고 책망하신다. 믿음이 좋은 자들이라고 칭찬하시지 않는다. 오히려 믿음이 좋은 자들은 마태복음 7장 24-25절의 말씀대로 말씀에 순종하는 사람들이다.

"그러므로 누구든지 나의 이 말을 듣고 행하는 자는 그 집을 반석 위에 지은 지혜로운 사람 같으리니 비가 내리고 창수가 나고 바람이 불어 그 집에 부딪히되 무너지지 아니하나니 이는 주추를 반석 위에 놓은 까닭이요 (마태복음 7: 24-25)."

"볼지어다 내가 네 앞에 열린 문을 두었으되 능히 닫을 사람이 없으리라. 내가 네 행위를 아노니 네가 작은 능력을 가지고서도 내 말을 지키며 내 이름을 배반하지 아니하였도다(요한계시록 3: 8)."

정말 위대한 믿음이란 작은 능력을 가지고 주님의 말씀을 지키고 주님의 이름을 배반하지 않는 것이다. 곧 가장 크고 귀하고 위대한 믿음이란 매일의 삶 속에서 주님의 주권에 복종하는 것, 범사에 주님을 인정하는 것, 구원의 틀에 따라 사는 것, 전인격으로 주님을 사랑하는 것, 주님에게 전적으로 의탁하는 것이다.

출애굽 과정에 따른 과업

사람의 전인격이 건강하게 성장해서 사회의 일원으로 살아가는 데 가장 중요한 것은 각 성장 과정, 발달 과정에 따른 과업이다. 이 과업을 반드시 완수해야 건강한 인격체가 된다.

프로이트(Freud)는 인간이 생물학적 항상성과 사회적 기대 사이에서 갈등을 경험하고, 갈등을 해결하는 방식에 따라 다른 사람과 어울리고 불안에 대처하는 발달 과업을 달성하는 것이 성장 이론에서 중요한 것으로 보았다.

에릭 에릭슨(Erik Erikson)은 사람들의 심리사회적 발달 단계를 여덟 단계로 구별하고 각 발달 단계의 과업을 정리했다.

> 출생 – 18개월 : 타인에 대한 신뢰감 발달
>
> 18개월 – 3세 : 목표지향적 행동과 언어 발달
>
> 3 – 6세 : 양심의 발달
>
> 6 – 12세 : 근면성과 성취감 발달
>
> 청소년기 : 자아 정체성 발달
>
> 청년기 : 친밀감 발달
>
> 장년기 : 생산성의 발달
>
> 노년기 : 자아 통합의 발달

어린 시절부터 안정된 애착과 신뢰감을 형성해 건강한 자아 발달의 기초를 이룰 수 있어야 하고, 모든 영역의 성장이 통합적으로 일어나기 때문에 어려서부터 전인적인 존재로 인정받고 성장해 가야 한다. 그러나 각 성장 과정에서 반드시 해내야 할 과업을 완수하지 못하면 몸은 어른이지만 정신이 발달하지 못한 성인아이, 어른아이(adult-child)가 되고 여러 가지

인격장애가 형성되기도 한다.

성장 과정의 발달 과업은 너무나 중요하다. 이 과업을 완수하지 못하면 부모에게서 독립해 자신의 삶을 책임지고 살아가야 할 때 정신 체계가 무너져 심각한 문제가 발생한다.

발달 과업은 정신 체계에만 중요한 것이 아니라 몸과 영의 성장에도 더없이 중요하다. 우리의 인생 전체에서 영·혼·육의 전인격이 균형 있게 성장하기 위해서는 출애굽의 틀을 이해하고 성취하는 것이 중요하다.

창조주 하나님은 자신의 계시인 성경 전체에서 하나님께서 주신 성장의 틀과 과업이 무엇인지를 말씀하신다. 그러나 지금까지 잘 발견하지 못하고 깨닫지 못했다.

출애굽의 틀과 과업은 성장의 틀과 과업이자 거듭남의 틀과 과업이다. 지금까지 여러 번 서술한 것처럼 출애굽의 각 단계, 성장 과정마다 반드시 성취하고 이루어야 할 과업이 있다. 이 과업을 완성하지 못하면 성숙할 수가 없다. 아이들이 세상에 태어나 성장하는 과정마다 과업이 있고, 지식으로 받아들일 때도 과업이 있다. 유치원 교육을 마치면 초등교육으로, 초등교육을 완수하면 중등교육을, 중등교육이 완성되면 고등교육으로 이어지는 것이 지적 발달, 성장의 법칙이다.

따라서 영적인 것도 마찬가지다. 믿음, 복음, 천국, 거듭남의 틀(공식)과 과업이 있다. 이제 더는 신앙생활이나 사회생활, 인간관계를 주먹구구식·맹목적·맹신적·미신적으로 하지 말고, 성경의 틀, 하나님께서 주신 틀을 바로 알고 성경대로 멋지게 수행해 인생에서 승리하자. 지금까지 우리가 잘못 가지고 있었던 믿음의 틀을 벗어버리자. 그리고 하나님께서 주신 믿음의 틀을 갖자. 하나님께서 주신 믿음의 틀은 전혀 새로운 것이 아니다.

그것은 제1차 출애굽을 통해 우리에게 주신 것이고, 성경 전체에서 증거로 보여주고 있다. 다만 우리가 깨닫지 못했을 뿐이다. 출애굽 여정, 단계별 과정을 통해 구원에서 성화, 영화에 이르는 전 과정은 하나님께서 계획하신 성경의 핵심 틀이다. 성경에 나오는 모든 인물이나 사건은 이 프레임을 따른다. 출애굽의 틀을 근거로 거듭남에서 영화까지를 단계별로 점검하고 상담하면 지금 어느 곳에 머물고 있는지를 알게 된다.

인생의 광야를 걸어가는 사람들은 애굽에 대한 상징을
바로 알아야 삶에서 승리할 수 있다. 애굽의 삶은
지금 우리가 살아가는 이 세상이나 이 세상의 영적 상태가
어떤 곳인지를 보여주기 때문이다.

PART 3

애굽 거듭남의 필요성

애굽의 삶과 상징

애굽은 어떤 곳이며 그곳에서의 삶은 무엇이며, 애굽의 상징과 비유는 무엇인가.

애굽은 종, 노예의 삶이다.

이스라엘 백성들은 약 430년 동안 애굽(이집트) 고센 땅에서 농사를 지으며 생활했다. 그러나 이스라엘 백성의 수가 급격히 많아지고, 애굽의 왕 파라오가 바뀌면서 위협을 느끼게 됐다. 이로 인해 애굽의 왕이 이스라엘 백성을 약화시키고, 결국 그들을 멸망시키려고 그들을 노예, 종으로 삼았다.

"감독들을 그들 위에 세우고 그들에게 무거운 짐을 지워 괴롭게 하여 그들에게 파라오를 위하여 국고성 비돔과 라암셋(라므세스)을 건축하게 하니라(출애굽기 1: 11)."

"무거운 짐을 지워 괴롭게 하여"에서 무거운 짐이란 사람들이 감당하기 어려운 지독한 노동으로 괴롭게 하고 압박하는 것이며, 자유를 강탈하는 것이다. 자유, 여가, 가정생활 이 모든 것을 착취당해 짐승 같은 삶을 살았다. 파라오는 왜 이렇게까지 이스라엘 백성을 억압하며 죽도록 노동을 시켰을까. 이는 극한 노동으로 출산을 막고 수가 많아지는 것을 막기 위함이었다. 그러나 이스라엘 백성은 학대를 받을수록 더 번성해 퍼져나갔고, 파라오는 그럴수록 더욱 엄하게 괴롭혔다. '엄하게'는 '짓이기다' '가루로 만들다'라는 의미로 마치 짐승처럼 일하게 한 것이다. 짐승들이 채찍에 맞아 괴성을 지르며 고통스러워하는 것과 같은 노예, 종 된 상태로 살게 됐다. 그래서 이스라엘 백성은 이렇게 잔인하고 잔혹한 핍박을 받으면서 하나님께 절규한다. 하나님과 영적 관계가 깨어지고 교제가 끊어진 지금의 사람들도 마찬가지다. 삶이 비참하고 힘들며 비극적으로 살면서 이 세상을 지옥같이 느끼며 사는 사람이 많다.

애굽은 우상숭배의 장소다.

이스라엘 백성이 애굽에서 우상숭배를 하는 것은 라암셋에서 시작된다. 라암셋과 비돔은 애굽의 삶과 의식을 가장 잘 보여주는 장소다. 라암셋과 비돔은 이스라엘 백성이 살고 있는 애굽 고센 땅 중앙에 있다. 이곳에 애굽의 파라오, 람세스 2세가 자신의 동상과 신당을 세우고 신전을 건축하게 했다. 유일신 여호와 하나님을 믿으며 아브라함의 후손으로 선민사상이 뚜렷한 이스라엘 백성이 애굽의 우상을 모시는 신전을 건축하는 것은 엄청난 영적·심적 갈등이며 아픔이었다. 그러나 그 종노릇을 그만두려면 목숨을 내놓는 것밖에 없다. 라암셋과 비돔은 우상숭배의 중심이다. 애굽은 모든 것을 우상으로 섬겼지만 힘있는 최고의 신으로 여겨진 우상들이 있다.

태양신

애굽 최고의 신은 태양신이다. 태양신의 이름은 하애굽(Lower Egypt)에서는 '라(Ra) 레(Re)'로, 아마르나(Amarna) 지역에서는 '아톤(Aton)'으로, 상애굽(Upper Egypt)에서는 '아몬(Amon), 아문(Amun)'으로 불렀다.

고센이란 태양의 도시를 의미한다. 라암셋은 이스라엘 백성의 언어인 히브리어로 쓴 것이다. 라암셋의 애굽어는 '람세스의 재단'이란 의미다. 비돔은 애굽어로 '피-아툼'이다. 피-아툼은 '아툼의 집' '아툼의 신전'을 의미한다. 이 두 도시의 성 이름은 애굽의 대표적 우상인 태양신의 이름을 따서 세워졌다. 애굽, 애굽의 삶, 애굽의 신을 이해하려면 이처럼 태양신을 이해해야 한다.

왜 그들은 태양을 최고의 신으로 숭배했을까. 태양신은 애니미즘에 근거하며 이는 물신숭배다. 태양신은 무한대의 생식력을 가진 풍요의 신, 축복의 신이다. 태양이 없이는 농사를 지을 수 없고, 곡식을 거둘 수도 없다.

또한 애굽에서 섬기는 모든 신은 나름대로 의미가 있지만 특히 태양신은 죽음과 부활의 신이다. 그래서 애굽의 모든 것은 태양의 빛을 상징해서 만들었다. 세상의 모든 종교는 내세, 부활을 위해 만들어졌다. 그들은 다 자신들의 종교를 가져야 내세가 있다고 믿었다.

파라오(바로)

애굽에서는 파라오를 신격화해 태양신 다음으로 능력 있는 신으로 섬겼다. 파라오는 태양신의 아들로 추앙받으며 애굽을 통치했다. 파라오는 결코 영원히 사라지지 않으며 죽지만 다시 부활한다고 믿었다. 그래서 파라오의 부활을 준비시킨다. 파라오의 시체를 영구 보존하기 위해 미라로 만들고, 태양의 빛을 본떠서 거대한 피라미드를 세우고 거기에 안치했다. 오벨리스크 또한 태양을 상징함과 동시에 파라오의 무한한 생식력을 상징하고 기억하기 위해 세운 것이다.

나일강

애굽 사람들에게 나일강은 성경의 에덴동산에 비견되는 아주 중요한 신의 선물로 여겨졌다. 나일강의 하구인 델타 지역은 어떤 가뭄에도 절대로 마르지 않는 무한대의 젖줄이다. 땅은 매우 기름지고 곡식은 열매가 매우 풍성해서 주위 국가들이 동경하는 대상이었다. 창세기에 보면 아브라함이나 이삭을 비롯한 많은 지도자나 백성이 가나안 땅에 가뭄이나 기근이 들면 애굽으로 내려갔다. 나일강은 모든 것이 풍요롭고 풍족해서 풍요한 생명의 신으로 신성시됐다. 애굽을 탈출한 이스라엘 백성은 광야의 길을 걸어가면서 이 애굽의 풍요로운 삶을 그리워했다. 애굽의 고기 외 수박·부추·파·마늘 등을 그리워하며 원망하고 불평했다. 애굽의 풍요는 사람들을 향락과 쾌락에 빠지게 했다.

뱀, 코브라

애굽에서는 뱀, 용, 코브라도 신으로 중요하게 여겼다. 중동 아프리카 지역의 지도를 놓고 보면 나일강은 아프리카 적도 지대에서 발원해 지중해까지 6650㎞를 흐르는 세계에서 가장 크고 긴 강이다. 이 나일강이 지중해로 흘러 들어가는 하구가 마치 뱀의 머리, 코브라의 머리처럼 보여서 뱀을 신성시했다. 그뿐만 아니라 고대 중동에서는 뱀, 코브라를 치유의 신으로 여기기도 했다.

그 밖의 우상

애굽은 살아 숨 쉬는 모든 것을 신으로 섬겼다. 태양, 파라오, 나일강, 뱀뿐만 아니라 세트(Seth) 신을 상징하는 악어, 수호신 호루스를 상징하는 매, 황소 신 아피스, 여신을 상징하는 암소 하토르, 헤카 신을 상징하는 개구리, 왜젯 여신을 상징하는 코브라, 무트 신을 상징하는 독수리, 토트 신을 상징하는 원숭이, 풍요의 능력을 상징하는 신 풍뎅이, 이 모든 것을 우상으로 여겼다. 그래서 하나님께서 애굽에 재앙을 내리실 때 애굽 사람들뿐만 아니라 애굽의 모든 신에게 재앙을 내리셨다.

"내가 그 밤에 애굽 땅에 두루 다니며 사람이나 짐승을 막론하고 애굽 땅에 있는 모든 처음 난 것을 다 치고 애굽의 모든 신을 내가 심판하리라. 나는 여호와라(출애굽기 12: 12)."

당신은 무엇을 우상시하며 무엇에 붙잡혀 살아가고 있는가.

애굽의 실제

이스라엘 백성이 머물던 애굽이 지금 우리에게 주는 실제 의미는 무엇인가. 애굽은 세상을 상징하는 것인데, 우리가 사는 세상은 어떤 곳인가. 지금 사람들이 이스라엘 백성이 애굽에서 살던 것처럼 사는 것은 무엇 때문인가. 우리가 반드시 떠나고 버려야 할 애굽의 실제적 모습은 무엇인가?

애굽의 상태에서 사는 것은 자연인으로 있는 것이다.

자연인으로 있다는 것은 세상에 태어나서 하나님을 구체적으로 만나지 못했고, 인격적으로 만난 경험이 없이 육신적으로 세상에 태어난 그 상태로 육체의 것만 따르고 세상의 것만 추구하며 살아가는 것이다. 거듭나지 못한 상태다.

세상에서 영적·정신적으로 종, 노예의 삶을 사는 것이다.

이스라엘 백성들이 애굽에서 지독하게 짓밟히고, 채찍에 맞고, 짓눌리는 종, 노예의 삶을 살았던 것처럼 이 시대의 많은 사람은 무엇인가의 종, 노예가 된 삶을 살아가면서 고통을 겪고 있다. 신앙을 가졌으면서도 주인의식, 헌신 의식이 없이 노예근성, 거지 근성, 공짜를 원하는 심리를 가지고 살고 있는 자들이 있고, 중독의 노예가 되어 헤어나오지 못하고 있는 자들도 많다.

노예 의식, 노예근성이란 무엇인가.

프리드리히 니체가 말하는 노예 의식이란 "어떻게 하면 노력 없이 좀 더 편안히 살까를 고민하며 종말로 가는 소심한 인간의 사고와 행동"이라고 정의한다. 리노이 존스(Renoy Jones)는 "노예가 노예로 사는 삶에 너무 익숙해지면 놀랍게도 자신의 다리를 묶고 있는 쇠사슬을 서로 자랑하기 시작한다. 어느 쪽 쇠사슬이 더 빛나는지 어느 쪽 쇠사슬이 더 무거운지"라고 했다. 노예 의식을 가진 사람들의 가장 근본적 문제는 무엇인가.

첫째, 마음이 불안하다.

이런 자들은 스스로 자신의 운명을 최악의 상태로 던져버린다. 노예 의식을 가진 사람은 세상의 모든 것을 다 가져도 불안하다. 죽음이 있기 때문이다. 이들은 불안감을 떨치기 위해 최선을 다하지만 마음이 평안하지 않다. 노예 의식을 가진 자들은 머릿속에 모든 부정적 생각을 끌어모으는 무기력한 자석이 있다. 미움, 질투, 두려움, 무력감, 의심, 헛웃음, 서운함, 미안함, 예민함, 부정적 감정이입, 돈 문제, 초조, 후회 등.

둘째, 늘 원망하고 불평한다.

민수기에서 광야의 삶은 오직 원망과 불평으로 일관했다(민수기 11: 1, 14: 36-37, 20: 2-4, 21: 5, 21: 7). 이들은 자유와 행복이 없이 조종당하는 삶을 살았다. 노예 의식을 가진 사람들은 눈치 보고, 요령 피우고, 불성실하다. 소명감, 사명감이 없다. 눈가림만 하려고 하는 형식적 순종, 형식적 봉사는 거짓된 목적을 위한 것이다.

셋째, 열등감이 강하다.

세상을 살아가는 사람들 가운데 열등감이 없는 사람이 어디 있을까. 그러나 노예 의식을 가진 사람들은 열등감이 병적으로 심하다. 자존감이 낮고 열등감이 심한 자들은 자신의 자아 가치에 대한 인식이 낮기 때문에 외부의 것으로 그 가치를 메우려고 한다. 명품을 사고, 사치를 하는 것으로 열등감을 이겨내려고 한다. 무엇이나 최고가 돼야 하고, 어디서나 리더의 위치에 서려고 하고 잘난 척, 많이 아는 척을 한다.

주인의식을 가진 사람들은 두렵지 않다. 그래서 사람들이 뭐라고 욕하든 신경 쓰지 않는다. 주인의식을 가진 사람들은 하나님 눈치만 본다. 그래서 사람들이나 세상에서 자유롭다. 하나님의 눈치를 보고, 하나님을 사랑하고, 하나님을 경외하는 자들은 함부로 행동할 수가 없다. 하나님 앞에서 내 소신껏 헌신·충성·봉사하고, 순수한 마음으로 헌신·충성한다. 무슨 대가를 바라거나 기대하지 않는다. 그러나 노예 의식, 열등감을 가진 자들은 사람의 눈치만 살피면서 아부·아첨하고, 교만하며 다른 사람들을 무시한다.

영적으로 종, 노예의 상태는 어떤 것을 의미하나.
첫째, 세상의 썩어질 것의 종이 된 것이다.
"그 바라는 것은 피조물도 썩어짐의 종노릇한 데서 해방되어 하나님의 자녀들의 영광의 자유에 이르는 것이니라(로마서 8: 21)."

썩어질 것의 종, 노예가 되는 것은 계시록의 말씀대로 세상의 것만 추구하며, 세상 것에만 목숨을 걸고, 땅의 것만 추구하고, 땅의 것에만 못을 박고 사는 것이다. 미래 의식, 내세의 소망에는 관심이 전혀 없는 자들이다. 영적으로는 대단히 불쌍한 자들이다. 세상의 쾌락, 탐욕, 성공, 출세, 명예만 추구하는 자들이다.

둘째, 사망의 종이 돼 사는 것이다.
"또 죽기를 무서워하므로 한평생 매여 종노릇하는 모든 자들을 놓아주려 하심이니(히브리서 2: 15)"

사망의 종이 되어 죽음의 두려움에 사로잡혀 전혀 긍정적인 삶을 살아가지 못하는 자들이다. 죽음의 종이 돼 있기 때문에 하루하루가 두렵고 무서울 수밖에 없다.

셋째, 죄의 종이 돼 살아가는 것이다.

"예수께서 대답하시되 진실로 진실로 너희에게 이르노니 죄를 범하는 자마다 죄의 종이라(요한복음 8: 34)."

거듭난 자들은 죄에서 자유로우며 해방된 기쁨을 가지고 살아간다. 그러나 애굽을 떠나지 못한 자들은 죄의 속성을 가지고 죄의 종이 돼 죄가 시키는 것을 따라 행한다.

넷째, 마귀의 종으로 사는 것이다(요한복음 8: 44).

그들의 사상, 생각, 개념, 정신이 마귀의 생각을 따라 살아간다. 자신의 의지 같지만 자신의 의지가 아니다.

마음의 우상은 무엇인가.

이스라엘 백성은 애굽에서 배우고 섬겼던 우상숭배를 광야에서도 버리지 못하고 광야에서 송아지 우상(아피스, 하토르)을 만들어 섬겼다. 지금을 살아가는 사람들도 우상숭배에 젖어 살기 때문에 하나님을 발견하지 못하고 출애굽을 하지 못한 채 세상의 썩어 없어질 것에 빠져 살아간다.

지금 우리가 살아가는 이 시대는 마음의 우상이 더 끔찍하다. 마귀의 영에 사로잡혀 있는 마음, 생각의 우상, 이 마음의 우상은 무엇인가.

첫째, 자유주의(liberalism)

유럽의 신학교에 자유주의가 들어오면서 교회가 쇠퇴하기 시작해 수많은 교회가 무너지고 신학교가 문을 닫았다. 자유주의란 종교, 신의 간섭 배제, 국가 간섭 배제, 탈권위적, 개인 자유 존중, 모든 권위, 지배를 거부하는 것이다(신, 성경, 부모, 스승, 왕, 사장, 상관 등). 자유주의는 해체주의, 파괴주의다. 귀족 없는 파리를 꿈꾸는 프랑스 혁명, 노동자와 고용주의 사유재산을 없애는 러시아 혁명, 열등한 민족을 제거하는 나치 혁명, 20세기 가부장제를 해체하고 개인주의를 중시하는 미국 혁명 등.

둘째, 인본주의(humanism)

하나님을 버리고 인간을 신격화, 우상화하는 것으로 회의 중심, 인간 중심이다. 인본주의는 예수를 평범한 사람(선지자, 랍비, 성인)으로 전락시킨다. 모든 것을 하나님과 상관없이 사람이 중심이 돼 사람이 주도한다.

셋째, 여신 숭배(feminism)

여신 숭배주의로 여신은 땅의 신이며 생산의 신이다. 여신 숭배는 가부장제를 파괴하고, 하나님의 성부 되심을 부인하며, 성경 해체, 성의 해방, 동성애, 가정파괴로 이어진다.

넷째, 배금주의(mammonism)

배금주의는 물질 만능주의다. 돈을 사랑함이 일만 악의 뿌리(디모데전서 6: 10)다. 하나님과 재물을 겸하여 섬기지 못한다(마태복음 6: 24).

다섯째, 혼합주의(syncretism)

혼합주의는 종교다원주의(monism)다. "모두는 하나고 하나는 모두다. 신은 우주다. 인류는 하나"라고 한다. 선악의 구별이 없고 가치 도덕성이 결여된다. 모든 종교는 하나이기에 어떤 종교도 배타적·독립적·우월적 진리를 주장할 수 없다고 말한다. 미국 의회의 개회 기도도 모든 종교의 이름으로 하고 있다.

애굽의 습관, 문화에 젖어 살면 거듭나기 어렵다.

애굽의 습관, 문화에 젖어 살아가는 것은 이 세상의 문화, 습관에 젖어 살아가는 것이다. 이것 때문에 사람들이 결단하고 거듭나기가 어렵다. 세상의 문화에 젖어서 살아간다는 것은 음주, 흡연, 쾌락, 잘못된 취미, 친구들 관계, 중독 등으로 거듭나기가 어렵다.

애굽의 진단

첫째, 무엇의 종, 노예로 살고 있나.
둘째, 어떤 우상의 지배에 있나.
셋째, 어떤 두려움의 노예가 되어 있나.
넷째, 세상의 것만 추구하며 살고 있지 않나.

다섯째, 인간적으로 해결할 수 없는 문제를 가지고 있지는 않은가.

여섯째, 조상들의 우상숭배로 인해 가문에 불행이 흐르고 있지는 않은가.

일곱째, 도저히 버리기 어려운 세상의 습관, 문화는 무엇인가.

여덟째, 중독, 집착의 삶을 살고 있지는 않은가.

아홉째, 세상의 삶이 비참하고 지옥같이 느껴지지 않은가.

열째, 자살 충동을 자주 느끼며 살고 있지 않은가.

애굽의 과업

실제로 애굽을 탈출해 전인적 거듭남을 경험하기 위해서는 자신의 영적 상태를 정확하게 살펴보는 것이 중요하다.

첫째, 자신의 전인적 현 상태를 정확하게 깨달아야 한다.

둘째, 철학적 질문을 통해 내세의 고민과 갈등이 있어야 한다.

철학적 질문이란 존재론적 질문이며, 내세의 갈등과 고민은 '나는 어디에서 왔는가?' '누가 나를 이 세상에 보냈는가?' '수많은 피조물 가운데 나는 왜 사람으로 태어났는가?' '나는 왜 사는가?' '나는 어디로 가고 있는가?' '과연 천국과 지옥은 존재하는가?' '과연 신, 하나님이 계신가?' '과연 신, 하나님이 계신다면 어떤 신, 어떤 하나님이 참 신이신가?'를 스스로에게 묻는 것이다. 이런 갈등과 고민은 우리 내세에 대한 해답을 찾아 나서게 한다.

신약시대의 출애굽 세상을 경험한 수많은 사람은 누구나 이런 내세에 대한 고민과 갈등을 겪었다. 니고데모는 바리새파에 속한 사람으로 이스라엘에서 존경받는 선생이었다. 최고 권력기관인 산헤드린 공의회의 관원이며 지도자이고, 당시 환경에서 보면 최고의 지성인으로 최고로 성공하고 출세한 인물이다. 그러나 이런 세상적인 것이 그에게 만족과 행복을 주지 못해서 한밤중에 예수님을 찾아올 수밖에 없었다. 누가복음 18장 18절에서 부자 관리 역시 영생의 갈등이 있었으며, 예수님을 찾아 "선한 선생님이여, 내가 무엇을 해야 영생을 얻으리이까"라고 물었다. 아주 분명한 것은 내세 천국 영생을 실제적으로 경험하지 못한 사람은 불안, 두려움, 공포가 있다. 그래서 내세에 대한 고민, 갈등이 있어야 한다.

셋째, 가계도와 영계도를 그려보라.

자신의 가계도를 그려보고 조상의 영적 상태를 아는 것도 중요하다. 가문의 내력을 무시할 수 없기 때문이다.

넷째, 문제가 되는 불치의 병, 고질적 병의 원인을 파악하라.

다섯째, 이대로 세상을 떠나면 나의 영혼은 어디로 갈 것인지 고민해 보아야 한다.

출애굽은 말 그대로 애굽을 떠나는 것이다. 애굽을 탈출하는 것이다.
그러나 애굽을 떠나는 것이 결코 단순한 일은 아니다.
이스라엘 백성처럼 한 개인이나 가족이 아닌
한 민족 전체가 애굽을 떠나는 것은 크나큰 모험이다.

PART 4

출애굽
거듭남의 길

출애굽이란

출애굽의 여정을 따라 신앙생활을 해나가면서 하나님을 경험하며 살아가는 것이 중요하다. 하나님을 알고 영적 세계를 알되, 지식·이론·교리·논리로, 추상적·피상적으로만 아는 것이 문제다. 영적 세계, 예수님, 성령님을 구체적이고 인격적으로 체험하지 못하고 습관과 타성에 젖어 살아가는 것이 문제다. 영적 세계를 경험하기 위해 애굽을 떠나야 한다.

바나바 파이퍼(Barnabas Piper)는 "나는 내가 모든 답을 알기 때문에 하나님과 가까이 있다고 생각했는데 예수님과의 관계를 생각해 보니 그것은 어리석음이었다"라고 고백하며, 김은호 목사는 "참된 진리는 체험되는 것이다. 체험되지 않은 진리는 지식이지 진리가 아니다"라고 선포했다.

애굽의 삶, 문화, 사상을 요약 정리하면 애굽은 세상이다. 우리에게 애굽은 영적 세계도, 예수님도 모른 채 세상에 살던 때를 의미한다. 신앙을 가졌으면서도 애굽에 머물러 있고, 애굽으로 돌아가서 애굽의 삶을 살아가고자 하는 것은 바리새인들처럼 형식적·가식적·의식적으로만 신앙생활을 하는 것이다.

이스라엘 백성이 광야에서 외친다. "광야는 재미가 없다. 애굽으로 돌아가자"고 불평한다. 이 말은 '신앙생활이 재미가 없다, 세상으로 나가자'는 것과 같다. 그래서 세상의 욕심·탐욕·쾌락·음란에 젖어 살고, 중독과 노예 의식에 빠져 우상을 숭배하며 살아간다. 영적 세계를 경험하지 못했기 때문에 사는 재미가 없다고 느끼는 것이다.

유대 백성의 출애굽

출애굽은 말 그대로 애굽을 떠나는 것이다. 애굽을 탈출하는 것이다. 그러나 애굽을 떠나는 것이 결코 단순한 일은 아니다. 이스라엘 백성처럼 한 개인이나 가족이 아닌 한 민족 전체가 애굽을 떠나는 것은 크나큰 모험이다.

애굽을 떠나는 것은 무엇인가.

첫째, 애굽 땅, 그 나라를 떠나는 것이다.

종, 노예로 살던 애굽, 그 나라에서 떠나는 것이다. 애굽의 국경을 벗어나는 것이다. 마치 북한 사람들이 목숨을 걸고 탈북하는 것처럼 출애굽 자체도 목숨을 걸어야 하는 위험한 결단이다. 단순히 모세의 말만 듣고 애굽을 떠난다는 것은 분명 위기다. 그러나 결단하고 그 땅을 떠나, 애굽의 국경을 벗어나야 한다.

둘째, 애굽 왕으로부터 벗어나는 것이다.

첫 번째 출애굽에서 이스라엘 백성은 애굽의 파라오, 즉 애굽 왕으로부터 벗어났다. 애굽의 파라오는 이집트의 최고 신 가운데 하나다. 애굽에서 최고의 신은 태양신인데, 파라오는 태양신으로부터 능력을 전수받은 신의 아들로 여겨졌다.

또한 파라오는 태양신이 인간의 옷을 입고 지상에 내려온 신의 화신으로 간주되기도 했다. 따라서 파라오의 통치를 받는 것은 태양신의 통치를 받는 것과 같았다. 그러므로 반드시 파라오의 통치, 즉 세상 것의 통치에서 벗어나야 한다.

셋째, 애굽의 우상숭배에서 탈출하는 것이다.

애굽은 온통 물신숭배(animism) 문화에 젖어 있었다. 즉 물신숭배는 눈에 보이는 모든 사물이 다 신이다. 악어, 풍뎅이(부활), 매, 개구리, 나일강, 뱀, 독수리, 코브라, 원숭이, 피라미드, 신상 등등 헤아릴 수 없이 많다.

넷째, 종·노예로부터 탈출하는 것이다.

이스라엘 백성들은 하나님의 형상대로 지음받고 선택받은 민족이다. 그러나 애굽에서 400년 동안 비참한 노예, 종의 생활을 하면서 하나님의 형상을 잃어버리고 인간성을 상실했다. 핍박과 고난 속에서 자유를 상실한 채 선민의식도 옅어졌다. 출애굽은 이런 종, 노예의 상태에서 해방돼 참 자유와 주권을 가지는 것이다.

다섯째, 나일강의 생활에서 탈출하는 것이다.
나일강은 풍요의 상징이다. 나일강의 문화란 물질주의, 향락주의, 탐욕의 문화이다. 이런 것에서 벗어나 미래 의식과 내세의 소망을 품고 의미 있는 삶을 살아가야 한다.

여섯째, 애굽의 문화·사상·정신에서 탈출하는 것이다.
애굽의 성향에서 탈출한다는 것은 애굽의 생활, 습관, 정신, 사상, 애굽의 전통 등에서 떠나는 것이다.

출애굽의 목적

출애굽의 목적은 언제나 동일하다. 제1차 출애굽에서부터 제5차 출애굽까지 그 목적은 같다.

첫째, 약속의 땅으로 귀환하는 것이다.
제1차 출애굽은 애굽에서 종·노예 생활을 하던 이스라엘 백성은 그 핍박과 고통을 견딜 수 없어 하나님께서 아브라함·이삭·야곱에게 약속하신 축복의 땅, 젖과 꿀이 흐르는 땅 가나안을 그리워하며 절규했다. 그 지옥 같은 애굽의 노예에서 벗어나 축복의 땅 가나안으로 가기를 열망했다. 제2차 출애굽인 출바빌론 역시 마찬가지다. 바빌론에서 70년 동안 조상의 죄 때문에 노예 생활을 하면서 늘 예루살렘, 약속과 축복의 땅, 하나님께서 선택하신 땅을 그리워하며 귀환을 사모하며 기도했다. 바빌론 을래 강가, 아하와 강가, 그발 강가에서 금식하며 울부짖었다.

지금 이 시대의 출애굽인 출세상, 출죄악의 목적도 마찬가지다. 하나님께서 우리에게 약속하신 저 본향, 저 천국으로 귀향하기 위해 하나님께로 돌아오는 것이다.

"그들이 이같이 말하는 것은 자기들이 본향 찾는 자임을 나타냄이라. 그들이 나온바 본향을 생각했더라면 돌아갈 기회가 있었으려니와 그들이 이제는 더 나은 본향을 사모하니 곧 하늘에 있는 것이라. 이러므로 하나님이 그들의 하나님이라 일컬음받으심을 부끄러워하지 아니하시고 그들을 위하여 한 성을 예비하셨느니라(히브리서 11: 14-16)."

우리의 영적 고향 저 천국을 하나님께서 약속해 주셨으니 우리는 이 땅에 살면서 하늘의 것, 저 천국의 것을 사모하고 추구하며 심어야 한다. 모세는 이 본향(영적 고향)으로 귀환하기 위해 가장 귀하고 아름답고, 세상적으로 최고의 권력을 다 내버렸다.

"믿음으로 모세는 장성하여 파라오의 공주의 아들이라 칭함받기를 거절하고 도리어 하나님의 백성과 함께 고난받기를 잠시 죄악의 낙을 누리는 것보다 더 좋아하고, 그리스도를 위하여 받는 수모를 애굽의 모든 보화보다 더 큰 재물로 여겼으니 이는 상 주심을 바라봄이라(히브리서 11: 24-26)."

세상에서 출애굽을 해 하나님의 자녀가 된 성도들은 정말 힘쓰고 애써 이런 삶을 살아가야 한다.

둘째, 선민의 정체성을 회복하는 것이다.

사람이 세상을 살아가면서, 신앙생활을 할 때 가장 중요하게 여겨야 하는 것이 자기 정체성이다. '나는 누구인가'라는 성경적이고 영적인 신분을 바르게 하는 것이다. 이 정체성을 바르게 하고, 이 세상 것들로부터 탈출하고 떠나는 것이다. 거듭난 자의 정체성은 하나님의 자녀, 천국의 백성이 된 것이다.

셋째, 하나님의 형상 회복이다.

그리스도만큼 성장하는 것은 그리스도의 형상 곧 하나님의 형상을 회복하는 것이다. 이것이 가장 중요한 출애굽의 목표다. 하나님의 형상(image)은 하나님의 사상, 하나님의 정신이다.

"하나님이 미리 아신 자들을 또한 그 아들의 형상을 본받게 하기 위하여 미리 정하셨으니 이는 그로 많은 형제 중에서 맏아들이 되게 하려 하심이니라(로마서 8: 29)."

넷째, 하나님을 예배하는 것이다.

모세는 파라오에게 광야에 나가야 하는 당위성을 말하면서 우리가 거기서 하나님께 제사(예배)를 드리려 한다고 분명하게 전한다. 출애굽의 목적은 여호와 하나님을 예배하기 위함이다.

"우리가 사흘길쯤 광야로 들어가서 우리 하나님 여호와께 제사를 드리되 우리에게 명령하시는 대로 하려 하나이다(출애굽기 8: 23)."

선택과 부르심의 목적은 예배다. 하나님을 예배하기 위해 우리는 출애굽을 해야 한다.

출애굽의 실제

사람들이 반드시 경험해야 할 출애굽의 실제는 무엇인가.

첫째, 마음의 완고함과 완악함이 깨지고 부서져야 한다.

"이 백성들의 마음이 완악하여져서 그 귀는 듣기에 둔하고 눈은 감았으니 이는 눈으로 보고 귀로 듣고 마음으로 깨달아 돌이켜 내게 고침을 받을까 두려워함이라 하였느니라(마태복음 13: 15)."

이스라엘 백성이나 사람들이 영적인 복을 누리지 못하고 출애굽을 경험하지 못한 가장 큰 이유는 그들의 마음이 완고, 완악한 데 있다. 마음이 완고한 것은 마음이 강퍅한 것이다.

마음이 완고하고 강퍅하다는 것은 마음이 병들고 타락해서 마음이 딱딱하게 굳어진 것, 마음이 완악해진 것, 마음이 거칠고 사나운 것이다. 애굽의 노예 의식, 피해의식에서 온 분노, 증오, 적개심이다. 전혀 교육이나 훈련이 되지 않고 예의가 없는 상태다. 병들고, 타락하고, 거칠고, 악한 마음은 결코 출애굽을 체험하지 못한다. 영적인 고민과 갈등을 가지고 진지하게 자신의 영혼과 내세를 고민하기보다는 눈에 보이는 환경만을 보고 비난하고 욕하고 대적한다. 이런 마음의 완고한 생각, 감정, 사상이 깨어져야 주님께로, 천국으로 출애굽이 가능하다. 그렇기에 성령께서 이런 완고하고, 완악한 마음을 변화시키시도록 기도해야 한다.

"또 새 영을 너희 속에 두고 새 마음을 너희에게 주되 너희 육신에서 굳은 마음을 제거하고 부드러운 마음을 줄 것이며(에스겔 36: 26)"

둘째, 자신의 영적 상태를 아는 것이다.

즉 나 자신이 죄인인 것을 알아야 하고, 나 자신의 한계를 알아야 하며, 나 자신의 비참함을 알아야 한다. 나 자신이 사탄에 매여 있음을 알아야 하고, 나 자신이 무능하고 무기력함을 알아야 한다.

"모든 사람이 죄를 범했으매 하나님의 영광에 이르지 못하더니(로마서 3: 23)"

이 세상 누구도 이 말씀에서 자유로울 수 없다. 우리는 다 죄인이며 우리가 아무리 노력해도 우리의 죄 문제는 해결할 수 없다.

"여호와께서 하늘에서 인생을 굽어살피사 지각이 있어 하나님을 찾는 자가 있는가 보려 하신즉 다 치우쳐 함께 더러운 자가 되고 선을 행하는 자가 없으니 하나도 없도다(시편 14: 2-3)."

셋째, 전인격이 애굽(세상)을 떠나는 것이다.
이스라엘 백성은 사실 애굽의 국경 밖에 있었지만 그들의 마음이나 영혼, 그들의 정서나 정신은 애굽을 벗어나지 못했다. 이런 모습은 가나안 땅에서도 계속돼 그들은 또 바빌론의 포로가 되고 예루살렘 성전은 파괴됐다. 세상을 전인적으로 온전히 떠나는 것은 그만큼 힘들고 훈련과 연단이 필요하다.

《이스라엘 투데이(Israel today)》에서 루드윅 슈나이즈(Ludwict

Schneidzr)는 "목사들과 장로들은 성령의 인도에 대해 이야기하지만 통제권을 움켜쥐고 예배를 통제하려 한다. 찬양, 경배는 설교보다 길고 자신들의 힘으로 성령 충만한 예배를 만들려고 한다. 영생을 위한 신약의 출애굽은 집이나 교회에서 편안하게 이룰 수 있는 여정이 아니다. 그것은 우리 자신의 이기심을 영원히 버리고, 성령이 우리의 삶과 교회를 완전하게 인도하시게 하는 마음가짐이다. 이렇게 함으로써 우리는 광야를 건너 약속의 땅으로 들어갈 수 있다"고 했다.

넷째, 어린 양의 피가 우리 속에 있어야 한다.

"모세가 이스라엘 모든 장로를 불러서 그들에게 이르되 너희는 나가서 너희의 가족대로 어린 양을 택하여 유월절 양으로 잡고 우슬초 묶음을 가져다가 그릇에 담은 피에 적셔서 그 피를 문 인방(引枋)과 좌우 설주에 뿌리고 아침까지 한 사람도 자기 집 문밖에 나가지 말라(출애굽기 12: 21-22)."

내가 죄인임을 인정하고, 나의 영적, 심적 비참한 처지를 인정하고 예수 그리스도를 나의 구세주, 나의 구속주, 나의 속죄주로 인정해야 한다. 나의 주, 나의 하나님으로 영·혼·육 전인격 속에 영접해야 한다. 예수님은 유월절 어린양이 되시기 때문이다.

"너희는 누룩 없는 자인데 새 덩어리가 되기 위하여 묵은 누룩을 내버리라. 우리의 유월절 양, 곧 그리스도께서 희생되셨느니라(고린도전서 5: 7)."

출애굽 진단

첫째, 애굽(세상)의 땅, 통치에서 벗어났는가.

둘째, 세상 권세 잡은 자들로부터 벗어났는가.

셋째, 나는 개종을 결단했는가.

넷째, 나는 영적, 심적, 육적으로 죄인이고 비참한 상태에 있음이 깨달아지는가.

다섯째, 나는 예수를 만나기를 사모하는가.

여섯째, 예수님을 인격적으로 마음에 영접하기를 원하는가.

출애굽의 과업

지금 우리가 성취해야 할 출애굽의 과업은 출애굽의 패턴에서 서술한 것처럼 제3차 출애굽과 제5차 출애굽(불신앙에서 믿음으로)이다. 애굽, 세상의 자연인 상태에 있는 사람들, 여전히 우상숭배와 죄 가운데 빠져 살아가는 자들이 복음, 말씀을 듣고 예수 그리스도를 믿음으로 인해 개별적으로 구원받고 거듭나는 것이다.

첫째, 자신의 영·혼·육의 전인적 한계와 죄로 인한 고통과 아픔을 깨달아야 한다.

사람들이 평범하게 살아갈 때는 하나님의 존재를 부인하거나 하나님의 필요성을 느끼지 못하다가 전인적인 아픔과 고통, 불행을 감당하지 못하게 되면 그제야 자신이 죄인인 것을 깨닫고 하나님의 존재를 찾으려고 한다. 이스라엘 백성들은 애굽(세상)에서 자신들이 노예 생활을 하는 고통이 너무나 커서 자신들의 한계를 깨달았다.

그들은 노예들로서 군사 훈련을 받은 것이 아니기 때문에 독립운동을 하거나 탈출하는 것은 전혀 불가능했다. 죄악 가운데 살아가는 사람들도 마찬가지다. 인간의 노력으로는 죄로부터 탈출할 수 없고, 스스로 죄를 씻어버릴 수도 없다.

둘째, 사모하며 찾아야 한다.

애굽에서 이스라엘 백성들은 노예 생활의 고통 때문에 구원을 사모하며 절규하며 울부짖고 있으며 하나님께서는 그들의 절규와 신음을 들으셨다.

"여호와께서 이르시되 내가 애굽에 있는 내 백성의 고통을 분명히 보고 그들이 그들의 감독자로 말미암아 부르짖음을 듣고 그 근심을 알고 이제 가라 이스라엘 자손의 부르짖음이 내게 달하고 애굽 사람이 그들을 괴롭히는 학대도 내가 보았으니(출애굽기 3: 7-9)"

사람들은 누구나 위기나 위험에 처하고 아픔과 불행에 빠지거나 나이가 들어가면서 내세에 대한 불안을 느끼고, 죽음에 대한 공포를 가지고 살아가게 마련이다. 이런 환경도 하나님께서 주신 경우일 수도 있고, 하나님의 부르심인 경우도 많다. 자신의 한계와 연약함을 깨닫고 하나님을 찾고 내세를 추구하며 사모해야 한다.

셋째, 복음, 말씀이 들려야 한다.

"그러므로 믿음은 들음에서 나며 들음은 그리스도의 말씀으로 말미암았느니라(로마서 10: 17)."

세상에 젖어 살아가는 사람들은 거듭나기 위해 최선을 다해 복음을 듣고 영적 진리를 찾아야 한다.

넷째, 회심이다.

자신이 죄인인 것을 깨닫고 자신의 연약한 한계를 깨달으면 여호와 하나님, 예수 그리스도만이 참 신이시고, 참 하나님이신 것을 알게 된다. 그러자면 이스라엘 백성처럼 결단하고 회심해야 한다. 회심은 자신이 죄인인 것을 깨달아 처음 회개하는 것으로 주님 앞에 죄인임을 고백하고 주님께로 돌아서는 것이다. 유턴하는 것이다. 세상을 등지고 하나님께로 나와야 한다.

믿음으로 돌아서는 회심은 믿음의 대상을 예수 그리스도로 바꾸는 개종의 결단이다. 여기에는 큰 용기가 필요하다. 많은 사람이 가장 무섭고,

두려워하는 단계다. 지금까지 믿고 의지하던 신이 어떤 것이든지 간에 신을 바꾸고 개종하는 것은 심히 두려운 일이다.

장영일 총장은 "사도 바울은 예루살렘에서 다메섹으로 가는 길에 예수 그리스도의 부르심을 입어 세상에서 예수 그리스도로 나오는 출애굽, 출세상, 출죄악, 출사탄을 경험했다.

사도 바울 자신의 개인적인 출애굽 경험이 그의 신앙이자 신학이며, 복음이자 삶이며, 정체성이다. 그렇기 때문에 이 개인적 출애굽 경험은 그의 복음의 핵심이 됐다고 했다. 성경에 기록된 것을 미루어보건대 사도 바울은 자신이 복음을 전할 때마다 자신의 출애굽, 출세상, 출사탄, 출죄악의 경험을 간증했을 것임은 분명하다. 우리도 마찬가지다. 우리에게도 개개인의 출애굽, 출세상, 출죄악, 출사탄의 살아 있는 뜨거운 회심의 경험이 있어야 한다. 내가 처음 예수님을 만나 세상을 떠난 경험, 내 인생의 터닝포인트, 전환점이 된 그 경험의 감동이 내 속에 생생하게 살아 있고, 내 속에 뜨겁게 살아 있어야 한다. 영의 거듭남, 영적 거듭남을 반드시 경험해야 한다.

다섯째, 예수 그리스도를 마음에 영접하는 것이다.

회심과 동시에 예수 그리스도를 마음에 모시는 것이다. 하나님께서 독생자 예수 그리스도를 우리에게 선물로 주시고 믿음 또한 선물로 주셨다. 그래서 우리는 마음의 문을 열고 예수 그리스도를 나의 주 나의 하나님으로 영접하면 천국을 선물로 받는다.

"너희는 그 은혜에 의하여 믿음으로 말미암아 구원을 받았으니 이것은 너희에게서 난 것이 아니요 하나님의 선물이라(에베소서 2: 8)."

"볼지어다 내가 문밖에 서서 두드리노니 누구든지 내 음성을 듣고 문을 열면 내가 그에게로 들어가 그와 더불어 먹고 그는 나와 더불어 먹으리라(요한계시록 3: 20)."

여섯째, 영적 가족인 교회에 속해 영적 돌봄을 받아야 한다.

영접 기도

당신은 영원한 천국을 선물로 받고 싶지 않은가.
당신의 영혼이 거듭남의 놀라운 기쁨과 감동을 맛보고 싶지 않은가.
그렇다면 지금 이 자리에서 당신 자신이 죄인임을 고백하고 예수님을 당신의 구세주로 믿고 받아들여라. 그 비밀이 여기에 있다. 이 고백이 당신의 마음에 든다면 지금 소리 내어 진실하게 기도하자. 천국의 선물이 바로 당신의 것이 되는 것이다.

주 예수님!

제가 예수님을 나의 주 나의 하나님으로 믿습니다.

주 예수께서 나의 죄를 위하여 죽으심과 부활하심을 믿습니다.

주 예수님 이제 제가 제 마음의 문을 엽니다.

지금 제 마음속에 오셔서 나의 모든 죄를 용서해 주시고 나를 하나님의 자녀로 삼아주세요.

주 예수께서 제 마음과 제 모든 생애의 주인이 되어주세요.

이제 오직 주님만 섬기며 주 예수님만 따르겠습니다.

나의 남은 생애 오직 주를 위해 살겠습니다.

오 주님!

저를 받아주시고 저의 마음속에 들어오심을 감사드립니다.

주 예수님의 이름으로 기도드립니다. 아멘.

년   월   일

이름: 서명:

홍해가 지금 이 시대의 성도들에게 주는 영적·신앙적 의미는 무엇인가.
우리가 정말 중요하게 여기고 반드시 성취하고 확증하고 가야 할
홍해의 영적·신앙적·상징적 의미는 무엇인가.

PART 5

홍해
거듭남의 확증

홍해의 중요성

보통 애굽을 탈출해 가나안 땅에 들어갈 때 믿음의 조상들이나 가나안 백성들이 주로 이용하는 해안가 도로가 있다. 그러나 하나님께서 이스라엘 백성들을 이 편안한 길로 인도하시지 않고 길이 전혀 없는 홍해로 인도하셨다. 이것도 자기 백성들을 향하신 하나님의 계획이고 섭리다.

"바로가 백성을 보낸 후에 블레셋 사람의 땅의 길은 가까울지라도 하나님이 그들을 그 길로 인도하지 아니하셨으니 이는 하나님이 말씀하시기를 이 백성이 전쟁을 하게 되면 마음을 돌이켜 애굽으로 돌아갈까 하셨음이라 (출애굽기 13: 17)".

이스라엘 백성이 홍해를 건너야 하는 이유, 의미, 홍해가 주는 상징이 무엇인지를 신약성경이 잘 해석해 주고 있다. 따라서 출애굽, 탈애굽을 한 성도들은 홍해가 주는 영적·신앙적 상징과 의미가 무엇인지를 알아 반드시 홍해의 과업을 성취해야 한다. 그러지 않으면 광야의 승리도, 가나안의 승리도 경험할 수 없다. 출애굽의 과정에서 가장 중요한 것은 영적 거듭남, 영의 거듭남인데 영의 거듭남의 과업이 출애굽과 홍해를 건너는 과정이다.

이는 신앙생활의 가장 기본이고, 근본이며, 기초이고, 뿌리다. 홍해의 영적 과업이 바로 되지 않으면 믿음의 삶을 살아가는 길에서 광야의 이스라엘 백성처럼 불신·의심·원망·불평·비난·대적의 죄에 떨어지게 되고, 세상의 유혹이 올 때 넘어지며, 핍박이 올 때 하나님을 배역하고 신앙을 떠나게 되는 아픔을 겪는다.

홍해의 영적·신앙적 의미

홍해가 지금 이 시대의 성도들에게 주는 영적·신앙적 의미는 무엇인가. 우리가 정말 중요하게 여기고 반드시 성취하고 확증하고 기야 할 홍해의 영적·신앙적·상징적 의미는 무엇인가.

첫째, 홍해는 하나님의 물 심판이다.

홍해는 하나님의 징계다. 이스라엘 백성은 믿음으로 홍해를 건너고 있으나 이것을 보고 애굽의 군대도 이스라엘 백성을 죽이고자 홍해에 들어섰다. 그러나 그들은 자신들의 뜻을 이루지 못하고 하나님에 의해 홍해의 갈라진 물이 다시 합쳐지면서 수장되고 말았다. 김승학 씨의 《떨기나무》에 보면 사우디아라비아 쪽의 바닷속, 즉 홍해의 바닷속에 아직도 애굽 전차의 바퀴들이 수장돼 있다고 한다.

"여호와는 용사시니 여호와는 그의 이름이시로다. 그가 바로의 병거와 그의 군대를 바다에 던지시니 최고의 지휘관들이 홍해에 잠겼고(출애굽기 15: 3-4)"

둘째, 물세례다.
"형제들아 나는 너희가 알지 못하기를 원하지 아니하노니 우리 조상들이 다 구름 아래에 있고 바다 가운데로 지나며 모세에게 속하여 다 구름과 바다에서 세례를 받고(고린도전서 10: 1-2)"

이스라엘 백성은 애굽에서 할례도, 세례도 받을 수 없었다. 종, 노예의 삶에서는 불가능했다. 그렇다고 아직 제사장도 선지자도 없는 상황에서 개개인이 할례나 세례를 베풀 수 있는 상황도 아니다. 그래서 하나님께서 친히 전체 이스라엘 백성에게 홍해에서 한꺼번에 세례를 베푸신 것이다. 이런 의식이 그들에게 반드시 필요한 경험일까. 이는 신앙의 가장 중요한 기초이고 뿌리이기에 반드시 필요한 경험이다. 지금 신앙생활을 하면서 믿음의 길을 걸어가는 모든 사람도 반드시 홍해를 건너는 경험이 있어야 한다.

셋째, 예수 그리스도와 연합한 것이다.
세례는 예수님의 죽으심과 부활과 연합되고 하나 되는 상징적 의미다.

"무릇 그리스도 예수와 합하여 세례를 받은 우리는 그의 죽으심과 합하여 세례를 받은 줄을 알지 못하느냐(로마서 6: 3)."

"만일 우리가 그의 죽으심과 같은 모양으로 연합한 자가 됐으면 또한 그의 부활과 같은 모양으로 연합한 자도 되리라(로마서 6: 5)."

넷째, 구원의 표다.
"물은 예수 그리스도께서 부활하심으로 말미암아 이제 너희를 구원하는 표니 곧 세례라 이는 육체의 더러운 것을 제하여 버림이 아니요, 하나님을 향한 선한 양심의 간구니라(베드로전서 3: 21)."

"믿고 세례를 받는 사람은 구원을 얻을 것이요, 믿지 않는 사람은 정죄를 받으리라(마가복음 16: 16)."

놀라운 감동이다. 하나님께서 이스라엘 백성을 구원하시고 그들의 믿음, 구원이 흔들리지 않게 하시기 위해 물세례를 구원의 증거로 주셨다. 그러나 너무나 많은 사람은 물로 세례를 받았으나 여전히 구원의 확신이 없어 흔들리며 내세를 불안해한다.

다섯째, 세례는 회개의 증거다.

"세례 요한이 광야에 이르러 죄 사함을 받게 하는 회개의 세례를 전파하니(마가복음 1:4)"

고대 시대나 오늘이나 죄 문제, 죄책감의 문제는 중요하다. 이 문제가 해결되지 않으면 천국에 들어갈 수 없고, 구원도 없다고 여겼기 때문이다. 실제로 고대의 왕이나 성도들이 세례를 받는 것은 지금까지 지은 모든 죄가 용서되는 것으로 믿었는데, 세례를 받고 난 뒤에 죄를 지으면 그 죄는 용서받을 방법이 없다고 여겨 예수를 믿지만 곧바로 세례를 받지 않고 죽음 직전에 세례를 받는 자들도 있었다.

홍해(세례)의 실제

홍해는 심판, 구원, 그리스도와의 연합, 회개의 증거로 여겨졌다. 이는 하나님이 거듭남, 내세에 대한 확신을 주시기 위한 계획이다.

지금 성도들이 반드시 확인해야 하는 홍해, 세례의 경험은 구원, 거듭남의 확신과 증거를 갖는 것이다.

"너희는 믿음 안에 있는가. 너희 자신을 시험하고 너희 자신을 확증하라. 예수 그리스도께서 너희 안에 계신 줄을 너희가 스스로 알지 못하느냐. 그렇지 않으면 너희는 버림받은 자니라(고린도후서 13: 5)."

자신의 믿음을 시험하고 달아보고 분명한 확신과 증거를 가져야 한다. 이것이 매우 중요한 이유는 사람이 전인적 건강을 가지고 살아가기 위해서는 목적의식이 분명해야 하고, 그 목적의식은 미래 의식이며 미래 의식은 소망 의식이고, 소망 의식은 내세에 대한 의식이며 내세에 대한 의식은 천국의 의식이기 때문이다. 천국에 대한 확신이 있어야 이 세상을 살아가는 것도 두렵지 않고 죽는 것도 두렵지 않다. 이 두 가지의 두려움, 불안을 떨쳐내는 것이 매우 중요하다. 그러나 사람들이 종교를 가지고 살고, 신앙 공동체에 속해 열심히 다니면서도 이 확신과 증거가 없어 늘 불안해하고 두려워한다.

천국에 대한 확신이 없어 지옥에 떨어질까 봐 무서운 것이다. 그래서 성도들은 누구나 이 구원의 확신과 증거를 가지려고 고민하며 방법을 찾아다니다가 구원의 확신을 준다는 기도원을 찾기도 하고, 심지어 이단에 빠지기도 한다. 그러나 그런 곳에서 제시하는 확신 증거란 모두 비성경적이고 비신학적인 것이다. 성도들은 신앙의 기초, 뿌리가 너무나 빈약한데, 신앙의 기초가 약하다는 것은 거듭남의 증거가 없다는 것이다.

성경은 구원의 확신을 넘어 증거가 있어야 함을 말씀하고 있다. 이단들은 거짓으로 증거를 주는데 교회는 그 구원의 성경적 증거를 주지 못하기 때문에 이단들에게 사람들을 빼앗기고 있다. 교회를 다니는 사람들에게 거듭남의 확신과 증거를 알아보기 위해 이런 질문을 했다. 그 답은 매우 황당하고 안타까웠다.

"김 권사님, 만일 오늘 이 세상을 떠나게 된다면 하나님의 나라에 들어갈 확신이 있으십니까?"
"아이구, 목사님 제가 그것을 어떻게 알아요. 죽어봐야 알겠지요."
"박 권사님, 만일 오늘 이 세상을 떠나게 된다면 하나님의 나라에 들어갈 확신이 있으십니까?"
"글쎄요. 한 번도 생각해 보지 않아서 모르겠네요."
"이 집사님, 만일 오늘 이 세상을 떠나게 된다면 하나님의 나라에 들어갈 확신이 있으십니까?"
"아니요, 저는 천국에 못 들어갑니다."
"아니 집사님, 그렇게 열심히 신앙생활을 하고 결혼하면서 결혼 준비금을 옥합 헌금이라고 하나님께 드리기까지 하신 분이 어떻게 천국, 내세에 대한 확신도 없이 그렇게 열심히 봉사합니까?"
"그저 지은 죄가 많아서, 죄스러워서 열심히 할 뿐입니다."

이런 대답을 대부분의 사람들에게서 들을 수 있고, 확신과 증거를 가졌다고 하는 사람들의 말을 들어보면 황당한 경우가 대부분이다. 이 신앙의 기초, 뿌리를 든든하게 하는 것이 무엇보다 중요하다. 그래야 사람들이 확신을 가지고 행복하게 신앙생활을 할 수 있고, 이단들에게 속아 넘어가지 않게 된다.

홍해 과정의 진단

첫째, 나는 예수님과 연합되어 있는가.

둘째, 나는 진정으로 거듭났는가.

셋째, 나의 구원, 거듭남의 확신은 무엇인가.

넷째, 나는 예수님을 인격적으로 만난 경험이 있는가.

다섯째, 나의 거듭남의 증거는 무엇인가.

여섯째, 예수님의 내주하심을 믿는가.

일곱째, 예수께서 내주하시는 증거는 무엇인가.

여덟째, 오늘 밤 이 세상을 떠나도 천국에서 눈을 뜰 확신은 무엇인가.

홍해(세례)의 과업

홍해, 세례에서 반드시 성취해야 할 과업은 거듭남의 확신과 증거다.

거듭남의 확신

성도들은 거듭난 것을 어렴풋하게 알고 있지만 니고데모, 부자 청년처럼 그리고 수많은 초대교회 성도들처럼 거듭남의 확신과 영생, 내세의 확신과 증거가 없어 불안해하며 고통스러워한다. 그래서 신앙 공동체나 기도원 등에서 저마다 구원의 확신을 준다고 선전하며 사람을 교육하지만 대부분 성경적이지 않고 주관적인 경험인 경우가 많다. 그나마 기도원에서 성경적 확신이라고 주장하는 것이 이른바 방언 기도다. 그런데 방언조차 제각각이다.

그러나 성경에서 구원의 확신이 방언이라고 증거를 보여주고 있지 않다. 정말 거듭나고 신실하게 신앙생활을 잘하고 있지만 한 가지 방언을 하지 못한 사람들은 어떻게 되는가. 방언 또한 결코 거듭남의 확신은 아니다. 따라서 홍해의 경험을 통해 구원의 확신을 분명히 하자. 성경에 근거한 거듭남의 확신은 무엇인가.

첫째, 구원, 거듭남은 미래의 일이 아니라 이미 이루어지고 완성된 것이다.

성경은 어떤 곳에도 신앙 공동체를 잘 다니고 신앙생활을 잘하면 앞으로 구원받을 것이다, 이렇게 미래의 일로 표현한 곳은 없다. 모든 사람의 구원은 육신의 아이가 단번에 세상에 태어나는 것처럼 영적 태어남, 영적으로 새로 나는 일도 단번에 이루어지고 완성되는 것이다.

"영접하는 자, 곧 그 이름을 믿는 자들에게는 하나님의 자녀가 되는 권세를 주셨으니(요한복음 1: 12)"

"내가 진실로 진실로 너희에게 이르노니 내 말을 듣고 또 나를 보내신 이를 믿는 자는 영생을 얻었고 심판에 이르지 아니하나니 사망에서 생명으로 옮겼느니라(요한복음 5: 24)."

문법의 시제를 보면 얻었고, 이미 주셨다. 모두 다 현재완료다. 이미 하나님의 자녀가 완성됐고, 영생을 얻었고, 이미 내 속에 영생의 DNA가 있다. 심판에 이르지 않고 이미 심판에서 해방됐다. 전혀 두려워할 이유가 없다. "사망에서 생명으로 옮겼느니라." 이미 옮겨져 버렸다. 차츰 이루어지는 것이 아니라 이미 완성돼 천국의 시민이 됐고, 천국의 백성으로 살아가는 것이다.

"허물로 죽은 우리를 그리스도와 함께 살리셨고 (너희는 은혜로 구원을 받은 것이라) 또 함께 일으키사 그리스도 예수 안에서 함께 하늘에 앉히시니(에베소서 2: 5-6)"

그리스도와 함께 살리셨고, 예수님의 부활이 내가 예수를 믿는 순간 나의 부활이 됐다. 이미 부활의 영이 내 속에 있다. 함께 일으키시고, 함께 하늘에 앉히시니, 이미 하늘에 속해 있다. 앞으로 노력하고, 죄짓지 않고, 착하게 살고, 신앙생활 잘해서 하늘에 가는 것이 아니다. 우리는 이미 하늘에 속해 있다. 이렇게 말하면 의심 많은 도마 같은 성도들이 꼭 하는 질문이 있다. 그렇다면 빌립보서 2장 12절 "두렵고 떨림으로 너희 구원을 이루라" 이 말씀은 무엇인가. 이 말씀은 1장 27절 "복음에 합당하게 생활하라"는 말씀의 강조다. 이미 구원받았으니 구원받은 자처럼 살아가라는 말씀이다.

둘째, 여호와 하나님께서 결코 내쫓지 않으신다.

"아버지께서 내게 주시는 자는 다 내게로 올 것이요, 내게 오는 자는 내가 결코 내쫓지 아니하리라(요한복음 6: 37)."

하나님은 신실하시고 미쁘신 분이셔서 거짓말을 하실 수 없다. 하나님께서 거짓되시면 하나님이 하나님 되시지 못하신다. 절대로 거짓말하실 수 없는 하나님께서 약속하신다. 한번 하나님의 자녀가 되고 거듭남으로 천국의 백성이 됐으면 결코 내쫓지 않으신다.

셋째, 결코 빼앗기지 않으신다.

"내가 그들에게 영생을 주노니 영원히 멸망하지 아니할 것이요, 또 그들을 내 손에서 빼앗을 자가 없느니라. 그들을 주신 내 아버지는 만물보다

크시매 아무도 아버지 손에서 빼앗을 수 없느니라(요한복음 10: 28-29)."

사탄 마귀들은 하나님의 손에서 우리를 빼앗아 지옥으로 끌어가고 우리를 넘어뜨리려고 하지만 하나님께서 우리를 지키시고 보호해 주신다.

넷째, 결코 버리거나 떠나지 않으신다.

"돈을 사랑하지 말고 있는 바를 족한 줄로 알라. 그가 친히 말씀하시기를 내가 결코 너희를 버리지 아니하고 너희를 떠나지 아니하리라 하셨느니라(히브리서 13: 5)."

세상에서 정상적인 부모의 정신을 가진 자들은 결코 자식을 버릴 수 없다. 비록 자식이 큰 죄를 짓고 불효를 하더라도 부모는 자식을 위해 희생한다. 하물며 하나님께서 자녀들을 버리거나 떠나실 수 없다.

다섯째, 인치심이다.

"또 보매 다른 천사가 살아 계신 하나님의 인(印)을 가지고 해 돋는 데로부터 올라와서 땅과 바다를 해롭게 할 권세를 받은 네 천사를 향하여 큰 소리로 외쳐 이르되 우리가 우리 하나님의 종들의 이마에 인치기까지 땅이나 바다나 나무들을 해하지 말라 하더라. 내가 인침을 받은 자의 수를 들으니 이스라엘 자손의 각 지파 중에서 인침을 받은 자들이 십사만 사천이니(요한계시록 7: 2-4)"

고대 당시 임금의 도장은 '어인'으로 그 어인이 법이었다. 하나님께서 우리가 하나님을 믿는 순간 우리 속에 인, 도장을 찍어 하나님의 소유로 삼으셨다. 누구도 우리 영혼을 도둑질할 수 없다.

여섯째, 생명책에 기록됐다.

"또 내가 보니 죽은 자들이 큰 자나 작은 자나 그 보좌 앞에 서 있는데 책들이 펴 있고, 또 다른 책이 펴졌으니 곧 생명책이라. 죽은 자들이 자기 행위를 따라 책들에 기록된 대로 심판을 받으니, 누구든지 생명책에 기록되지 못한 자는 불못에 던져지더라(요한계시록 20: 12, 20: 15)."

세상에 사람이 태어나면 호적에 올리고 주민등록부에 등재한다. 하늘 나라에도 생명책이 있어서 구원받은 천국 백성들을 등재하셨다.

구원의 불안정

이처럼 우리의 구원이 확실함에도 불구하고 너무나 많은 성도는 무엇이 부족한 것처럼 느껴져서 더 확고한 증거를 찾으려고 한다. 그래서 확신이 흔들리고 불안하고 요동친다. 그 이유는 하나님께서 흔들리시거나 약속을 어길 것 같아서가 아니라 우리가 믿음의 뿌리, 거듭남의 근거를 자기 자신의 마음과 행동에 두기 때문이다. 말씀대로 살고 있으면 천국에 갈 것 같다가도 조금 실수하고 죄를 지으면 지옥에 떨어질 것 같은 생각은 오직 자신의 마음에서 오거나 마귀의 생각에 빠지기 때문이다. 어차피 우리의 구원이 행위에 달린 것이 아니라 오직 하나님의 은혜로 된 것이다.

"자기의 마음을 믿는 자는 미련한 자요, 지혜롭게 행하는 자는 구원을 얻을 자니라(잠언 28: 26)."

구원의 증인, 증거

성도들에게 구원의 증거에 대한 질문을 하면 대부분의 성도는 자기 개개인의 주관적 경험을 이야기한다. 그러나 정말로 중요한 것은 성경이 말하는 증인, 증거가 무엇인가 하는 것이다. 이단들은 자신들이 거짓된 것으로 구원의 증거를 제시하는데, 교회는 뚜렷한 진리의 증거를 제시하지 못하고 있는 것이 오늘날 교회의 결정적인 문제요, 아픔이다.

성경은 우리에게 반드시 증거를 가져야 한다고 말씀하신다.

"믿음으로 아벨은 가인보다 더 나은 제사를 하나님께 드림으로 의로운 자라 하시는 증거를 얻었으니 하나님이 그 예물에 대하여 증언하심이라. 그가 죽었으나 그 믿음으로써 지금도 말하느니라. 믿음으로 에녹은 죽음을 보지 않고 옮겨졌으니 하나님이 그를 옮기심으로 다시 보이지 아니했느니라. 그는 옮겨지기 전에 하나님을 기쁘시게 하는 자라 하는 증거를 받았느니라(히브리서 11: 4-5)."

"이 사람들은 다 믿음으로 말미암아 증거를 받았으나 약속된 것을 받지 못하였으니(히브리서 11: 39)"

믿음의 조상들은 모두가 분명한 믿음, 거듭남의 증거, 증인을 가졌다. 우리도 분명한 성경적 증거, 증인을 가져야 하고 경험해야 한다.

"하나님의 아들을 믿는 자는 자기 안에 증거가 있고, 하나님을 믿지 아니하는 자는 하나님을 거짓말하는 자로 만드나니, 이는 하나님께서 그 아들에 대하여 증언하신 증거를 믿지 아니했음이라. 또 증거는 이것이니 하나님이 우리에게 영생을 주신 것과 이 생명이 그의 아들 안에 있는 그것이니라(요한일서 5: 10-11)."

하나님께서 예수 그리스도를 믿는 우리 안에 증거를 주셨다. 다만 내 안에 있는 증거를 발견하지 못할 뿐이다. 이처럼 성경은 우리가 거듭나고, 천국의 백성이 된 분명한 증인, 증거를 가져야 한다고 말씀하신다. 그러므로 반드시 영적 증거를 가져야 한다.

성경의 유일한 증인, 증거는 오직 성령이시다.

전인적 거듭남에서 성령의 사역

첫째, 성령은 거듭남의 증인이시다.

"우리는 이 일에 증인이요, 하나님이 자기에게 순종하는 사람들에게 주신 성령도 그러하니라 하더라(사도행전 5: 32)."

둘째, 성령은 거듭남의 증언자(증인)이시다.

"성령이 친히 우리의 영과 더불어 우리가 하나님의 자녀인 것을 증언하시나니(로마서 8: 16)"

"또 마음을 아시는 하나님이 우리에게와 같이 그들에게도 성령을 주어 증언하시고(사도행전 15: 8)"

셋째, 성령은 거듭남의 보증이시다.

"그가 또한 우리에게 인치시고 보증으로 우리 마음에 성령을 주셨느니라(고린도후서 1: 22)"

"곧 이것을 우리에게 이루게 하시고 보증으로 성령을 우리에게 주신 이는 하나님이시니라(고린도후서 5: 5)."

넷째, 성령은 거듭남의 인치심(인감도장, 어인)이시다.

"그 안에서 너희도 진리의 말씀 곧 너희의 구원의 복음을 듣고 그 안에서 또한 믿어 약속의 성령으로 인치심을 받았으니(에베소서 1: 13-14)"

"하나님의 성령을 근심하게 하지 말라. 그 안에서 너희가 구원의 날까지 인치심을 받았느니라(에베소서 4: 30)."

다섯째, 성령은 거듭남의 증거이시다.
"하나님도 표적들과 기사들과 여러 가지 능력과 및 자기 뜻을 따라 성령을 나눠주신 것으로써 저희와 함께 증거하셨느니라(히브리서 2: 4(개역))."

"증거하는 이는 성령이시니 성령은 진리니라. 증거하는 이가 셋이니 성령과 물과 피라 또한 이 셋이 합하여 하나이니라. 만일 우리가 사람들의 증거를 받을진대 하나님의 증거는 더욱 크도다. 하나님의 증거는 이것이니 그 아들에 관하여 증거하신 것이니라. 하나님의 아들을 믿는 자는 자기 안에 증거가 있고, 하나님을 믿지 아니하는 자는 하나님을 거짓말하는 자로 만드나니 이는 하나님께서 그 아들에 관하여 증거하신 증거를 믿지 아니하였음이라. 또 증거는 이것이니 하나님이 우리에게 영생을 주신 것과 이 생명이 그의 아들 안에 있는 그것이니라(요한일서 5: 7-11(개역))."

오직 성령님만이 유일한 증인, 증거, 증언자, 보증인, 인(도장)이 되신다.

성령 내주의 증거
성령은 오직 유일한 증인, 증거, 보증인, 도장이 되시기 때문에 이제 아주 간단하게 성령께서 내 마음에 계신 것을 확인만 하면 된다. 이것 역시도

개인적 경험을 앞세우기 전에 성경적인 근거에 기초를 두는 것이 중요하다.

성령께서 내 안에 계시는 증거는 무엇인가.

첫째, 하나님께서 성령을 우리 속에 선물로 주셨다.

"베드로가 이르되 너희가 회개하여 각각 예수 그리스도의 이름으로 세례를 받고 죄 사함을 받으라. 그리하면 성령의 선물을 받으리니(사도행전 2: 38)."

둘째, 내 영이 증거한다.

"그의 계명들을 지키는 자는 주 안에 거하고, 주는 그의 안에 거하시나니 우리에게 주신 성령으로 말미암아 그가 우리 안에 거하시는 줄을 우리가 아느니라(요한일서 3: 24)."

셋째, 내적 평안을 주신다.

"예수께서 이르시되 딸아 네 믿음이 너를 구원했으니 평안히 가라. 네 병에서 놓여 건강할지어다(마가복음 5: 34)."

넷째, 하나님을 아빠 아버지라 부른다.

"너희는 다시 무서워하는 종의 영을 받지 아니하고 양자의 영을 받았으므로 우리가 아빠 아버지라고 부르짖느니라(로마서 8: 15)."

다섯째, 예수님을 주님으로 부른다.

"그러므로 내가 너희에게 알리노니 하나님의 영으로 말하는 자는 누구든지 예수를 저주할 자라 하지 아니하고, 또 성령으로 아니하고는 누구든지 예수를 주시라 할 수 없느니라(고린도전서 12: 3)."

여섯째, 죄를 미워한다.

"오호라 나는 곤고한 사람이로다. 이 사망의 몸에서 누가 나를 건져내랴(로마서 7: 24)."

일곱째, 성령의 열매들이다.

"오직 성령의 열매는 사랑과 희락과 화평과 오래 참음과 자비와 양선과 충성과 온유와 절제니 이 같은 것을 금지할 법이 없느니라(갈라디아서 5: 22-23)."

여덟째, 성령을 따라 살려는 의지가 있다.

"내가 이르노니 너희는 성령을 따라 행하라 그리하면 육체의 욕심을 이루지 아니하리라(갈라디아서 5: 16)."

"만일 우리가 성령으로 살면 또한 성령으로 행할지니 헛된 영광을 구하여 서로 노엽게 하거나 서로 투기하지 말지니라(갈라디아서 5: 25-26)."

아홉째, 성령의 감동, 인도하심이 있다.

"예언은 언제든지 사람의 뜻으로 낸 것이 아니요, 오직 성령의 감동하심을 받은 사람들이 하나님께 받아 말한 것임이라(베드로후서 1: 21)."

"너희가 만일 성령의 인도하시는 바가 되면 율법 아래에 있지 아니하리라(갈라디아서 5: 18)."

열째, 귀신들이 인정한다.
"네가 하나님은 한 분이신 줄을 믿느냐. 잘하는도다. 귀신들도 믿고 떠느니라(야고보서 2: 19)."

그 외에도 성령께서 우리 안에 계셔서 나의 기도가 응답받고, 치유와 기적 등을 경험하는 것들은 성령께서 내 안에 계시는 증거다.

PART 3, 4, 5, 애굽, 출애굽, 홍해는 사람의 전인을 이루는 것 가운데 영의 부분, 영의 거듭남, 영적인 부분을 다루었다. 영·혼·육의 구조에서 영의 거듭남은 인간 체계의 근본, 뿌리이기에 가장 중요한 기초다. 따라서 누구나 자신이 영적으로 거듭나 전인의 기초, 뿌리가 건강한지 스스로 냉정하게 살펴야 한다.
이제 이스라엘 백성이 40년 동안 지낸 광야는 세상을 상징하는 것뿐만 아니라 교회 공동체를 상징한다. 이 진리를 분명히 해야 광야를 지나게 하신 목적대로 광야를 바르게 해석하고, 바른 신앙생활을 영위해 갈 수 있다.
광야는 거듭난 자들의 공동체이고, 교회 공동체이며 삶의 현장이다.
광야는 혼의 영역으로 혼(마음, 정서, 감정, 사상, 정신)이 거듭나고,
혼의 과업이 잘 성취되어 건강하고 온전한 인격체로 성장해야 한다.
이제 광야의 삶을 통해 인격적인 과업을 완성하자.

"시내산에서 말하던 그 천사와 우리 조상들과 함께 광야 교회에 있었고,
또 살아 있는 말씀을 받아 우리에게 주던 자가 이 사람이라(사도행전 7: 38)."

PART 6

광야
거듭남의 삶

광야의 의의

광야는 시대마다 거듭난 자들의 공동체가 아픔과 실패, 회복, 교회를 주관하시는 하나님의 주권과 섭리를 증거로 보여준다.

광야는 거듭난 자들이 이루는 공동체의 상징이기 때문에 광야의 삶을 보면서 오늘의 신앙과 삶, 인간과의 관계, 사회와의 관계를 생각해야 한다. 광야는 어떤 곳이며, 어떤 아픔이 있는지 광야를 주신 목적이 무엇인지 아는 것이 중요하다.

첫째, 광야는 넓고 두려운 곳이다.

사실 광야는 환경적으로 보면 사람이 살 수 있는 곳이 전혀 아니다. 사람이 생명을 유지할 만한 조건이 전혀 갖춰지지 않은 곳이다. 그래서 광야는 두려운 곳이다. 하나님께서 함께하시고 인도해 주시지 않으면 두렵고 무서운 곳이다(신명기 1: 19).

둘째, 광야는 위험한 곳이다.

광야는 모든 면에서 위험하다. 날씨를 가늠할 수 없고, 길이 없으며, 식수와 먹을 것을 구할 수 없고, 혹한의 추위로 위험하다(신명기 8: 15).

셋째, 광야는 황폐한 곳이다.

광야는 헬라어로 에레모스(ερημο)다. 이 에레모스는 어떤 배경에서 광야로 불리게 됐을까. 광야라는 의미 속에는 황폐하고 황막함이 내포돼 있다. 땅이 거칠고 메말라서 곡식을 재배할 수 없는 곳이며 사람도, 짐승도 살 수 없는 버려지고 거친 땅이다.

넷째, 광야는 가난하고 궁핍한 곳이다.

광야는 짐승이 많아도 소용이 없다. 많은 짐승을 키울 수 없기 때문이다. 광야는 농사를 지을 수도 없다. 광야는 인간의 노력으로 얻을 수 있는 것이 아무것도 없다. 그러므로 광야에서는 누구나 가난하고 궁핍할 수밖에 없다.

다섯째, 광야는 고독하고 쓸쓸한 곳이다.

광야라고 하면 떠오르는 첫인상은 무엇인가. 광야라는 말을 듣고 생각할 때 저절로 슬퍼지고 눈물이 비치는 것은 고독하고 쓸쓸한 곳이기 때문이다. 광야는 결코 행복한 곳이 아니다. 광야는 재미가 전혀 없고 흥미가 없는 곳이다. 그래서 광야의 삶을 살아간 유대인들은 재미가 없다고 원망하고 불평하며 울면서 "애굽에 있을 때가 우리에게 좋았다. 애굽으로 돌아가자"고 한다. 이처럼 광야에는 큰 고독, 슬픔, 쓸쓸함이 있다. 사람들은 누구나 인생의 길에서 이런 광야를 만날 때가 많다.

여섯째, 광야는 분리되고 버려진 곳이다.

광야가 분리되고 버려진 곳이란 것은 곧 죽음이 있는 곳이라는 뜻이다. 유대인들은 광야나 사막을 무덤으로 쓰기도 했다. 광야 가까이 사는 사람들은 광야에 무덤을 만들었다. 광야는 수많은 사람의 생명을 앗아갔다. 광야의 길에서 실패하는 것은 죽음을 의미하기도 했다. 그래서 하나님을 믿지 않는 자들은 광야를 두려워했다. 광야, 무덤에는 귀신들이 존재한다고 생각했기 때문이다.

광야의 필연성

이스라엘 백성이 하나님의 약속을 믿고, 애굽을 탈출해 홍해를 건너 가나안 땅을 바라보며 지나오는 과정에서 곧바로 가나안 땅으로 인도하지 않으시고 40년 동안이나 광야에 머물게 하신 이유가 무엇인가.

하나님께서 이스라엘 백성들이 원망, 불평한 죄에 대해 하루를 1년으로 환산해서 광야에 머물게 하신 것은 인간적으로는 너무나 가혹한 것이라는 생각이 든다. 그러나 그들에게는 반드시 40년 동안 광야의 길을 걸어야 할 필연적 이유가 있고, 목적이 있다. 광야는 그들이 반드시 거쳐야 할 필연적 과정이다. 이는 우리에게도 마찬가지다. 하나님께서 우리에게 인생의 광야를 주신 것은 그것이 우리의 길에도 반드시 필요하기 때문이다.

여호와 하나님께서 이스라엘 백성을 애굽에서 인도해 내신 후에 홍해를 건너 광야에 이르는 과정에서 그들의 성품을 보셨다. 그들은 하나님의 엄청난 기적을 경험하고도 감사하지 않고 오히려 원망하고 불평한다. 그들은 겉은 유대인이지만 속은 애굽 사람과 같았다. 430년 동안의 노예 생활을 통해 그들의 생각, 사상, 신앙, 문화, 생활이 애굽화해 버렸다. 유대인의 사상과 정신이 그랬다. 이 애굽인과 같아져 버린 자들을 변화시키기 위한 곳이 광야다.

광야는 애굽을 버리는 장소다. 몸은 애굽에서 탈출했으나, 정신·사상·문화·관습은 결코 버리지 못했다. 영은 구원받고 거듭났으나 생각과 정신, 관습은 거듭나지 못했다. 따라서 광야의 삶은 이 모든 것을 버리는 처절한 훈련, 연단의 장소다. 우리 인생의 광야 역시 마찬가지다. 영적으로 거듭나 신앙의 삶을 살아가는 것은 세상 것을 버리는 철저한 훈련의 과정이다. 다시 한번 《이스라엘 투데이》의 글을 기억하자.

"우리는 이스라엘 백성들이 경험했던 출애굽과 유사한 여정을 가고 있지만 아직 약속의 땅에 도착한 것은 아니다. 이들 백성이 이집트를 떠나는 데 3일이 걸렸지만 이집트의 성향에서 자유로워지는 데 40년이 걸렸다. 영생을 위한 신약의 출애굽은 집이나 교회에서 편안하게 이룰 수 있는 여정이 아니다. 그것은 우리 자신의 이기심을 영원히 버리고 성령이 우리 삶과 교회를 완전하게 인도하시게 하는 마음가짐이다. 이렇게 함으로써 우리는 광야를 건너 약속의 땅으로 들어갈 수 있는 것이다."

광야, 신앙 공동체는 훈련과 연단의 과정을 거쳐야 한다.

첫째, 애굽 땅 그 환경의 삶을 버리고 떠나야 한다.

이 일에는 과감한 결단이 필요하다. 그동안 죄 가운데 살았던 땅, 장소, 그런 환경에서 떠나야 한다. 나를 범죄에 빠지게 만든 환경, 그런 장소, 조건이 무엇이든 과감히 버려야 한다. 실제 행동으로 그 장소를 떠나야 하고, 환경에서 벗어나야 한다. 어차피 성도들이 교회에서 생활하기 시작하지만 세상을 완전히 버리고 무인도나 깊은 산속에서 혼자 살아가는 것이 아니다. 어쩔 수 없이 지금처럼 가족, 이웃, 친구, 직장에 속해 어울려 살아가야 한다. 그러나 이전과는 다르게 구별되게 살아야 한다. 이런 삶이 하루아침에 되는 것도 아니고, 결코 쉬운 일도 아니기에 신앙 공동체 안에서 훈련과 연단이 필요하다.

둘째, 애굽의 우상을 버려야 한다.

애굽은 이미 애굽의 과정에서 살펴본 대로 애굽의 왕을 비롯해 태양, 나일강, 코브라, 각 짐승, 곤충, 황소 등 모든 것이 우상이다. 우상이 아닌 것이 없을 만큼 많은 우상이 존재했다. 이 모든 애굽의 우상에서 떠나는 것이다.

애굽은 그리스 로마 신화의 원산지이기도 하다.

하나님의 큰 은혜와 은총을 입어 구원받고 하나님의 자녀 된 자들은 구원받은 후에는 세상에서 섬겼던 우상, 미신을 버리도록 훈련해야 한다. 요즈음 가장 무서운 우상인 탐욕, 욕심, 물질 숭배, 중독, 미신에서 떠나야 한다. 우리 환경과 마음속의 미신, 우상에서 떠나야 한다.

셋째, 애굽의 종, 노예 의식을 버려야 한다.

이스라엘 백성은 하나님의 형상대로 지음받고 선택받은 민족이다. 그러나 애굽에서 430년 동안 비참한 노예, 종노릇을 하면서 하나님의 형상을 잃어버리고 선민의식을 상실하게 됐다. 그리고 노예, 종의 근성만 가지게 됐다.

넷째, 나일강의 삶을 버려야 한다.

광야는 나일강의 복과 애굽의 풍요를 전혀 얻을 수 없는 곳이다. 나일강은 에덴동산에 비유될 만큼 모든 것이 넉넉하고 풍요로운 곳이었다. 중동에 가뭄과 기근이 와도 나일강 유역은 가뭄이 들지 않았다. 그래서 아브라함도, 이삭도, 가나안의 많은 사람도, 야곱의 아들들도, 나오미 가족도 가나안 땅에 기근이 들면 곡식을 얻기 위해 애굽으로 내려갔다. 애굽에 나일강은 큰 선물이었고, 나일강은 애굽 사람들을 먹여 살리는 무한대의 젖줄이었다. 나일강의 삶은 애굽의 쾌락주의, 물질주의, 향락주의를 의미한다. 모든 것이 풍족한 곳에서는 하나님도 천국도 필요하지 않다.

3000년 전 이집트는 최고의 경제력, 군사력을 갖춘 초강대국이었다. 피라미드는 기하학과 과학의 결정체였고, 세계 최고의 문명을 이룬 곳이다. 대학, 도서관, 최초의 의과대학도 있었다. 부족한 것이 하나도 없다. 그러나 광야는 아무것도 없고, 재미도 없고, 삶의 꿈도, 의미도, 비전도 없다. 그저 40년 동안 보이는 것은 붉은 바위와 모래, 누런 흙이다. 그래서 광야에서 애굽을 그리워한다. 성도들이 신앙생활을 하면서도 세상을 그리워하고 세상 것에서 자유롭지 못한 것과 같다.

"네가 먹어서 배부르고 아름다운 집을 짓고 거주하게 되며 또 네 소와 양이 번성하며 네 은금이 증식되며 네 소유가 다 풍부하게 될 때에 네 마음이 교만하여 네 하나님 여호와를 잊어버릴까 염려하노라(신명기 8: 12-13a)."

다섯째, 애굽의 문화, 습관에서 벗어나는 것이다.

광야는 애굽에서 배운 생활 습관, 문화를 버리는 것이다. 요즈음 신앙 공동체마다 문화 교실이라는 것을 많이 운영하는 추세다. 그러나 세상 문화를 신앙 공동체 안에 끌어들일 때는 매우 조심해야 한다.

세상에는 세속 문화가 있고, 미신 문화와 무속 문화 같은 문화가 있다. 광야는 세상의 문화, 세속의 문화, 옛 문화와 삶을 버리는 것이다. 이것이 인생의 광야를 주신 목적이다. 그러나 이스라엘 백성은 광야를 지나 약속의 땅 가나안으로 가려 하지 않고, 애굽을 그리워하며 애굽으로 돌아가고

자 한다. 그들은 결코 애굽, 나일강의 풍요를 잊지 못한다. 이 사고와 정신이 사람들을 불행하게 한다.

"그들 중에 섞여 사는 다른 인종들이 탐욕을 품으매 이스라엘 자손도 다시 울며 이르되 누가 우리에게 고기를 주어 먹게 하랴. 우리가 애굽에 있을 때에는 값없이 생선과 오이와 참외와 부추와 파와 마늘들을 먹은 것이 생각나거늘 이제는 우리의 기력이 다하여 이 만나 외에는 보이는 것이 아무것도 없도다 하니(민수기 11: 4-6)"

이스라엘 백성들은 고기를 주어 먹게 하라 하고(민수기 11: 13), 애굽에 있을 때가 좋았다(민수기 11: 18)고 말하며, 어찌하여 애굽에서 나왔던고(민수기 11: 20) 하며 한탄하고 애굽으로 돌아가자(민수기 14: 3)고 불평한다.

이러한 정신 때문에 40년 동안이나 광야를 걷게 됐고, 수많은 사람이 광야를 통과하지 못한 채 죽음을 맞기도 했다. 그들의 몸과 환경은 애굽을 벗어났지만 그들의 마음과 정신은 애굽을 떠나지 못했다. 이것이 현재 신앙 공동체의 모습이다. 신앙생활을 한 지가 오래됐는데도 아직도 참 평안, 만족, 자유, 행복을 누리지 못하는 것은 애굽, 세상을 버리지 못했기 때문이다. 애굽과 광야(세상과 교회)에 양다리를 걸치고 살아가는 것이다.

광야의 40년 여정은 애굽의 수치를 버리는 과정이다. 곧 사람들이 신앙생활을 하기 전 세상에서 배운 수치스러움을 버리는 것과 같다. 중요한 것은 말, 언어에서부터 수치스러운 것을 버려야 한다. 사람들의 욕설이란 것은 하나같이 더럽고 추한 것들이다. 더럽고 수치스러운 말을 버려야 한다. 우리의 더러운 마음, 생각 역시 마찬가지다. 세상의 수치, 더러움을 버려야 한다.

로마 가톨릭의 신비주의자 마이스터 에크하르트(Meister Eckhart)는 "하나님께 도달하는 과정은 영혼에 무엇을 덧붙이는 것이 아니라 영혼에 묻은 그 무엇을 털어내는 것이다"라고 했다. 영혼만 아니라 우리의 전인격에 묻은 수치를 털어내는 것이다! 이것이 광야의 필연적 과정이다. 마음에 묻은 죄와 수치를 털어내야 한다.

여섯째, 옛길을 버리고 새 길을 가는 것이다.

애굽에서 가나안이나 유럽으로 가는 길은 두 길이 있다. 하지만 이스라엘 백성은 길이 전혀 없는 곳을 택해 걸어가야 했다. 즉 여호와께서 인도하신 새 길을 걸어가야 했다. 그러나 그들은 새 길을 걸으면서도 하나님의 뜻을 깨닫지 못했다. 여전히 원망, 불평, 불만 속에서 대적한다.

그들이 버려야 할 옛길, 옛 삶은 단순한 애굽이 아닌 애굽의 가치관, 인생관을 버리는 것이다. 인간적이며 물질적이며 세상적인 것이다. 이 옛길, 옛 가치관을 버려야 하나님께서 주신 새 길, 새 가치관을 가질 수 있다. 돈으로 사는 것이 아니라 믿음으로 사는 것을 배워야 한다.

사람들에게 있는 옛 가치관은 무엇인가. 세상의 성공, 출세, 명예, 탐욕, 안일, 나태 등 인간적인 것이다. 자기중심적·이기적 가치관이다. 이 이기적 가치관을 버려야 새 길을 갈 수 있다. '출애굽'이란 헬라어로 '엑소더스(ἔξοδος), ἔξ = From, οδος = way'이다. 이는 '길을 떠나는 것'이다. 즉 그동안 살아왔던 길에서 벗어나 새로운 삶의 길로 나아가는 것이다. 이것이 이루어질 때 광야의 삶이 끝나고 약속의 땅에 이르게 된다.

이것을 가능하게 하는 것은 자신의 이기심·자아·야망·욕망을 내려놓고, 하나님의 주권을 인정하고 항복하는 것이다. 하나님께 항복하는 것은 광야의 시간을 단축하는 비결이다. 나의 모든 것을 다 포기하고 하나님께 항복하는 것이 행복이고 축복이다.

일곱째, 광야는 전인격이 거듭나는 곳이다.

애굽에서 떠나는 것은 몸과 환경만이 아니다. 영·혼·육의 전인격이 떠나야 한다. 사람들과 대화하거나 상담학을 공부하다 보면 가장 이슈가 되고, 다투는 것은 사람 성격이 변화될 수 있느냐 없느냐 하는 것이다. 사람의 성격이 고쳐질 수 있고 변화될 수 있는가.

미국은 상담·심리학이 가장 발달한 나라다. 그러나 심리적·정신적 치유가 돼도 95%가 재발한다. 무엇이 문제인가. 상담·심리학 등 인간적 방법이 중요하지만 이것만으로는 변화되는 것이 어렵다. 그러나 하나님의 말씀과 성령의 역사가 있을 때 반드시 심적·성격적으로 변화되고, 거듭나고, 새로워지는 기적이 있다.

여덟째, 광야는 영화롭게 되는 과정이다.

광야의 과정은 애굽의 수치를 버리는 것을 넘어 하나님의 아들, 딸 된 자들 한 사람 한 사람이 의롭게 되고 영화롭게 되는 것이다. 이 광야의 여정은 힘들고 어렵지만 큰 복이고, 영화로움이다.

"하나님이 미리 아신 자들을 또한 그 아들의 형상을 본받게 하기 위하여 미리 정하셨으니 이는 그로 많은 형제 중에서 맏아들이 되게 하려 하심이니라. 또 미리 정하신 그들을 또한 부르시고 부르신 그들을 또한 의롭다 하시고 의롭다 하신 그들을 또한 영화롭게 하셨느니라(로마서 8: 29-30)."

그렇다. 우리 인생의 광야는 애굽의 수치, 곧 세상의 수치를 벗어버리고 예수 그리스도의 형상을 본받아 영화롭게 되는 과정이다. 지금 인생의 광야를 걷고 있는 성도들은 이 말씀을 명심하고 붙들어야 한다. 광야(교회)는 세상의 수치를 벗어버리고 의롭게 되고 영화롭게 되어가는 과정이며 하나님의 형상, 예수 그리스도의 성품을 회복하는 과정이다.

광야의 목적

광야를 주신 목적은 신앙 공동체를 주신 목적이므로 오늘날의 교회, 신앙 공동체가 경험해야 할 목적이다. 광야 교회를 주신 목적은 무엇인가?

첫째, 애굽의 모든 것을 버리고 거룩한 백성이 되게 하기 위함이다.

이 때문에 연단과 훈련이 필요했다.

둘째, 임마누엘을 경험하기 위함이다.

광야를 지나는 동안 하나님께서 함께하심으로 인해 많은 이적과 기적을 경험한다. 광야에서 하나님께서 그들과 함께해 주심으로 인해 40년 동안 의복과 신발이 해어지지 않고 만나와 메추라기를 주시고 낮에는 구름 기둥, 밤에는 불기둥으로 보호하시며 온갖 맹수에게서 보호하시고, 반석에서 물이 나게 하시는 기적을 통해 하나님의 임재와 함께하심을 경험한다.

"네 하나님 여호와께서 네가 하는 모든 일에 네게 복을 주시고 네가 이 큰 광야에 두루 다님을 알고 네 하나님 여호와께서 이 사십 년 동안을 너와 함께하셨으므로 네게 부족함이 없었느니라 하시기로(신명기 2: 7)"

셋째, 기도가 응답받음을 경험하는 곳이다.

"우리 하나님 여호와께서 우리가 그에게 기도할 때마다 우리에게 가까이하심과 같이 그 신이 가까이함을 얻은 큰 나라가 어디 있느냐(신명기 4: 7)."

넷째, 광야 교회는 우리에게 복을 주시기 위함이다.

"네 조상들도 알지 못하던 만나를 광야에서 네게 먹이셨나니 이는 다 너를 낮추시며 너를 시험하사 마침내 네게 복을 주려 하심이었느니라(신명기 8: 16)."

다섯째, 광야 교회는 하나님을 만나고 예배하는 곳이다.
"이는 너희가 대대로 여호와 앞 회막 문에서 늘 드릴 번제라 내가 거기서 너희와 만나고 네게 말하리라(출애굽기 29: 42)."

광야의 실패

광야에서 넘어지고, 실수하는 것은 성도들이 신앙 공동체에서 신앙생활을 하면서 수없이 넘어지고 쓰러지고 시험에 들고 하는 것과 같다. 안타까운 일이지만 성도 개개인도 시험에 빠져 고통스러운데 신앙 공동체 자체가 시험에 들고, 싸우고, 편가르기를 하고, 고소·고발하는 모습은 이스라엘 백성들이 광야에서 넘어졌던 모습과 같다. 어떻게 하면 신앙 공동체가 이런 아픔을 극복하고 승리할 수 있을까. 이스라엘 백성들이 광야에서 넘어지고 실수한 것은 무엇인가.

첫째, 가장 고통스러운 것은 예배의 실패다.
이스라엘 백성들은 진실하게 예배하지 않았다. 가슴에서 우러난 간절한 예배를 드리지 않았다. 예배를 통해 하나님의 임재를 경험하지 못했다. 여호와께서 광야를 신앙 공동체로 주셨는데, 교회에 예배다운 예배, 하나님께서 기뻐 받으시는 예배가 없었다.

"하나님이 외면하사 그들을 그 하늘의 군대 섬기는 일에 버려두셨으니 이는 선지자의 책에 기록된바 이스라엘의 집이여 너희가 광야에서 사십 년 간 희생과 제물을 내게 드린 일이 있었느냐(사도행전 7: 42)."

"40년간 희생과 제물을 내게 드린 일이 있었느냐?" 이 말씀은 우리에게 큰 충격이다. 광야에 하나님의 교회, 성전이 있었지만 40년 동안 하나님께서 기뻐 받으신 예배가 없었다. 그들은 여전히 제사, 절기, 안식일을 지키고 있었지만 하나님께 상달된 예배가 아니었다. 그들의 예배는 바리새인, 서기관들처럼 형식적이고 가식적이며, 외식적이고 물질적·인본주의적·탐욕적·이기적·기복적 예배였다.

마치 이 시대 신앙 공동체가 예배하는 모습과 같다. 너무나 형식적인 예배, 헌금·헌신만 강조하는 예배, 이론적인 예배, 탐욕과 욕심을 부추기는 기복적인 예배, 성령께서 떠나버린 예배, 이기적·자기중심적 예배, 지금 우리들의 모습이다.

둘째, 하나님을 사랑하는 것에서 넘어진다.

광야에서 십계명을 주신 정신은 여호와 하나님을 사랑하는 것이다.

"이스라엘아 들으라. 우리 하나님 여호와는 오직 유일한 여호와이시니 너는 마음을 다하고 뜻을 다하고 힘을 다하여 네 하나님 여호와를 사랑하라(신명기 6: 4-5)."

광야는 하나님을 사랑하는 곳이다. 그러나 그들은 하나님을 사랑하지 않고 우상을 사랑했다.

"그때에 그들이 송아지를 만들어 그 우상 앞에 제사하며 자기 손으로 만든 것을 기뻐하더니(사도행전 7: 41)"

광야에서 그들은 하나님의 엄청난 은혜와 기적을 경험했고, 지금도 경험하고 있다. 사실 그들이 광야에서 생명과 건강을 유지하며 사는 것이 기적이다. 그럼에도 하나님의 은혜·사랑·기적을 감사하지 않고, 하나님을 외면하고 하나님을 사랑하지 않는다.

셋째, 영적 지도자를 따르는 일에 실패한다.
"우리 조상들이 모세에게 복종하지 아니하고자 하여 거절하며 그 마음이 도리어 애굽으로 향하여(사도행전 7: 39)"

그들은 모세에게 한 번도 제대로 순종하고 따른 적이 없다. 모세를 끊임없이 원망·불평·비난·정죄·불순종하고, 대적한다. 오늘날로 하면 '모세

물러가라' 하는 시위, 데모도 많이 했다. 세상에서 신앙생활을 하다 보면 정말 가짜 지도자들이 있다. 신학이나 영적 지식도 제대로 갖추지 못한, 지도자가 되지 말아야 할 자들도 있다. 그 당시에도 그랬다. 제사장, 서기관, 율법사들 가운데 가짜, 타락한 자가 많았다. 그러나 모세는 전혀 다른 영적 지도자였다. 그럼에도 그들은 모세에게 순종하지 않았다.

"시내산에서 말하던 그 천사와 우리 조상들과 함께 광야 교회에 있었고, 또 살아 있는 말씀을 받아 우리에게 주던 자가 이 사람이라(사도행전 7:38)."

모세는 여호와의 살아 있는 말씀을 전한 지도자였다. 그래서 순종해야 하고, 따라야 하고, 존경해야 했다. 그러나 이스라엘 백성은 오히려 원망, 대적, 비판, 불순종했다.

넷째, 그들은 결국 믿음에서 실패했다.
광야에서 실패한 것은 결국 믿음에서 실패한 것이다. 그들은 여호와 하나님의 약속을 믿지 않았다. 자신들의 생각, 의지, 지식, 감정만 의지했다. 반석의 물도, 고기를 주심도, 가나안도 믿지 않았다. 믿음에서 실패하면 모든 것에 실패한다. 그러므로 오직 말씀의 약속을 믿고, 예배에서 승리하며, 하나님을 사랑하는 것에서 승리해야 한다. 살아 있는 말씀을 전하는 영적 지도자를 존경하고 따르는 것에서 승리하고, 믿음에서 승리해야 한다.

광야 교회에서 실패한 이유

우리가 출애굽기, 민수기, 신명기를 읽고 묵상할 때마다 이스라엘 백성들이 광야에서 실패한 것을 타산지석, 반면교사로 삼아야 한다. 그러나 오히려 이를 본받고자 하는 자들도 있구나 하는 생각이 들 때도 많다. 광야에서의 넘어짐, 실패는 신앙생활, 신앙 공동체 생활에서 실패하는 것이다. 그들이 하나님의 임재와 함께 계심을 보면서도 광야 교회에서 넘어지고 실패한 이유가 무엇인가.

첫째, 무엇보다 중요한 이유는 광야는 복이라는 사실을 모른다는 데 있다.

온누리교회를 시무하셨던 하용조 목사는 일곱 번 간암 수술을 받고 안식년 중 깨달은 것을 간증했다. 광야의 삶은 축복이다. 가난도, 실패도, 질병도 다 축복이다. 광야 교회의 삶은 결코 쉬운 것이 아니다. 무미건조하고 힘들고 고통스러울 때가 많다. 그러나 여호와께서 사랑하는 자녀들을 40년 동안 광야에 두신 것은 뜻이 있고 복을 주시기 위함이다. 곧 우리의 신앙생활, 교회 생활은 복이다. 이 진리를 망각하고 현재의 힘들고 고통스러운 것만 생각하고 원망, 불평, 낙심, 포기를 생각하는 것은 불행이다.

십자가가 없이는 부활의 영광이 없는 것처럼 광야의 삶에서 승리하지 못하면 복을 누릴 수 없다. 광야는 분명 고통스러운 장소다. 물도, 음식도, 의복도 구하기 어려운 곳이다. 추위와 더위를 견디기도 어렵다. 원망, 불평이 터져 나올 수밖에 없는 곳이다. 그 광야의 환경만 보면 넘어진다. 그러므로 광야를 지나 그 광야 끝에서 주실 복을 바라보아야 한다.

둘째, 그들의 마음이 애굽을 향해 있기 때문이다.

"우리 조상들이 모세에게 복종하지 아니하고자 하여 거절하며 그 마음이 도리어 애굽으로 향하여(사도행전 7: 39)"

'그의 마음이 도리어'라는 말은 그들이 마음을 돌이켰다는 것이다. '애굽을 향하여'는 하나님께 등을 돌려 돌이켰다는 것이다. 이스라엘 백성들의 마음이 모세에게서 돌아서고, 여호와에게서 돌아섰다. 십자가를 등 뒤에 두고 세상을 향해 나아갔다. 애굽 세상의 종, 노예가 돼 살던 때를 그리워한다. 옛 생활로 돌아가고자 한다.

신앙생활, 교회 생활은 점점 멀어지고 세상을 가까이하는 것이다. 세상의 욕심을 바라며, 세상의 쾌락·성공·출세·명예를 바라면 이때가 신앙의 위기다. 신앙에 회의가 오고, 권태가 오고, 갈등이 오면 하나님께 등을 돌리고 세상을 그리워하며 세상으로 돌아가려고 한다. 이것은 신앙이 퇴보하는 것이고, 타락하는 것이며 탕자가 되는 것이다. 내 마음과 생각은 어느 곳을 향해 있는가.

셋째, 넘어짐, 실패의 이유는 교만이다.

잠언에서는 성도들의 교만을 무섭게 책망하고 있다. 교만은 패망의 선봉이자 넘어짐의 앞잡이다. 교만은 여호와 하나님께서 가장 싫어하시는 죄

중 하나다. 광야 교회에서 이스라엘 백성들이 비참하게 실패하게 된 것은 그들의 교만 때문이다. 그들은 오직 하나님의 은혜로만 살고 있으면서도 대단히 교만했다.

사람들의 교만이란 두 가지다. 겉으로 드러내놓고 교만한 자가 있는가 하면 겉으로는 겸손한 것 같은데 속으로 교만한 자가 있다. 광야 교회에서 그들의 교만은 무엇인가? 크게 두 가지다. 하나는 그들이 하나님께서 주신 직분을 귀하게 여기지 않고 보잘것없는 것으로 여겼다는 점이다.

"모세가 또 고라에게 이르되 너희 레위 자손들아 들으라. 이스라엘의 하나님이 이스라엘 회중에서 너희를 구별하여 자기에게 가까이하게 하사 여호와의 성막에서 봉사하게 하시며 회중 앞에 서서 그들을 대신하여 섬기게 하심이 너희에게 작은 일이겠느냐(민수기 16: 8-9)."

그들은 하나님께서 맡기신 레위 직분, 성전 봉사 등 성도들 앞에서 그들을 대신해 섬기는 것을 우습게 여겼다. 이는 심각한 교만이다. 하나님께서 주신 직분, 사명을 우습게 여기는 것이 교만이다. 다른 하나는 그들이 아론, 모세와 같은 지도자가 되고자 한다. 그들은 모세, 아론만큼 높아지고자 했다. 그래서 모세와 아론을 거역·배신·반항·대적·원망하고 불평한다.

"레위 자손들아, 너희가 너무 분수에 지나치느니라(민수기 16: 7b)."

사람이 정직하다는 것은 자신의 분수를 알고 자신의 분수에 맞게 사는 것이다. 그러나 수많은 사람은 분수에 지나쳐 살기 때문에 망한다. '분수에 지나치다'는 것은 명예, 권력욕이 많다는 것이다. 세상이나 교회나 대부분의 싸움, 다툼, 전쟁, 분쟁은 이것 때문이다. 분수를 모르고 지나치게 많이 가지고 높은 자리에 앉으려는 교만 때문이다.

넷째, 실패의 이유는 욕심 때문이다.

"그들 중에 섞여 사는 다른 인종들이 탐욕을 품으매 이스라엘 자손도 다시 울며 이르되 누가 우리에게 고기를 주어 먹게 하랴(민수기 11: 4)."

"고기가 아직 이 사이에 있어 씹히기 전에 여호와께서 백성에게 대하여 진노하사 심히 큰 재앙으로 치셨으므로 그곳 이름을 기브롯 핫다아와라 불렀으니 욕심을 낸 백성을 거기 장사함이었더라(민수기 11: 33-34)."

이스라엘 백성들이 광야에서 울며, 원망·불평·대적한 것은 그들의 탐욕·욕심 때문이다. 탐욕·욕심의 결과가 '기브롯 핫다와' '탐욕의 무덤들' '욕심의 무덤들' '정욕의 무덤들'이 됐다.

세상에서 육체를 가지고 살아가는 사람들이 탐욕과 욕심이 전혀 없는 삶을 살아가는 것은 결코 쉬운 일이 아니다. 그러니 믿음을 가지고 천국에 소망을 두고 하나님의 영광을 위해 살아가는 우리는 욕심을 내려놓고 마음 다스리기를 훈련해야 한다.

"내가 이르노니 너희는 성령을 따라 행하라. 그리하면 육체의 욕심을 이루지 아니하리라(갈라디아 5: 16)."

다섯째, 하나님을 시험했기 때문이다.

"그들이 광야에서 그에게 반항하며 사막에서 그를 슬프시게 함이 몇 번인가. 그들이 돌이켜 하나님을 거듭거듭 시험하며 이스라엘의 거룩하신 이를 노엽게 했도다(시편 78: 40-41)."

여호와 하나님을 슬프시게 하고 노엽게 한 것이 무엇인가. 여호와 하나님의 권능과 약속과 언약을 믿지 못하고, 하나님을 의지하지 못한 것이다. 여호와 하나님의 전능하심을 의심하고 능력을 불신한 것이다.

"그들은 계속해서 하나님께 범죄하여 메마른 땅에서 지존자를 배반했도다. 그들이 그들의 탐욕대로 음식을 구하여 그들의 심중에 하나님을 시험했으며 그뿐 아니라 하나님을 대적하여 말하기를 하나님이 광야에서 식탁을 베푸실 수 있으랴. 보라. 그가 반석을 쳐서 물을 내시니 시내가 넘쳤으나 그가 능히 떡도 주시며 자기 백성을 위하여 고기도 예비하시랴 했도다. 그러므로 여호와께서 듣고 노하셨으며 야곱에게 불같이 노하셨고, 또한 이스라엘에게 진노가 불타올랐으니 이는 하나님을 믿지 아니하며 그의 구원을 의지하지 아니한 때문이로다(시편 78: 17-22)."

광야에서 실패한 결과

|

광야 교회에서 넘어지고 실패한 결과는 정말 두렵고 무섭다.

첫째, 다베라 지역을 지날 때 하늘에서 불이 내려와 진 끝에 있는 자들을 불살랐다(민수기 11: 1-3).

둘째, 미리암은 나병이 들었다(민수기 12: 10).

셋째, 고라·다단·온의 무리는 땅이 갈라져 생매장됐다(민수기 16: 30-33).

넷째, 분향하는 제사장 250명이 불태워 죽임을 당했다(민수기 16: 34-35).

다섯째, 1만4700명이 전염병으로 죽었다(민수기 16: 49-50).

여섯째, 수많은 사람이 불뱀에 물려 죽었다(민수기 21: 4-7).

일곱째, 모압 여인들과 음행함으로 2만4000명이 전염병으로 죽었다(민수기 25: 9).

여덟째, 이스라엘 백성 전체에 내린 심각한 재앙은 지금 광야에서 20세 이상 된 성인들 가운데 여호수아, 갈렙 두 사람을 제외하고는 단 한 사람도 가나안 땅에 들어가지 못하고 모두가 광야에서 죽임을 당했다. 광야에서 죽어 약속의 땅, 축복의 땅 가나안에 들어가지 못했다고 해서 구원을 상실한 것은 아니나 육적인 멸망을 당한 것이다. 얼마나 비참한 일인가. 결국 광야의 실패, 교회 생활의 실패, 믿음의 실패는 멸망이며 죽음이다.

지금의 신앙 공동체나 성도들도 이 광야 교회를 잘 기억해야 한다. 하나님은 심은 대로 거두게 하시고, 일한 대로 갚아주시고, 행한 대로 보응하신다. 하나님은 불꽃 같은 눈동자로 신앙 공동체와 성도들을 지켜보시며 공의롭게 행하신다. 하나님의 징계를 우습게 보면 고통이 온다.

"내가 회초리로 그들의 죄를 다스리며 채찍으로 그들의 죄악을 벌하리로다(시편 89: 32)."

하나님은 그의 자녀들을 사랑하시기 때문에 죄를 버리도록 징계하시고, 형벌을 내리기도 하시고, 심판을 내리기도 하신다. 개개인의 아픔이나 징계, 질병, 각종 사건 사고, 어려운 일, 가정의 고통과 괴로움, 사업의 어려움, 교회의 분쟁과 쇠퇴 이런 일이 있을 때 무조건 하나님을 향해 돌을 던지고, 원망과 불평을 하고, 시험에 빠지고, 교회를 떠나기 전에 냉철하고 냉정하게 자신을 돌아보아야 한다. 나의 마음, 생각, 말, 행위가 하나님 보시기에 선하고 하나님을 기쁘시게 했는지, 이 징계를 받을 만한 일은 없었는지, 하나님의 일에 게으르고 나태하지 않았는지 살펴보아야 한다.

광야의 실제: 신앙 공동체의 본질

광야의 실제는 지금 이 시대 신앙 공동체의 본질은 무엇이며, 교회의 삶, 믿음의 삶은 무엇인지를 성경적으로 살피는 것이다. 살아 역사하는 신앙 공동체, 생명력 있는 신앙 공동체는 어떤 곳인가. 하나님께서 인정하시는 신앙 공동체는 어떤 모습인가. 과연 성경에 비추어 보았을 때, 신학적으로 올바르고 건강한 신앙 공동체는 어떤 모습인가.

광야의 실제를 통해 신앙 공동체의 본질을 바로 알고, 하나님께 인정받는 사도행전의 역사와 같은 복음의 능력이 있는 건강한 신앙 공동체와 성도가 돼야 한다.

첫째, 신앙 공동체의 본질은 하나님의 말씀다운 말씀이 선포돼야 한다는 것이다.

교회의 생명은 말씀이다. 그러나 오늘날의 많은 교회는 말씀에 초점을 맞추고 말씀을 말씀답게 전하려고 노력하기보다는 성도들이 듣고 싶어 하는 말씀만 전하려는 유혹을 많이 받는다. 성도들은 축복의 말씀, 기적의 말씀, 간증 따위만 좋아한다. 이런 교회들이 실제로 부흥기도 하니 유혹을 떨쳐내기란 쉽지 않다. 그러나 교회는 무엇보다 말씀이 중심이 돼야 한다. 굳이 칼뱅의 사상을 인용하지 않더라도 교회는 말씀이 중심이 되고 기초가 돼야 한다.

광야의 구약적 의미는 우리에게 매우 중요하다. 구약에서 광야를 지칭하는 단어는 '다바르(דבר)'다. 다바르는 광야라는 의미를 가지고 있지만 그보다 더 중요하게 사용된 의미는 '말(word)' '말하는 것(speaking)' '연설(speech)' '소리(sound)' '음성(voice)'이다.

광야의 구약 언어적 의미가 말씀, 음성, 소리라는 것은 정말 놀라운 일이다. 그러면 우리는 하나님께서 굳이 이스라엘 백성을 불레셋 해변 길, 그 편안한 길로 인도하시지 않고 힘들고 어렵고 고통스러운 광야 길로 인도하신 것은 그곳에서 하나님의 말씀, 그의 음성, 소리를 듣게 하심이다.

실제로 하나님께서 이스라엘 백성이 광야에 있을 때 말씀을 주셨다. 토라인 모세오경을 주시고, 십계명을 주시고, 율법을 주시고, 언약을 주셨다. 이 모든 말씀이 오직 광야에서 주어졌다. 정말 놀라운 일이다. 신앙 공동체의 본질은 말씀이다. 살아 역사하는 말씀이다. 운동력 있는 말씀이다.

사도 바울도 다메섹 도상에서 예수 그리스도를 만난 후 곧바로 아라비아 광야로 가서 3년 동안 고생하며 말씀을 연구했다. 그는 당시 율법에 정통한 바리새인이요 선생으로서 율법과 복음의 관계에서 그 관계의 진리를 찾으려고 고통의 시간을 보냈을 것이다. 바리새인인 사도 바울이 그렇게 복음을 정확하게 깨닫고 율법과 복음의 관계, 행위와 은혜의 관계, 노력과 믿음의 관계를 신학적으로 명쾌하게 정리할 수 있었던 것은 그가 광야에 머물렀기에 가능했다.

신앙 공동체의 가장 중요한 본질은 영적 지도자는 말씀을 말씀답게 깊이 연구하고 전하는 것이고, 사람들은 말씀을 사모하고 갈망해야 한다는 것이다. 말씀이 말씀답지 못한 신앙 공동체는 생명력을 상실한 것이다. 지금 우리 공동체는 어떤 상태인지, 말씀이 말씀답게 전해지는지 점검하고 고민해야 한다.

"네 하나님 여호와께서 이 사십 년 동안에 네게 광야 길을 걷게 하신 것을 기억하라. 이는 너를 낮추시며 너를 시험하사 네 마음이 어떠한지 그 명령을 지키는지 지키지 않는지 알려 하심이라. 너를 낮추시며 너를 주리게 하시며 또 너도 알지 못하며 네 조상들도 알지 못하던 만나를 네게 먹이신 것은 사람이 떡으로만 사는 것이 아니요, 여호와의 입에서 나오는 모든 말씀으로 사는 줄을 네가 알게 하려 하심이니라(신명기 8: 2-3)."

광야 길을 걷게 하신 목적은 사람이 떡으로만 사는 것이 아니라 여호와의 입에서 나오는 모든 말씀으로 사는 줄을 우리가 깨달아 알게 하시기 위함이다. 신앙 공동체의 본질도 마찬가지다. 신앙 공동체의 삶은 사람이 떡으로만 사는 것이 아니요, 여호와의 입에서 나오는 모든 말씀으로 사는 줄을 깨달아 알게 하시기 위함이다.

사람들이 하나님의 말씀을 지극히 사모하고 사랑해야 하는 것은 하나님의 말씀이 불같고 방망이 같을 뿐 아니라 말씀은 성령의 검, 성령의 강력한 무기이기 때문이다. 말씀이 성령의 무기인 것은 성령님께서 하나님의 말씀으로 일하시고, 하나님의 말씀으로 붉은 용, 사탄, 마귀, 귀신들을 내쫓으시기 때문이다.

둘째, 신앙 공동체의 본질은 예배다.

에이든 토저(Aiden Wilson Tozer)의 《예배인가 쇼인가》를 인용하면 "예배란 사랑하는 대상과 연합을 추구하는 것"이다. 인생의 목적은 하나님을 하나님답게 예배하고 모시는 것이다. 예배의 요소는 감탄, 존경, 매혹,

사랑, 영성, 진실성이다.

하지만 오늘날의 예배는 이런 요소가 없이 사이비 예배가 많다. 예배다운 예배는 예배 때마다 살아 계신 하나님의 임재와 큰 은혜와 감동을 뜨겁게 경험하는 데서 나와야 한다. 교회는 예배다운 예배가 없다면 더는 주님이 계신 교회라고 할 수 없다.

셋째, 신앙 공동체의 본질은 기도다.

평범한 내용 같으나 기도만큼 힘들고 어려운 것도 없다. 예수님은 성전을 정화하시면서 "내 집은 만민이 기도하는 집이다"라고 말씀하신다. 교회는 기도하는 집이다. 기도를 위해 교회가 존재하는 것이다.

"이에 가르쳐 이르시되 기록된바 내 집은 만민이 기도하는 집이라 칭함을 받으라고 하지 아니했느냐. 너희는 강도의 소굴을 만들었도다 하시매 (마가복음 11: 17)."

서기 70년 로마 베스파시아누스 사령관과 그의 아들 티토 장군에 의해 예루살렘이 불타고 파괴됐을 때 당시 유대인뿐만 아니라 로마인에게도 존경받는 요하난 벤 자카이(Yohanan ben Zakki) 랍비가 있었다. 그는 예루살렘 성전이 없어 제사를 드릴 수 없게 됐을 때 기도로서 희생 제물을 대신했다(빅터 솔로몬). 그때부터 기도만으로도 하나님을 위해 희생을 바치는 의식을 다했다고 생각하는 새로운 전통이 생겼다. 기도는 양이나 비둘기를 희생으로 드리는 것 못지않은 희생을 드리는 행위가 됐다. 요하난 벤 자카이 랍비에 의해 행해진 이 살아 있는 예배는 랍비들의 모임인 얌니아 회의에서 공식적으로 채택됐다. 신앙 공동체의 본질은 자신의 몸을 드리는 희생이고 기도다. 사무엘은 기도를 쉬는 죄를 범하지 않겠다고 약속했으며, 사도 바울은 무시로 항상 기도했다. 기도를 쉬는 것은 큰 시험을 자초하는 것이다. 그러므로 신앙 공동체는 기도가 살아 있어야 한다.

"시험에 들지 않게 깨어 기도하라. 마음에는 원이로되 육신이 약하도다 하시고(마태복음 26: 41)"

넷째, 신앙 공동체의 본질은 전인적 거듭남이다.

애굽을 떠나 예수 그리스도를 믿고 영적으로 거듭난 자들은 분명한 하나님의 자녀들이 됐다. 그러나 예수 믿고, 새 생명이 우리 안에 있고, 열심히 신앙생활을 잘하고 있다고 하더라도 성도들의 인격과 성품, 사상과 정신까지 거듭나서 온전히 죄와 상관없이 죄를 초월해서 살 수는 없다. 여전히 세상 죄 가운데 살며 죄의 속성을 가지고 있다. 이것이 사도 바울의 아픔이며 고통이었다.

"그러므로 내가 한 법을 깨달았노니 곧 선을 행하기 원하는 나에게 악이 함께 있는 것이로다. 내 속사람으로는 하나님의 법을 즐거워하되 내 지체 속에서 한 다른 법이 내 마음의 법과 싸워 내 지체 속에 있는 죄의 법으로 나를 사로잡는 것을 보는도다. 오호라 나는 곤고한 사람이로다. 이 사망의 몸에서 누가 나를 건져내랴(로마서 7: 21-24)."

신앙 공동체의 삶은 저 천국 본향을 향해 순례자의 길을 걸어가는 것이다. 이 순례자의 길은 좁은 길이며, 아무나 갈 수 있는 길이 아니다. 그 고난의 길을 걸어가면서 수많은 영적 싸움을 하고 자신과의 싸움을 통해 마음·생각·성품·인격·사상·정신이 거듭나고, 새로워져야 한다. 그래서 신앙 공동체의 본질은 사람들이 스스로 훈련해서 계속적으로 성화되어 가야 하고 영화롭게 만들어가야 한다.

"또 미리 정하신 그들을 또한 부르시고 부르신 그들을 또한 의롭다 하시고 의롭다 하신 그들을 또한 영화롭게 하셨느니라(로마서 8: 30)."

다섯째, 신앙 공동체의 본질은 믿음이다.
"믿음이 없이는 하나님을 기쁘시게 하지 못하나니 하나님께 나아가는 자는 반드시 그가 계신 것과 또한 그가 자기를 찾는 자들에게 상 주시는 이심을 믿어야 할지니라(히브리서 11: 6)."

하나님의 무궁무진한 은혜로 하나님의 자녀가 된 우리가 하나님 아버지를 가장 기쁘시게 하는 것은 오직 믿음이다. 그러나 이스라엘 백성들은 광야에서 여호와 하나님을 믿지 않았다. 그들이 하는 불신의 행동은 여호와 하나님을 시험하고, 여호와 하나님을 불순종하고, 여호와 하나님을 원망·불평하고, 여호와 하나님을 대적하며, 여호와 하나님을 무시·멸시·경멸했다.

그들은 애굽에서 광야까지 전적인 하나님의 능력과 기적으로 지내왔다. 그 수많은 기적을 눈으로 보았고, 그 수많은 기적을 경험했고, 지금도 보고 경험하고 있다. 불기둥과 구름 기둥으로 인도하시는 하나님을 경험했지만 믿지 않았다. 이는 불신을 넘어 악한 것이다.

"여호와께서 모세에게 이르시되 이 백성이 어느 때까지 나를 멸시하겠느냐. 내가 그들 중에 많은 이적을 행했으나 어느 때까지 나를 믿지 않겠느냐(민수기 14: 11)."

광야는 믿음의 훈련소다. 광야는 믿음의 학교다. 광야는 믿음 없이는 살아갈 수 없는 곳이다. 인간의 지혜나 노력으로 살아갈 수 없다. 이 세상을 살아가는 사람들의 인생도 마찬가지다. 신앙 공동체와 인격, 혼의 거듭남은 광야의 믿음 위에 세워진다. 그럼에도 사람들은 전적인 하나님의 은혜에 감사하지 않고, 오히려 하나님을 시험하거나 멸시하고 대적했다. 한마디로 여호와 하나님을 우리 같은 사람으로 여기고 만만하게 보고 우습게 본 것이다. 그러니 전인격이 건강할 수가 없다.

오직 하나님을 믿고 전적으로 의지하는 것이 하나님을 기쁘시게 하는 것이다. 믿는 것이 하나님을 하나님답게 대접하는 것이다. 믿는 것이 하나님을 존경하는 것이다. 믿는 것이 하나님을 경외하는 것이다.

그러나 믿음과 자기의 신념을 혼동하지 말아야 한다. 많은 사람이 믿음과 신념을 구분하지 못한다.

성경에 비추어 진정한 믿음은 무엇인가.

첫째, 믿음은 하나님의 명령, 약속에 예, 아멘 하는 것이다

　　　(고린도후서 1: 19-20).

둘째, 하나님을 정확하게 아는 것이다(요한복음 17: 3).

셋째, 마음으로 믿고 입으로 시인하는 것이다

　　　(로마서 10: 9-10, 요한복음 20: 28).

넷째, 간주하고 그렇게 여기는 것이다(로마서 6: 11).

다섯째, 하나님과 교제하는 것이다(요한1서 1: 3).

여섯째, 하나님께 모든 것을 전적으로 맡기고 의탁하는 것이다

　　　(시편 37: 5-6).

일곱째, 하나님의 형상을 회복하는 것이다(로마서 8: 29).

여덟째, 보이지 않는 것의 증거다(히브리서 11: 1-2).

여섯째, 신앙 공동체의 본질은 사랑이다.

신앙 공동체에는 하나님의 위대한 이중 계명이 있다.

"예수께서 대답하시되 첫째는 이것이니 이스라엘아 들으라. 주 곧 우리

하나님은 유일한 주시라. 네 마음을 다하고 목숨을 다하고 뜻을 다하고 힘을 다하여 주 너의 하나님을 사랑하라 하신 것이요. 둘째는 이것이니 네 이웃을 네 자신과 같이 사랑하라 하신 것이라. 이보다 더 큰 계명이 없느니라 (마가복음 12: 29-31)."

이보다 더 큰 계명이 없다.

광야의 은혜
|

광야는 하나님의 은혜를 경험하는 곳이다. 광야는 하나님의 은혜를 경험하되 일상적으로 주시는 은혜만이 아닌 큰 은혜, 놀라운 은혜를 경험하는 곳이다. 광야의 힘든 고통, 외로움, 고독, 질병, 위기, 위험 등 생명이 심각하게 위협받는 그런 환경에서 하나님의 임재, 역사, 기적의 은혜를 경험하고 나면 사람들은 그런 광야를 결코 잊지 못한다. 누군들 광야를 좋아하겠는가. 사람들은 누구나 편리하고 편안한 것을 좋아한다. 그러나 스스로 그 힘들고 눈물겹고 고통스럽고 고독한 광야를 선택하는 것은 거기에 하나님의 큰 은혜가 있기 때문이며, 그 은혜가 너무나 귀하고 소중하기 때문이다. 우리가 반드시 기억해야 할 한 가지 중요한 사실, 진리는 광야, 교회의 삶은 은혜라는 것이다. 사랑과 은혜가 풍성하신 하나님께서

이유 없이, 아무런 목적 없이 우리를 광야에서 고통스럽게 하는 것이 아니다. 우리에게 광야를 주신 것은 큰 은혜를 경험하게 하시기 위함이다.

광야, 교회에서 주시는 큰 은혜는 무엇인가.
첫째, 임마누엘이다.

"네 하나님 여호와께서 네가 하는 모든 일에 네게 복을 주시고 네가 이 큰 광야에 두루 다님을 알고 네 하나님 여호와께서 24년 동안을 너와 함께 하셨으므로 네게 부족함이 없었느니라 하시기로(신명기 2: 7)"

광야에서 여호와 하나님께서 40년 동안 함께하셨다. 그러나 이스라엘 백성은 환경에 가려 이 하나님을 발견하지 못하고 깨닫지 못했다. 그것은 어리석게도 우리 자신들도 마찬가지다. 신앙 공동체는 하나님의 임재가 항상 함께하며, 임마누엘을 경험하는 곳이지만 성도들은 깨닫지 못하고, 경험하지 못한다.

"예수께서 우리를 위하여 죽으사 우리로 하여금 깨어 있든지 자든지 자기와 함께 살게 하려 하셨느니라(데살로니가전서 5: 10)."

예수님은 우리와 함께하시기를 기뻐하신다.
주님은 우리의 인생길과 삶을 외면하시는 분이 아니시다. 우리 인생의 광야에서 우리와 함께하신다. 우리가 아플 때 함께 아파하시며, 우리가 힘들 때 함께 힘들어하시며, 우리가 슬플 때 함께 슬퍼하신다. 그러므로 임마누엘을 절대로 잊지 않고 경험해야 한다.

둘째, 우리의 의식주를 책임져 주신다.

광야는 사람이 생존할 수 있는 곳이 아니다. 광야에서는 사람이 전혀 생존할 수 없다. 물이 없고, 농사를 지을 수 없고, 한낮의 태양, 밤중의 추위, 불뱀·전갈이 있는 곳이다. 이런 곳에서 40년 동안 신발이 멀쩡하고, 40년 동안 옷이 해어지지 않고, 40년 동안 반석에서 물이 나고, 40년 동안 만나와 메추라기를 먹을 수 있었다.

하나님은 우리의 인자하신 아버지가 되시기 때문에 우리의 의식주를 책임져 주신다. 우리가 경제적 안정을 누리는 것은 전적으로 하나님의 은혜다.

"네 하나님 여호와를 기억하라. 그가 네게 재물 얻을 능력을 주셨음이라. 이같이 하심은 네 조상들에게 맹세하신 언약을 오늘과 같이 이루려 하심이니라(신명기 8: 18)."

인류의 역사와 여러 민족을 보면 하나님을 사랑하고 예배하는 개인이나 민족은 가난하지 않다. 배고프지 않다. 우리의 의식주를 책임져 주신다. 때로는 우리의 믿음을 시험해 보시기 위해 가난하고 배고플 수 있다. 그러나 하나님의 시험에 합격하고 믿음으로 살면 주님께서 책임져 주시고 복을 내려주신다.

셋째, 우리를 지키시며 보호해 주신다.

"여호와께서 그를 황무지에서, 짐승이 부르짖는 광야에서 만나시고 호위하시며 보호하시며 자기의 눈동자같이 지키셨도다(신명기 32: 10),"

우리는 많은 위험 속에서 이 시대를 살아간다. 점점 더 난폭하고 교활한 시대를 살아간다. 각종 사고, 사건, 질병 등을 수없이 목격한다. 어느 때보다 주님의 지켜주심과 보호하심이 필요한 때다. 전쟁 중이나 여행 중에만 위험한 것이 아니다. 우리 삶 속에는 여러 위험이 도사리고 있다. 그러나 두려워하지 않는 것은 주님께서 지켜주고 보호해 주심을 믿기 때문이다.

"내가 산을 향하여 눈을 들리라. 나의 도움이 어디서 올까.
나의 도움은 천지를 지으신 여호와에게서로다.
여호와께서 너를 실족하지 아니하게 하시며 너를 지키시는 이가 졸지 아니하시리로다.
이스라엘을 지키시는 이는 졸지도 아니하시고 주무시지도 아니하시리로다.
여호와는 너를 지키시는 이시라. 여호와께서 네 오른쪽에서 네 그늘이 되시나니 낮의 해가 너를 상하게 하지 아니하며 밤의 달도 너를 해치지 아니하리로다.
여호와께서 너를 지켜 모든 환난을 면하게 하시며 또 네 영혼을 지키시리로다.

여호와께서 너의 출입을 지금부터 영원까지 지키시리로다."

(시편 121편의 찬양)

세상과 환경을 보면 두려운 것으로 가득하다. 그러나 주님께서 천군 천사들을 보내셔서 우리를 지키시고 보호하신다. 그 은혜를 믿고 누리자.

넷째, 피난처이며 안식처다.

광야에서 은혜를 입는 것이 안식이며 곧 평안이다. 성경 속 믿음의 조상들은 위기 때 광야로 도피했다. 모세, 다윗, 엘리야, 바울이 그랬다. 광야는 우리에게 평안·안식·도피처가 돼주고, 영적 만족을 준다.

다섯째, 인도하심의 은혜다.

우리가 인생에서 캄캄하고 고통스럽고 눈물겨운 광야를 지날 때 그 가운데서 은혜를 누리는 것은 전능하신 목자, 선하신 목자를 만나는 것이다. 전능하신 목자, 선하신 목자 되신 여호와 하나님을 알고, 그분의 인도하심을 따르는 것이다. 처음 가본 낯선 땅을 여행할 때 가이드가 가장 중요한 것처럼 누구나 처음 여행하는 인생의 길, 광야, 교회에서 선한 목자의 인도하심을 받는 것은 최고의 행복이며, 은혜이고, 축복이다.

이 땅의 신앙 공동체는 선한 목자의 인도하심을 경험하는 곳이다. 그가 우리를 인도하심을 보면 큰 은혜이자 놀라움이다. 선한 목자 되신 하나님께서 우리를 인도하시는 모습은 마치 세상의 아버지 어머니들이 어린 자녀를 인도하는 모습과 같다.

선한 목자는 우리 앞에서 인도하신다.

"그는 너희보다 먼저 그 길을 가시며 장막 칠 곳을 찾으시고 밤에는 불로, 낮에는 구름으로 너희가 갈 길을 지시하신 자이시니라(신명기 1: 33)."

우리를 위해 모든 것을 준비하시고 예비하시는 여호와 이레 하나님을 경험한다. 그는 그의 백성보다 먼저 가시면서 길을 만드시고, 준비하시면서 앞서 인도해 주신다. 우리가 가는 길에 어떤 위험과 실패가 도사리고 있는지 우리는 알 수 없지만 하나님께서 그런 길을 피하게 하시고 안전하고 형통한 길로 인도해 주신다. 하나님은 역사상 전무후무하게 이스라엘 백성 앞에서 불과 구름 기둥으로 인도하신다. 따라서 성도들은 사람을 보고, 환경을 보고, 세상을 보는 것이 아니라 오직 주님만을 바라보며 나아가야 한다. 지금 이 시대의 우리는 말씀과 성령의 감동, 인도하심을 따라야 한다.

선한 목자는 우리 손을 잡아 인도해 주신다.

사람들이 다 성숙하게 되면 인도자가 앞에서 인도해 주는 대로 따라만 가면 된다. 그러나 어린 자녀들은 앞에서 인도해도 인도자가 보이지 않기 때문에 부모가 손을 잡고 인도해야 한다. 복잡한 공원에서 부모의 손을 놓치면 미아가 되고 만다. 마찬가지로 우리가 하나님의 손을 놓치면 영적 미아가 되고 인생의 미아가 된다. 우리가 인생을 살면서 힘들고 지칠 때, 우리가 인생의 과정에서 쓰러지고 넘어질 때, 우리가 살면서 절망하고 낙심할 때 주님께서 우리에게 오셔서 우리의 손을 붙잡아 주신다. 따라서 우리는 두려울 것이 없다. 한 번도 가보지 않은 인생의 광야로 걸어가도 불안할 것이 없다. 전능하신 목자께서 나의 손을 붙잡고 계시기 때문이다.

"이것으로 네 손의 기호와 네 미간의 표를 삼고 여호와의 율법이 네 입에 있게 하라. 이는 여호와께서 강하신 손으로 너를 애굽에서 인도하여 내셨음이니(출애굽기 13: 9)."

우리가 걸을 수만 있다면 우리 손을 잡아 인도해 주신다. 그렇기에 우리는 하나님의 손을 붙잡는 것처럼 철저하게 주님만 의지해야 한다. 어린 아이처럼 의지하는 것이다.

선한 목자는 우리를 그의 등에 업어서 인도해 주신다.

"내가 애굽 사람에게 어떻게 행했음과 내가 어떻게 독수리 날개로 너희를 업어 내게로 인도했음을 너희가 보았느니라(출애굽기 19: 4)."

주님께서 우리를 인도하시되 때때로 우리를 주님 등에 업어서 인도해 주신다. 우리가 너무 어려 도저히 걸을 수 없을 때, 우리가 너무 지쳐 도저히 걸을 수 없을 때, 우리가 병들어 걸을 수 없을 때, 우리가 심히 피곤해서 걸을 수 없을 때 주님은 우리를 자신의 등에 업어서 인도하신다. 우리는 이런 때에 절망하고 포기하는 것이 아니라 눈물로 주님의 등에 기대기만 하면 된다.

선한 목자는 우리를 가슴에 안아서 인도해 주신다.

우리가 도저히 하나님의 등에 업힐 만한 힘조차 없을 때 우리의 참 좋으신 아버지가 되시는 하나님은 우리를 아버지의 가슴에 안아서 인도해 주신다.

"광야에서도 너희가 당했거니와 사람이 자기 아들을 안음같이 너희 하나님 여호와께서 너희의 행로 중에 너희를 안으사 이곳까지 이르게 하셨느니라 하나(신명기 1:31)"

마거릿 파워즈(Margaret F. Powers)는 병상에 누워 죽음의 두려움과 공포에 있으면서 '모래 위의 발자국'이라는 시를 지었다. 수많은 곳에 작자 미상으로 소개되고, 액자에 담겨 걸어둔 이 시는 사실 파워즈가 원고를 잃어버렸다가 찾은 것으로 그의 감동적인 시는 그의 아픈 경험에서 나온 영적 경험의 소산이다.

어느 날 밤 나는 한 꿈을 꾸었습니다.

내가 주님과 함께 해변가를 걷고 있었고

어두운 하늘을 가로질러

나의 삶의 장면들이 밝게 비쳐왔습니다.

나는 각 장면마다 모래 위에 두 사람의 발자국이 있는 것을 보았습니다.

하나는 나의 것이었고

다른 하나는 주님의 것이었습니다.

이윽고 내가 살아온 삶의 마지막 장면이

내 앞에 펼쳐졌을 때

모래 위에 새겨진 발자국은 한 사람의 것밖에 보이지 않았습니다.

그때는 나의 삶 중에서 가장 힘들고 슬픈 순간이었습니다.

이 사실로 인해 나는 늘 가슴 아파했고

그래서 주님께 여쭈었습니다.

"주님, 제가 주님을 따르면 주님은 항상 저와 동행하며 친구가 되어주겠다고 하시지 않았습니까? 하지만 제 삶에서 가장 고통스러운 때는 왜 한 사람의 발자국만 있었는지 이해할 수 없습니다. 제가 주님을 가장 필요로 할 때 어찌하여 주님은 저를 떠나 계셨습니까?"

그러자 주님은 속삭이셨습니다.

"나의 귀한 아이야. 나는 너를 사랑하며 결코 너를 떠나지 않을 거란다. 네가 가장 큰 시련과 어려움을 당한 그때에도 결단코 떠나지 않았단다. 네가 한 사람의 발자국만 본 것은 내가 너를 안고 갔기 때문이란다."

누구나 이런 은혜를 누리는 것은 아니다. 광야에서 누리는 평강은 선한 목자이신 주님과 아름다운 관계에 있어야 한다. 내가 철저하게 선한 양으로 주님께 의지할 때 우리를 업어주시고 안아주신다. 또한 구덩이에 빠져 허우적거리며 울부짖는 어린양처럼 울며, 절규하며, 울부짖을 때 이런 은혜를 주신다.

광야에서의 승리

실제로 광야나 사막을 건널 때는 중요한 법칙이 있다. 광야는 우리가 살아가는 일반적 삶의 방법과는 너무나 다른 방식이 적용된다. 일상생활에서는 특별히 준비할 것이 없다. 그러나 광야에서는 다르다. 일상의 삶에서는 돈만 있으면 다 해결되지만 광야에서는 돈이 전혀 필요치 않다. 돈으로 할 수 있는 것이 아무것도 없다. 무인도를 생각해 보라. 광야도 무인도와 같다. 일상생활에서는 지도가 매우 중요하지만 광야에서는 지도가 아닌 나침반이 필요하다. 우리가 걸어가는 신앙의 광야, 영적 광야도 마찬가지다. 신앙의 광야, 영적 광야, 신앙 공동체는 지금까지 가지고 있던 것과 다른, 신앙과 삶의 원리가 중요하다. 그래야 광야에서 승리할 수 있다.

첫째, 승리의 원리는 선택이다.

하나님은 그의 백성 모두에게 복을 주시려고 천국에 복을 쌓아두셨다. 하나님은 공평하시고 사랑이시기 때문에 그의 백성들이 건강하고 행복하기를 원하신다. 그러나 교회에서나 삶에서 승리하는 것은 나의 선택에 달려 있다. 승리는 선택이다. 축복도 선택이다. 건강도 선택이다. 내가 무엇을 선택하는지에 따라 내 운명이 결정된다. 지금 내가 아픔과 불행과 질병과 어려움 가운데 있다면 하나님을 원망하고 불평하는 것이 아니라 지난날 내가 선택한 결과임을 알아 회개하며 회복해야 한다.

"보라 내가 오늘 생명과 복과 사망과 화를 네 앞에 두었나니 곧 내가 오늘 네게 명령하여 네 하나님 여호와를 사랑하고 그 모든 길로 행하며 그의 명령과 규례와 법도를 지키라 하는 것이라. 그리하면 네가 생존하며 번성할 것이요, 또 네 하나님 여호와께서 네가 가서 차지할 땅에서 네게 복을 주실 것임이니라. 그러나 네가 만일 마음을 돌이켜 듣지 아니하고 유혹을 받아 다른 신들에게 절하고 그를 섬기면 내가 오늘 너희에게 선언하노니 너희가 반드시 망할 것이라. 너희가 요단을 건너가서 차지할 땅에서 너희의 날이 길지 못할 것이니라. 내가 오늘 하늘과 땅을 불러 너희에게 증거를 삼노라. 내가 생명과 사망과 복과 저주를 네 앞에 두었은즉 너와 네 자손이 살기 위하여 생명을 택하고, 네 하나님 여호와를 사랑하고 그의 말씀을 청종하며 또 그를 의지하라. 그는 네 생명이시요, 네 장수이시니 여호와께서 네 조상 아브라함과 이삭과 야곱에게 주리라고 맹세하신 땅에 네가 거주하리라(신명기 30: 15-20)."

믿음은 선택이다. 순간, 순간의 선택이다. 우리는 승리를 선택해야 한다. 선택은 우리 몫이다.

둘째, 여호와께서 광야의 길을 걷게 하신 것을 기억해야 한다.

광야를 지나오면서 중요한 것은 그곳에서 경험한 것들을 잊지 말고 기억해야 한다(신명기 8: 11, 8: 14, 8: 19). 하나님께서 광야의 삶, 광야의 길에서 하나님을 잊어버리지 말도록 수없이 명령하신다. 광야의 은혜를 기억하라는 명령이다. 그러나 그들은 너무나 쉽게 하나님을 잊어버렸다. 이것이 아픔이요, 고통이고 실패다.

"네 하나님 여호와께서 이 사십 년 동안에 네게 광야 길을 걷게 하신 것을 기억하라(신명기 8: 2)."

광야에서 받은 은혜와 은총, 광야에서 얻은 기적과 이적, 광야에서 얻은 임재 경험, 광야에서 얻은 복, 광야에서 얻은 감동과 능력, 광야에서 얻은 승리, 기도 응답 등. 이 감동, 감격을 기억해야 한다. 광야를 기억하는 것은 하나님을 기억하는 것이다. 광야에서 승리할 때는 언제였는지, 광야에서 기도가 응답된 것은 언제였는지, 광야에서 기적을 경험한 비결은 무엇인지, 이것을 절대로 잊지 말아야 한다. 그뿐만 아니라 광야에서 겪은 실패, 광야에서 경험한 좌절과 절망, 광야에서 느낀 고통, 광야에서 흘린 눈물, 광야에서 맛본 아픔과 쓰라림, 이것도 기억해야 한다.

유대인들이 위대한 것은 보통의 사람들은 성공하고 잘한 것을 기억하지만 그들은 실패하고 가장 부끄러운 것을 기억한다. 유월절을 맞이하면서도 우리 조상들은 애굽에서 노예였다는 선포로 시작한다. 이는 동일한 실패, 아픔을 겪지 않기 위해서다. 그때의 아픔과 고통이 얼마나 크고 고통스러운 것인지를 기억해야 반복해서 실수하지 않고 죄를 이기고 탈선하지 않는다.

셋째, 성전 중심의 삶을 살아야 한다.

이스라엘 백성들은 성전을 중앙에 두고 동서남북으로 장막을 세우고 거주했다. 이것도 하나님께서 계획하신 것이다. 성전 중심, 교회 중심의 삶이란 예배 중심의 삶이다. 그들은 매일매일 양을 잡아 상번제를 드렸다. 이것이 우리의 우선순위여야 한다. 그들은 또한 하나님의 임재를 눈으로 보며 살았다. 불기둥, 구름 기둥을 보았다.

이처럼 광야에서 그저 평범해 보이는 삶이 가장 우선에 두어야 할 중요한 것이다. 지금의 교회 성도들 역시 마찬가지다. 철저하게 예배 중심의 삶을 살아가야 하고, 성전을 중심으로 한 삶을 살아가야 한다.

넷째, 여호와를 경외해야 한다.

하나님을 경외하는 정신은 성도들이 가져야 할 가장 기본적이며 중요한 정신이다.

"여호와를 경외하는 것이 지식의 근본이거늘 미련한 자는 지혜와 훈계를 멸시하느니라(잠언 1: 7).”

"이스라엘아 네 하나님 여호와께서 네게 요구하시는 것이 무엇이냐. 곧 네 하나님 여호와를 경외하여 그의 모든 도를 행하고 그를 사랑하며 마음을 다하고 뜻을 다하여 네 하나님 여호와를 섬기고(신명기 10: 12)"

여호와를 경외하는 마음, 정신을 갖춰야 죄악에 넘어지지 않는다. 여호와를 경외하는 마음이 있어야 여호와를 바로 섬길 수 있다.
여호와를 경외하는 것은 무엇인가.
여호와를 경외하는 것은 여호와를 최고로 존경, 존중하는 것이다. 여호와를 존경하며 두려워하는 것이다. 여호와를 사랑하기 때문에 두려워하는 것이다. 여호와를 하나님으로 높여드리고 대접해 드리는 것이다. 여호와를 경외하는 삶은 악을 미워하고 멀리하면서 말씀에 순종하는 것이다. 여호와 하나님의 이름을 부르는 것부터, 여호와 하나님을 대하는 것, 여호와 하나님 앞에 행동하는 모든 것이 사랑과 존경에서 우러나야 한다. 여호와께서 내 앞에 계셔서 모든 것을 보고 계시고 알고 계신 것으로 인정하고 사는 것이다.

다섯째, 감사해야 한다.

광야에서는 감사는 고사하고 원망, 불평할 수밖에 없다. 실제로 이스라엘 백성들이 걸었던 애굽의 광야를 걸어보면 도저히 숨이 막혀서 몇 분도 걸을 수가 없고, 보이는 것은 온통 누런 돌과 모래, 흙이다.

어떻게 보면 인간적으로는 도저히 감사할 수 없는 곳이 광야다. 그럼에도 하나님께서 광야에서 갖게 마련인 원망, 불평을 인정하지 않으시고 반드시 심판하셨다. 그들은 재미가 없다고 원망한다. 신앙 공동체도 마찬가지다. 세상적이고 인간적으로 생각하면 참 재미가 없는 곳이다. 그러나 여호와는 어떤 환경에서도 감사의 표현을 듣기 원하신다. 이때의 감사는 기적이다.

여섯째, 옛사람을 벗어버리고 새사람을 입어야 한다.

"너희는 유혹의 욕심을 따라 썩어져 가는 구습을 따르는 옛사람을 벗어버리고, 오직 너희의 심령이 새롭게 되어 하나님을 따라 의와 진리의 거룩함으로 지으심을 받은 새사람을 입으라(에베소서 4: 22-24)."

벗는다는 것은 '계속적(continue)'이라는 의미다.

유대 민족의 광야

예수님의 비유 가운데 사람의 마음을 네 가지 밭과 네 가지 길에 비유해서 말씀하셨다. 네 가지 밭은 길가 밭, 돌짝 밭, 가시밭, 옥토가 있다. 네 가지 길은 높은 길, 골짜기 길, 굽은 길, 험한 길이다.

이런 밭과 길은 시온의 대로가 돼야 한다. 밭과 길의 비유는 그 사람의 성격과 성품을 보여주고, 그들이 어떻게 믿음 생활을 영위해 가는지 구별해 주신 것이다. 이스라엘 백성들이 광야를 지나면서 그들은 네 가지 광야에 머물렀다. 광야마다 목적이 있고, 하나님께서 그곳에서 주시고자 하시는 메시지가 있다. 네 가지 광야를 보면 네 가지 신앙 공동체가 보인다.

"그들이 숙곳을 떠나서 광야 끝 에담에 장막을 치니(출애굽기 13: 20)"

이스라엘 백성들은 고센 땅 숙곳을 떠나 에담 광야에 이르렀다. 숙곳에서 에담 광야까지는 약 80㎞로 사흘을 걸어가야 하는 거리다. 이스라엘 백성들은 당연히 불레셋을 통과하는 길을 지나 가나안으로 가고자 했으나 하나님께서 전혀 길이 없는 홍해 앞 에담 광야로 인도하신다(민수기 14: 3). 에담 광야에서 이스라엘 백성들은 진퇴양난의 위기에 빠져 죽임을 당할 것 같은 상황에 처해 있다. 앞에는 홍해가 가로막고 있고, 뒤에는 애굽의 군대 전차들이 쫓아오고 있었기 때문이다.

그러나 하나님께서 아직 애굽을 벗어나지 못한 그들을 인도하시는데 구름 기둥 불기둥으로 인도하시고 앞서 걸어가시면서 인도해 홍해를 마른 땅같이 건너게 하신다. 에담 광야는 이스라엘 백성들이 머물렀던 곳이 아니라 애굽에서 탈출하는 마지막 지점이다.

수르 광야: 수르 공동체

애굽을 떠나 홍해를 건넌 이스라엘 백성들이 첫 번째로 만난 광야는 수르 광야 또는 술 광야다. 수르, 술 광야는 에담 광야로(민수기 33: 8) 부르기도 했다. 이것은 우리가 세상에 태어나 첫 번째 만나는 인생의 광야이기도 하고, 우리가 예수 그리스도를 만나 거듭남을 얻고 하나님의 자녀가 된 뒤에 처음 만나는 신앙 공동체이기도 하다. 따라서 인생의 여러 가지 광야에서 가장 우선적으로 중요하게 배워야 하는 것이 수르 광야다.

인생의 삶과 신앙의 삶에서 처음 만나는 광야는 너무나 중요하다. 그러나 이스라엘 백성은 이 첫 번째 만난 광야에서 실패한다. 왜냐하면 애굽에서 탈출하면서 미처 광야의 삶을 준비하지 못했기 때문이다. 처음 신앙생활을 시작한 성도들도 잘 준비되지 않으면 얼마 되지 않아 실패하는 경우가 의외로 많다. 그래서 신앙 공동체 안에 들어오지만 정착해 잘 성장하고 일꾼이 되는 경우는 10~20%밖에 되지 않는다. 그러나 여호와 하나님께서 수르 광야를 주신 것도 분명한 목적이 있다.

수르 광야의 의미는 무엇인가. 수르 광야는 어떤 곳인가. 모세는 여호와께서 홍해에서 행하신 기적을 보고, 그 놀라움과 경이로움에 여호와를 찬양한다. 미리암의 찬양 역시 마찬가지다. 모든 여인이 춤추며 찬양한다. 홍해를 마른 땅같이 건너는 기적을 경험하고 찬양하며 3일 동안 걸었다. 그러나 그 지독하게 뜨거운 태양 아래서 3일 동안 물을 마시지 못한 채 광야를 걷는 것은 지옥과 같은 고통이다.

그들은 출애굽, 홍해의 기적을 보았기 때문에 불의 기적을 기대했다. 때마침 우물을 발견했지만 그 물이 써서 마실 수 없었다. 갈증이 극에 달한 그들은 3일 전의 그 놀라운 홍해의 기적을 망각하고, 이내 원망하며 불평한다. 정말 특별한 믿음을 가진 자들이 아니면 누구나 그럴 수밖에 없을 것이다.

'마라'는 쓰다, 괴롭다, 근심하다, 쓰라리다, 고통스러운 것, 갈급한 것을 뜻한다. 사람들의 신앙생활 역시 마찬가지다. 처음 신앙생활을 시작하는 성도들을 보면 방해하는 세력이 많아서 아주 힘들어하는 경우가 많다.

수르 광야에서 실패한 이유

처음 신앙생활을 시작할 때 잘못된 기대치를 갖곤 한다. "예수 믿으면 복 받는다" "예수 믿으면 잘된다" "예수 믿으면 성공한다" 등등 신앙 공동체들이 온갖 꿈이나 비전을 제시하면서 준비되지 못한 성도들을 다그칠 때 대부분 넘어진다. 모세의 믿음과 기적은 무엇인가. 모세는 울며 원망하고 불평하는 백성들을 신경 쓰지 않고, 즉시 하나님께 엎드려 울부짖는다. 이것이 기적의 동력이다. 신앙생활을 시작하면서 가장 먼저 배워야 하고 훈련해야 하는 것이 오직 기도다.

수르 광야의 목적

수르 광야에 대한 말씀을 묵상하면서 우리가 반드시 기억해야 하는 것은 왜 첫 번째 광야로 수르 광야를 주시고, 그 광야를 만나게 하시고 수르 광야로 이끄셨는가 하는 것이다. 이 수르 광야는 우리 인생과 신앙의 삶에서 가장 중요하기 때문이다. 수르 광야에서 가장 중요한 것이 무엇이기에 구원받은 후에 즉각적으로 가장 먼저 그 광야를 만나게 하셨을까.

수르 광야로 이끄신 목적

첫째, 그들의 믿음을 시험해 보시기 위함이다.

마라의 쓴 물이 단물이 됐을 때 하나님께서 그들에게 법도와 율례를 정하시고, 그들을 시험하신다. 그들이 순종하는지 여부를 시험하신다(출애굽기 15: 25). 신앙생활을 시작하면서 성도들이 가장 먼저 만나는 시험은 무엇인가. 세상을 버리는 것과 불신 친구들과의 관계와 헌금 문제다. 특히 십일조를 이해하는 데는 오랜 시간이 걸리기도 하고, 아예 십일조 생활을 못 하는 성도들도 있다. 이는 믿음의 문제다.

둘째, 여호와는 치료의 하나님이심을 알고 믿게 하기 위함이다(출애굽기 15: 26).

"나는 너희를 치료하는 여호와"라고 하신다. 쓴 물을 단물이 되게 하신 여호와는 치유의 하나님이시다. 사람만 치유하시는 것이 아니라 환경까지도 치유하시는 것이 하나님의 기적이다. 이제 막 애굽에서 구원받은 이스라엘 백성에게는 전인적 치료뿐만 아니라 환경의 치유 역시 중요하다. 이제 처음 구원받은 성도 역시 마찬가지다. 여호와께서 자기 백성을 치유하시되 '애굽' 사람에게 내린 모든 질병 중 하나라도 내리지 않게 하시겠다고 약속하신다.

수르 광야는 치유의 하나님을 경험하는 곳이다. 우리가 거듭난 후에 가장 먼저 만나고 경험해야 하는 분은 치유의 하나님이시다. 우리의 병든 몸과 마음이 치유의 하나님을 만나야 한다. 우리의 병든 가정이, 우리의 병든 정신이, 우리의 병든 교회가, 우리의 병든 사업장이, 우리의 병든 사회가 치유의 하나님을 만나야 한다.

셋째, 수르 광야는 믿음의 연단이다.

수르 광야를 지나면 금방 엘림이 나타난다. 엘림에는 우물 12개와 종려나무 70그루가 있다. 믿음의 가장 중요한 요소는 인내다. 수르에서 조금만 가면 엘림인데 그 조금을 인내하지 못했다. 하나님은 우리 마음의 중심을 보신다. 우리에게 오는 여러 광야는 결국 우리의 믿음을 달아보기 (probation) 위함이다.

이스라엘 백성은 광야에서 믿음이 부족해서 원망하고, 불평한다. 우리 역시 마찬가지다. 우리 또한 믿음 생활 과정에서 시련과 연단을 만나면 믿음을 갖기보다는 원망과 불평이 앞선다. 아직도 믿음 훈련이 되지 않았고, 광야의 보물을 보지 못하기 때문이다. 믿음이 전혀 없는 것이 아니다. 결정적 순간에 인내가 부족하다. 수르 광야, 수르 교회는 하나님께서 우리의 믿음을 달아보시는 곳이다. 우연히 자연적으로 교회만 출석한다고 되는 것은 아니다. 훈련, 결심, 각오가 있어야 한다.

넷째, 정말로 중요한 수르 광야의 목적은 은혜의 귀중함을 아는 것이다.

이스라엘 백성이 구원받은 후 첫 번째 만나는 광야가 수르 광야 마라인 것은 목마른 인생은 하나님의 은혜 없이는 살 수 없음을 의미한다. 오직 은혜로 구원받은 성도는 삶에서도 오직 은혜로만 살아갈 수 있다. 그러나 구원받고 은혜받은 성도들이 빠지는 아주 모순적 함정이 있다. 구원은 은혜로 얻고, 삶은 자기의 노력으로 살아가려는 것이다. 구원의 은혜에 감동해서 이제 자신의 의지와 노력으로 하나님을 기쁘게 하고, 하나님을 사랑하고, 하나님에게 순종하고, 하나님께 합당한 삶을 살고자 한다. 자신의 의지와 노력으로 죄를 멀리하고, 자신의 의지와 노력으로 의롭게 살려고 한다. 그러다가 교만과 절망에 빠진다. 우리가 오직 은혜로만 구원받은 것처럼, 우리가 살아가는 것 또한 오직 은혜로, 우리가 봉사하는 것 또한 오직 은혜로만 가능하다.

신 광야
|

　　　　　수르 광야를 지나면 두 번째 만나는 광야는 신 광야다. 신 광야에 도착한 것은 애굽을 탈출한 후 딱 한 달 만이기 때문에 수르 광야에 머문 기간은 한 달 정도다. 이스라엘 백성이 애굽에서 구원받고, 차례로 여러 광야를 지나는 것은 이 시대에 거듭난 자들에게도 동일한 광야의 여정이 있고, 시험과 연단이 있음을 상징적으로 보여주는 것이다. 두 번째 광야인 신 광야는 무엇이며, 여호와께서 그들을 신 광야로 이끄신 목적은 무엇인가. 신 광야는 어떤 곳인가.

　신 광야는 먹을 것을 구할 수 없는 배고픔의 장소다. 주식으로 먹는 빵도, 고기도, 과일도, 채소도 구할 수 없다. 이스라엘 백성이 애굽을 떠나면서 상식적으로 왕의 대로나 블레셋 해안가 도로를 이용하면 두 주 정도면 가나안 땅에 도착할 수 있다. 따라서 그들은 약 한 달간의 식량과 물을 여유 있게 준비했으나 광야에 머문 시간이 길어지면서 이제 애굽에서 준비해 온 물과 식량이 다 소진된 채 신 광야에 도착하게 됐다. 애굽에서 먹던 어떤 음식도 구할 수 없다.

신 광야에서는 인생의 배고픔, 인생의 굶주림을 경험한다. 애굽에서 먹던 음식을 더는 먹을 수 없게 되자 그들은 이내 원망하고 불평한다. 신 광야는 세상적·인간적으로 보면 인생의 재미와 쾌락이 없어 도저히 만족할 수 없는 곳이다.

신앙 공동체 역시 그렇다. 교회는 세상적이고 인간적 재미가 없는 곳이다. 종종 믿음의 삶에서 소그룹 모임이 많지만 친목 단체 같은 세상적·인간적 재미를 찾다가 영성을 잃어버린 경우도 많다. 그러나 이 신 광야 역시 하나님께서 예비하신 곳이며 인도하신 곳이다. 따라서 신 광야를 주신 하나님의 뜻과 목적을 아는 것이 중요하다.

신 광야에서 실패한 이유

첫째, 불안 때문이다.

신 광야 역시 소망이 보이지 않고 절망할 수밖에 없는 상황이다.

"너희가 이 광야로 우리를 인도해 내어 이 온 회중이 주려 죽게 하는도다(출애굽기 16: 3b)."

그들의 원망, 불평은 만족할 수 없는 데서 온 불안 때문이다. 절망, 실망 때문이다. 마치 성도들이 신앙생활을 하면서 크게 하나님을 기대했다가 실망하고, 절망할 때와 같다. 기도에 대한 응답이 없을 때의 절망과 같다. 의식주에 대한 불안과 미래에 대한 불안이다.

둘째, 하나님의 기적을 망각했기 때문이다.

지금 이스라엘 백성이 실패한 이유는 우리들이 가장 잘 넘어지는 이유이기도 하다. 그 엄청난 기적, 이적을 경험하고도 먹을 것이 없는 것 때문에 넘어진다. 우리가 광야에서 실패하지 않으려면 반드시 잊지 말고 기억해야 하는 것이 이것이다. 하나님을 만난 경험, 하나님을 만난 기적을 체험한 것, 하나님의 은혜를 체험한 것, 이것을 잊지 말아야 한다.

셋째, 전능하신 하나님을 의지하는 믿음이 없기 때문이다.

지금까지 기적, 이적을 경험했으면서도 여호와께서 얼마든지 큰 능력으로 기적을 일으킬 수 있다는 믿음이 없었다. 그들은 지금 광야에 서서 하나님을 의식하고 하나님을 깨달은 것이 아니라 아무것도 구할 수 없는 광야를 보고, 자신들의 비어 있는 음식 자루만 보고 있다. 그래서 믿음을 잃었다. 여호와께서는 벼랑 끝에서 기적을 일으키시는 분이시다. 이런 여호와 하나님을 경험하고도 너무나 현실만 보고, 없는 것만 생각하기 때문에 원망하고, 불평한다. 믿음 생활을 하면서 말씀에 의지하는 믿음이 아닌, 인간적 계산으로 어떤 것을 결정하고 추진하는 경우도 많다. 과연 교회는 믿음의 반석 위에 있는가.

신 광야의 목적

하나님께서 그들의 순종 여부를 시험하시는 목적은 수르 광야와 같지만 방법은 다르다. 여호와께서 그들의 원망과 불평을 들으시고 기적을 행하셔서 음식과 고기를 한없이 주시겠다 약속하신다. 그것이 만나와 메추라기다. 이 만나와 메추라기를 주시고 원칙을 정하셨다. 매일 아침 일용할 것을 날마다 거둘 것, 여섯째 날에는 그 거둔 것을 준비하되 날마다 거둔 것의 갑절이 되게 할 것이다. 신 광야의 궁극적 목적은 그들이 믿음으로 순종하는지 아닌지를 시험하시기 위함이다.

"모세가 그들에게 이르기를 아무든지 아침까지 그것을 남겨두지 말라 했으나 그들이 모세에게 순종하지 아니하고 더러는 아침까지 두었더니 벌레가 생기고 냄새가 난지라 모세가 그들에게 노하니라(출애굽기 16: 19-20)."

여호와께서 매일 아침 일용할 음식을 거두게 하신 데에는 여러 가지 목적이 있다. 여호와 하나님을 잘 기억하고 섬기게 하심이며, 매일매일 은혜의 귀중함을 깨닫게 하시기 위함이다. 예수님도 일용할 양식을 간구하신다. 어떤 광야이든지 교회이든지 그 목적은 믿음과 순종을 시험하시고 연단하시기 위함이다.

그러나 그들은 그 목적에서 실패했다. 오늘 우리에게도 마찬가지다. 견딜 수 없는 배고픔의 광야, 인생의 광야가 올 때, 믿음·순종을 시험하는 시간이란 사실을 알고 승리하자.

신 광야의 믿음

여호와께서 예비하시고 성령께서 인도하신 광야는 성도들의 믿음과 순종 여부를 알아보시기 위함이다. 수르 광야에서처럼 신 광야 역시 분명한 목적이 있다. 그 목적은 믿음과 여호와 하나님의 영광을 나타내는 것이다. 신 광야는 인생의 배고픔을 경험하는 곳이다. 망망한 광야에서 먹을 것을 구할 수 없다는 죽음의 공포가 있는 곳이다. 인생의 배고픔이란 상대적 빈곤, 상대적 배고픔이다. 인생에 불만족하는 것이다.

첫째, 신 광야는 하나님께서 계획하시고 인도하신 장소라는 것이다.

광야는 누구나 피하고 싶은 장소다. 그러나 하나님의 자녀들에게 광야는 반드시 필요한 장소다. 예수께서 성령님께 이끌리어 광야에서 시험을 받으신 것처럼 우리 역시 하나님의 계획과 성령의 인도하심에 따라 광야를 만나게 된다. 교회에는 복음다운 복음, 말씀다운 말씀이 선포돼야 한다. 그러나 홍수가 나면 생수를 구하기 어려운 것처럼 설교가 넘쳐나지만 생수 같은 말씀은 적다. 사람들의 배고픔은 영적 기근이다.

"주 여호와의 말씀이니라. 보라 날이 이를지라 내가 기근을 땅에 보내리니 양식이 없어 주림이 아니며 물이 없어 갈함이 아니요, 여호와의 말씀을 듣지 못한 기갈이라(아모스 8: 11)."

둘째, 신 광야의 믿음은 여호와께서 우리 모두의 말을 다 알고 계시고, 듣고 계시는 것을 아는 것이다.

여호와께서는 이스라엘 백성들이 광야에서 원망하는 모든 말을 다 듣고 계신다. "여호와께서 너희가 자기를 향하여 원망함을 들으셨음이라." 이 사실을 잘 기억해야 한다. 여호와께서는 우리가 하는 모든 원망, 불평의 말을 다 듣고 계신다. 그래서 하나님은 우리의 기도만 들으시는 것이 아니라 우리의 모든 생각과 말을 다 듣고 계시고, 들으신 대로 응답하신다. 바란 광야에서도 마찬가지다.

"그들에게 이르기를 여호와의 말씀에 내 삶을 두고 맹세하노라. 너희 말이 내 귀에 들린 대로 내가 너희에게 행하리니(민수기 14: 28)."

사람들의 말을 여호와께서 다 듣고 계신다. 사람들의 기도를 여호와께서 다 듣고 계신다. 우리의 모든 생각을 다 알고 계시며 우리의 모든 독백까지도 다 듣고 계신다. 그러므로 신앙생활을 하면서 원망, 불평, 부정의 말은 버리고 감사의 말, 믿음의 말, 긍정의 말을 해야 한다. 이것이 여호와를 경외하는 것이고, 믿는 자의 모습이다. 여호와를 두려워하는 자는 생각과 말부터 변화해야 한다.

셋째, 신 광야의 믿음은 기적의 하나님을 바라보는 것이다.

출애굽기 16장 4절에 '보라(הִנְנִי)' 앞에는 1인칭 단수 대명사가 붙여졌다. 직역하면 '나를 보라 (Behold me)'이다. 이 선포는 여호와 하나님의 감탄사 같은 것이다. 설교 강의를 하는 사람들이 "자 여기 보세요, 여기 보세요" "자 잘 보세요, 잘 보세요"라고 사람들의 이목과 주의를 집중시키는 것과 같다. 여호와께서 상황의 급박성을 나타내어 지금 바로 여기서 어떤 중요한 기적을 나타내실 것을 강조하신 것이다.

"나를 보라"는 "나의 기적을 보라"는 것이다. 내가 행한 일을 똑똑히 보라는 것이다. 우리가 생각할 때는 모든 것이 끝났고, 모든 것이 망했고, 포기할 수밖에 없는 상황이다. 소망과 희망이 전혀 없는 상황이라 이때 메마른 광야를 보고, 환경과 상황을 보면 죽음을 떠올릴 수밖에 없으며, 절망·낙심·포기·원망·불평과 대적할 수밖에 없다. 광야를 보고 환경을 보면 그럴 수밖에 없다. 그러나 이런 광야, 환경에서 여호와께서 선포하신다.

"나를 보라. 환경을 보지 말고 나를 보라! 광야를 보지 말고 나를 보라! 사람을 보지 말고 나를 보라! 질병을 보지 말고 나를 보라! 불가능을 보지 말고 나를 보라!" 이것이 신 광야의 믿음이다.

여호와께서는 이미 보이지 않는 곳에 만나와 메추라기를 마련해 주셨다. 다만 우리가 보지 못할 뿐이다. 이스라엘 백성들은 광야를 보니 두려웠다. 그들은 광야를 죽음의 장소로 여겼다. 이것이 불신이다. 여호와께서는 우리를 죽이시기 위해 광야로 이끄신 것이 아니라 기적을 보게 하시려고 광야를 주셨다. 그러므로 견딜 수 없는 인생이나 신앙의 고통에서 주님을 보라. 지금을 살아가는 사람들도 다 마찬가지다. 믿음을 가지고 하나님을 봐야 한다. 오직 하나님을 바라봐야 한다. 여기에 기적이 있다. 승리가 있다. 광야 같은 인생길에서 승리의 비결은 오직 하나님을 바라보는 것이다.

넷째, 신 광야의 믿음은 믿음의 증거를 유산으로 전수하는 것이다.

신 광야에서 하나님의 명령에 따라 만나를 오멜에 채워서 넘치게 항아리 가득 채워 법궤 앞에 보관했다(출애굽기 16: 32-36). 그 목적은 기적, 경험을 증거로 붙잡으라는 것이다. 내가 경험한 믿음, 기적이 중요하고 이것이 믿음의 확신, 능력이 된다. 이처럼 내가 경험한 믿음의 증거를 자녀들에게 교육하고, 간증해 믿음의 유산을 남기고 또한 이웃에게 증거해야 한다.

시나이 광야

이스라엘 백성들이 애굽을 출발해 만 석 달이 됐을 때 시나이 광야에 도착하게 됐다(출애굽기 19: 1). 수르 광야, 신 광야를 거쳐 시나이 광야는 세 번째 만난 광야다. 시나이 광야는 우리가 너무나 잘 알고 있는 장소다. 가장 많이 들었기 때문이다. 그러나 시나이 광야는 다른 어떤 광야보다 중요하다. 시나이 광야는 하나의 상징이며, 그림자이고 모형이다. 시나이 광야의 원형, 실체는 바로 교회와 성도의 교회 생활, 신앙생활을 보여주고 있다.

이스라엘 백성들은 시나이 광야에서 약 1년 동안 머물렀다. 시나이 광야에서 약 1년 동안 완전한 신앙 공동체의 모습을 실제적으로 보여주며 증거해 주고 있다. 구약시대나 신약시대나 교회의 모델을 가장 잘 증거해 주는 곳이 바로 시나이 광야다.

시나이 광야는 무엇이며 어떤 곳인가.

시나이 광야에서는 여러 가지 중요한 사건이 많았다. 그 가운데서 우리가 반드시 본받아야 할 신앙 공동체의 사역을 보게 된다.

첫째, 시나이 광야에서 첫 번째 행한 것이 인구조사다.

광야에서는 세 번에 걸쳐 인구조사가 진행됐다. 가족, 가문별 조사였다. 인구조사의 목적은 전쟁에 나갈 수 있는 자들을 파악하기 위함이다. 이는 신앙 공동체가 사명자, 헌신자를 세우기 위한 것과 같다. 가족, 가문별로 계수한 것은 교회 공동체의 연합, 하나 됨의 중요성을 보여주는 것이다.

신앙 공동체의 생명은 공동체의 연합, 화평을 위함으로 이것 때문에 예수께서 십자가에서 죽으셨다. 그러나 사탄, 마귀는 교회의 연합, 하나 됨, 화목을 깨뜨리려고 사람들을 대적하게 만든다. 분쟁하는 교회는 망할 수밖에 없다. 교회는 주 안에서 하나 돼야 하고, 연합해 사명을 감당할 수 있어야 한다. 연합되고 하나 돼야 사명을 더 효과적으로 감당할 수 있다. 하나 됨이란 자연적으로 되는 것이 아니다. 자신을 비우고 훈련해야 하며 성령의 기름 부으심이 있어야 한다.

둘째, 시나이 광야에는 언약이 있다.

애굽에서 나온 이스라엘 백성들은 시나이 광야에 있는 산에서 여호와 하나님과 언약을 맺는다.

"이스라엘 자손의 청년들을 보내어 여호와께 소로 번제와 화목제를 드리게 하고, 모세가 피를 가지고 반은 여러 양푼에 담고 반은 제단에 뿌리고 언약서를 가져다가 백성에게 낭독해 들게 하니 그들이 이르되 여호와의 모든 말씀을 우리가 준행하리이다. 모세가 그 피를 가지고 백성에게 뿌리며 이르되, 이는 여호와께서 이 모든 말씀에 대하여 너희와 세우신 언약의 피니라(출애굽기 24: 5-8)."

시나이 광야에서 피로 언약을 맺음으로써 여호와 하나님과 백성 간의 관계가 맺어진 것이다. 이는 마치 결혼 서약과 같은 것이다. 교회는 예수 그리스도의 피로 세워진 언약의 공동체. 시나이 광야에서 여호와께서 이스라엘 백성들과 언약을 맺음으로써 여호와는 아버지가 되시고, 이스라엘은 자녀가 됐다. 여호와는 선한 목자가 되시고 이스라엘은 양이 됐으며, 여호와는 남편이 되시고 이스라엘은 신부가 됐으며, 여호와는 왕이 되시고 이스라엘은 백성이 됐다. 마찬가지로 신앙 공동체를 통해 예수 그리스도의 피로 언약을 맺음으로써 예수 그리스도는 주가 되시고, 우리는 그의 백성이 됐으며, 예수 그리스도는 선한 목자가 되시고 우리는 그의 양이 됐으며, 예수 그리스도가 신랑이 되시고 우리는 그의 신부가 됐다. 우리는 예수 그리스도와 언약을 맺은 자들이다. 언약을 지키는 것은 복과 승리이지만 언약을 깨뜨리는 것은 불행과 멸망이다.

셋째, 시나이 광야는 하나님의 말씀, 계명을 받은 곳이다.

여호와께서 시나이 광야에서 시나이산으로 모세를 부르셔서 십계명과 말씀을 주셨다(출애굽기 20: 1). 그리고 여러 가지의 법이 담긴 토라를 주셨다. 이 시나이 광야에서 주신 말씀은 구약 공동체, 구약 교회의 기초가 됐다. 신약의 교회와 이 시대의 공동체 역시 마찬가지다. 교회의 기초, 근본은 하나님의 말씀, 성경이다. 교회에 말씀이 말씀대로 증거되지 못한다면 교회는 살아 계신 하나님의 전, 집이 아닌 그저 종교단체, 종교 집단에 불과하다. 말씀은 언약의 증거이며, 기록된 언약이다.

"언약서를 가져다가 백성에게 낭독하여 들게 하니(출애굽기 24: 7)"

하나님의 말씀은 언약서다. 하나님의 말씀인 성경 속에 많은 언약이 기록돼 있다.

넷째, 시나이 광야는 예배의 귀중함을 보여주는 곳이다.

예배는 하나님과 맺은 언약이다. 예배는 하나님께서 정하신 법도대로 드려야 하고, 하나님께서 흠향하시고 기뻐 받으시도록 드려야 한다. 그러나 광야에서 잘못된 예배를 드리고 예배를 우습게 여겼다가 멸망한 사람도 많다.

"나답과 아비후는 시나이 광야에서 여호와 앞에 다른 불을 드리다 여호와 앞에서 죽어 자식이 없었으며 엘르아살과 이다말이 그의 아버지 아론 앞에서 제사장의 직분을 행하였더라(민수기 3:4)."

그들은 제사장들이라도 다른 불, 곧 하나님의 뜻대로 예배하지 않아 곧 죽임을 당했다. 신앙 공동체를 떠나는 것은 예배를 떠나는 것이다.

바란 광야

이스라엘 백성들은 시나이 광야를 떠나 바란 광야에 이르렀다. 시나이 광야에서 주어진 사명과 훈련, 과업을 수행하고 이제 바란 광야에 이른다. 바란 광야는 이스라엘 백성들이 애굽을 떠난 후 네 번째 만나는 광야다. 이는 우리가 세상에서 부름받아 거듭난 후 네 번째 만나는 우리 인생의 광야, 믿음의 광야다. 이 바란 광야도 역시 여호와 하나님께서 계획하시고 인도하신 곳이다. 따라서 바란 광야에서도 반드시 이루어야 할 과업을 알고, 성취해 가야 한다.

여호와께서 모세에게 명령하신 것을 따라 행진을 시작했다. 바란 광야는 우리의 인생과 믿음의 길에서 가장 중요한 장소다. 약 38년간의 광야 생활을 바로 이 바란 광야에서 했기 때문이다. 그리고 바란 광야는 하나님의 백성이 건너야 하는 마지막 광야다. 우리 인생의 마지막 광야이기도 하다. 그런 의미에서 바란 광야는 가장 힘들고 고통스럽고 눈물겨운 장소이기도 하다. 바란 광야는 인생의 마지막 광야이며 가장 오랫동안 머문 광야이지만 결코 잊지 말아야 하는 것은 이 네 가지 광야는 우리가 신앙생활을 하는 동안 신앙 공동체 안에서 반복적으로 우리에게 다가올 수 있다.

바란 광야는 어떤 곳이며 그 의미는 무엇인가.

이스라엘 백성이 38년을 살았던 만큼 바란 광야는 여러 가지 의미를 준다.

첫째, 바란 광야는 다른 모든 광야보다 가장 크고 넓고 험하고 두려운 곳이다.

사람이 전혀 살 수 없는 곳이다. 지형적으로는 기복이 심하고 기후변화도 매우 심해 생명을 유지하기가 매우 어려운 곳이다. 바란 광야는 가장 힘들고 크고 두려운 과정을 거쳐야 하는 곳이다. 또한 가장 길고 오랜 시간 머물러야 하는 장소이며, 죽음도 불사해야 하는 장소이기도 하다.

둘째, 바란 광야는 위기에 처한 자들의 피난처다.

바란 광야는 핍박을 받는 자들에게는 가장 좋은 피난처다. 하갈이 그랬고, 다윗이 사무엘이 죽은 후 사울 왕의 핍박을 피해 도망쳐 살았던 장소이기도 하다. 대적들이 따라올 수 없는 장소이기 때문이다. 이는 신앙적으로도 마찬가지다.

"용이 자기가 땅으로 내쫓긴 것을 보고 남자를 낳은 여자를 박해하는

지라 그 여자가 큰 독수리의 두 날개를 받아 광야 자기 곳으로 날아가 거기서 그 뱀의 낯을 피하여 한 때와 두 때와 반 때를 양육받으매(요한계시록 12: 13-14)"

붉은 용에게 박해를 받아 생명이 위태로운 여자는 큰 독수리의 날개를 받아 광야로 나간다. 남자를 낳은 여인은 예수 그리스도를 오시게 하신 교회를 상징하기도 한다. 이스라엘 백성에게나 오늘날의 성도들에게나 광야는 영적 피난처다. 광야는 여호와 하나님께서 계신 곳이며, 광야는 여호와 하나님을 만나는 곳이며, 여호와 하나님께서 함께해 주시는 곳이다. 지금의 신앙 공동체의 모습이다. 신앙 공동체는 하나님께서 계신 곳이며, 하나님을 만나는 곳이며 하나님께서 함께해 주시는 곳이다. 주의 장막은 광야의 성막이며 피난처다. 주의 신앙 공동체는 성전이며 피난처다. 그러므로 신앙 공동체 안에 있기를 힘쓰며 신앙 공동체를 사랑하고 하나님을 독대하는 시간을 가지려고 힘써야 한다.

셋째, 바란 광야는 진실한 신자와 불신자들을 구별하는 장소다.

이스라엘 백성들은 바란 광야에서 살면서 수없이 넘어지며 실패했다. 다베라에서 원망하고 악하게 울며 원망하다가 유황불이 떨어져 불로 심판을 받았다. 미리암은 모세를 대적해 나병을 얻었다. 가나안 정탐꾼들의 불신적인 보고로 인해 백성들도 불신에 빠져 원망하고 대적하며 불평한다. 고라·다단·아비람의 반역으로 생매장됐으며, 백성들이 모세와 아론을 원망하자 전염병으로 1만4700명이 죽었다. 가데스 바네아에서는 다투고 원망한 것 때문에 불뱀의 재앙으로 많은 사람이 죽는다.

이 많은 실패와 심판과 재앙이 다 바란 광야에서 일어났다. 여러 가지 환경과 삶 속에서 대부분의 사람들은 불신으로 원망·대적·불평·비난·비판을 했으며 그로 인한 무서운 심판을 받아 죽음과 멸망을 맞이한다. 그러나 그런 환경 가운데서도 모세, 아론, 갈렙, 여호수아와 그들을 따르는 사람들은 끝까지 믿음을 지켰다. 이것이 중요하다. 바란 광야를 통해 가장 힘들고 크고 두렵고 고통스러운 광야로 이끌어 우리의 믿음을 달아보시고 구별하시기 위함이다. 시험 목적도 그렇다. 가장 고통스러운 광야를 통해 진실한 신자와 불신자를 구별하시며 양과 염소를, 알곡과 가라지를, 좋은 고기와 나쁜 고기를, 진짜와 가짜를, 천국의 백성과 사탄의 백성을 구별하신다.

넷째, 바란 광야는 신앙 공동체의 세대교체가 이루어지는 곳이다.

바란 광야에서는 애굽을 떠나온 20세 이상 사람 대부분이 죽었다. 그리고 아론은 대제사장의 에봇을 벗어 아들 엘르아살에게 입혀준다(민수기 20: 25). 사역의 위임식인 것이다. 이제 약속의 땅, 축복의 땅, 가나안 땅에 들어가려고 하면서 새로운 세대가 준비된다. 아름다운 세대교체가 이루어진다. 아름다운 세대교체가 이루어진 것은 믿음의 유산을 잘 받았기 때문이다.

네 가지 광야를 정리하면서 신앙 공동체 안에는 두 종류의 길을 걸어가는 성도들이 있다. 어떤 환경에서도 끝까지 믿음을 지켜 승리하는 자들과 세상, 환경, 사람들을 보면서 실패하고 멸망당한 자들도 있다. 광야 교회를 보면 믿음으로 승리하는 자들보다 실패하는 자들이 더욱 많았다. 이것이 예수님의 아픔이기도 하다.

"인자가 올 때에 세상에서 믿음을 보겠느냐(누가복음 18: 8)."

두 종류의 길을 걸어가는 사람들이란 나그네의 길을 걷는 자와 순례자의 길을 걷는 자들이다.
나그네의 길은 무엇이며 순례자의 길은 무엇인가.
성경에 나그네란 말이 많이 나온다. 개역개정 성경은 구분하지 않고 모두 다 나그네로 번역했다. 나그네(stranger)는 '낯선 사람' '손님' '방문객' '모르는 사람'을 의미한다. 그러나 히브리서 11장 13절 베드로전서 1장 1절의 '나그네'는 그냥 나그네가 아닌 순례자(pilgrim)다. 나그네와 순례자는 비슷한 것이 아니라 전혀 다른 개념이다.
'나그네' 하면 왠지 허무하고 슬픈 감정이 든다. 나그네 길이란 허무하게 금방 지나가 버린 덧없는 세월을 말한다. 허전한 인생, 그냥 갈피를 잡을 수 없이 지나가는 인생이다. 대부분의 사람들은 이런 인생을 살아가고 있다.
신앙을 가진 사람들도 마찬가지다. 믿음을 가지고 신앙 공동체 안에 있으면서도 나그네의 사상으로 나그네의 길을 걷고 있는 사람이 많다. 직분을 가졌지만 천국과 아무런 상관이 없는 것처럼, 구원받지 못한 것처럼 살아가는 성도가 의외로 많다. 순례자는 아무 의미 없이 살아가는 사람이 아니다. 순례자는 성도로서 분명한 삶의 의미가 있고, 목적이 있고 기쁨이 있고 감격이 있다.

순례자에게 삶의 의미는 사명을 감당하는 것이다.
순례자에게 삶의 목적은 하나님께 영광을 돌리는 것이다.
순례자에게 삶의 감격은 예배이다.
순례자에게 삶의 기쁨은 하나님의 임재를 경험하는 것이다.
순례자에게 삶의 원칙은 사랑, 영적 교제이다.

따라서 순례자의 길을 걸어가는 이들은 그것이 고난의 길이라도 행복하다. 보람이 있고, 감격이 있다. 이것이 있다면 우리는 지금 교회에서 승리하고 있는 것이다. 나그네는 인생의 목적지가 없다. 오늘은 이곳, 내일은 저곳 정처 없이 살아간다. 바람 부는 대로 물결치는 대로 살아간다. 따라서 사는 것이 불안하고 두렵다. 죽음 후에도 어느 곳으로 가는지 알지 못해 두려워서 불안해한다. 죽지 않으려고 발버둥을 친다.

그러나 순례자는 분명한 목적지가 있다. 이스라엘 백성에게는 여호와 하나님의 언약, 약속의 땅인 가나안이 있다. 이 가나안이 그들의 간절한 소망의 땅, 목적지다. 이 약속의 땅, 목적지, 가나안이 없었다면 그들은 광야에서 결코 승리할 수 없었다. 순례자들에게도 분명한 복적지가 있다. 순례자는 돌아갈 본향이 있고, 더 나은 본향이 있다(히브리서 11: 13-16). 곧 우리의 본향, 목적지, 천국이 있다. 그곳의 확증이 있다. 그래서 죽음이 두렵지 않다. 믿음의 선조들은 모두 다 이 천국, 본향의 목적지가 너무나 분명했기에 그 본향을 위해 살아간 사람들이다. 지금 너무나 많은 사람이 죽으면 모든 것이 다 끝난 것처럼 생각한다. 이 세상의 것이 전부인 것처럼 살아간다. 계시록에서는 이 두 종류의 사람을 이렇게 표현한다. 나그네는 이 땅의 것만 추구하는 자들로, 땅의 것에만 못을 박고 살고, 세상적·물질적인 것만 추구하며 사는 자들이다. 그래서 탐욕, 욕심이 가득하다.

김형석 교수는 그의 책과 강연에서 자주 언급했다. 세상에서 정말 행복하고 싶은데 결코 행복할 수 없는 사람들은 정신적 가치를 모르고 물질적 가치만 추구하는 사람들, 자신만 챙기고 자신만 위하는 이기적인 사람들이다. 그러나 순례자는 하늘에 속한 자들로 하늘의 것을 찾고 하늘의 것을 추구한다. 그래서 땅의 것에 연연하지 않고, 땅의 것을 내려놓고 버리고자 한다.

나그네는 혼자 인생을 걸어가는 사람이다. 아무도 없이 혼자 인생을 걸어간다. 함께하는 사람이 없고 도와줄 사람도 없다. 그래서 외롭고 초조하고 불안하다. 세상에는 점점 이런 사람이 많아지고 있다. 그러나 순례자는 인생의 길, 사명자의 길을 걸으면서도 행복하다. 하나님께서 함께해 주시고, 하나님께서 인도해 주시고, 하나님께서 보호해 주시고, 가족 같은 신앙 공동체가 있기 때문이다. 나그네에게는 형벌과 심판이 있다. 하나님의 원리는 이것이다. 하나님께서는 심은 대로 거두게 하시고, 일한 대로 갚아주시고, 행한 대로 보응하신다. 믿음의 길은 씨를 뿌리는 것과 같다. 나그네는 하나님 없이 살며 믿음 없이 사는 자들이다. 그래서 형벌과 심판이 있다.

"한번 죽는 것은 사람에게 정해진 것이요, 그 후에는 심판이 있으리니(히브리서 9: 27)."

그래서 소망이 없는 자들, 세상에서 악하고 거짓되게 살아가는 자들은 나이 먹는 것이 두렵고 늙어가는 것이 두렵다. 죽음 이후의 결과가 두렵다. 그러나 순례자들에게는 하나님의 약속, 언약이 있다. 천국의 상급과 영광이 있다.

"너희 믿음의 확실함은 불로 연단하여도 없어질 금보다 더 귀하여 예수 그리스도께서 나타나실 때에 칭찬과 영광과 존귀를 얻게 할 것이니라(베드로전서 1: 7)."

지금 냉철하게 자신을 돌아보자. 나는 나그네의 길을 걷고 있는가. 순례자의 길을 걷고 있는가.

광야의 진단

첫째, 마음·정서·감정, 전인격이 거듭나고, 치유돼 가고 있는가.
둘째, 심적으로 거듭나고 있는가.

셋째, 세상 것을 버리며 새로워지려고 훈련하고 있는가.

넷째, 예배에는 성실한가.

다섯째, 헌신하는 삶을 살고 있는가.

여섯째, 사명을 인식하고 사명에 충실한가.

일곱째, 성화의 과정에 있는가, 퇴보하고 있는가.

여덟째, 말씀과 기도의 삶에 충실한가.

아홉째, 내세의 소망은 확실한가.

열째, 하나님의 영광을 드러내는 삶을 살고 있는가.

열하나째, 영적 싸움에서 승리하고 있는가.

열두째, 계속적으로 옛사람을 벗고 새사람을 입고 있는가.

열셋째, 나그네 길과 순례자의 길 중 어느 길을 걷고 있는가.

열넷째, 날마다 예수님을 경험하고 있는가.

광야의 과업

첫째, 교회의 본질인 말씀과 기도의 훈련

둘째, 역동적 예배

셋째, 순례자의 길 걷기

넷째, 계속적으로 옛사람을 버리고 새사람을 입는 훈련

다섯째, 마음의 할례

여섯째, 제자 훈련

일곱째, 전인적 성전 세우기

마음의 할례

광야의 과업에서 가장 중요한 것은 혼의 거듭남의 비밀인 마음의 할례다. 병든 마음, 병든 생각, 병든 감정, 병든 사고의 할례다.

"그러므로 너희는 마음에 할례를 행하고 다시는 목을 곧게 하지 말라(신명기 10: 16)."

"너희가 자기를 위하여 공의를 심고 인애를 거두라. 너희 묵은 땅을 기경하라. 지금이 곧 여호와를 찾을 때니 마침내 여호와께서 오사 공의를 비처럼 너희에게 내리시리라(호세아 10: 12)."

"여호와께서 유다와 예루살렘 사람에게 이와 같이 이르노라. 너희 묵은 땅을 갈고 가시덤불에 파종하지 말라. 유다인과 예루살렘 주민들아, 너희는 스스로 할례를 행하여 너희 마음 가죽을 베고 나 여호와께 속하라. 그리하지 아니하면 너희 악행으로 말미암아 나의 분노가 불같이 일어나 사르리니 그것을 끌 자가 없으리라(예레미야 4: 3-4).″

성경에는 사람의 마음, 인격을 네 가지 그릇, 네 가지 밭, 네 가지 길에 비유하고 있다.

네 가지 밭 (마태복음 13: 3-4, 13: 18-19)

길가 밭

길가 같은 마음, 성품(강퍅, 완고, 배타적, 적대적, 기득권, 권력, 아집, 이기적, 교만한 마음)이다. 자기 긍정 타인 부정(I am OK. You are not OK.)

돌밭

돌밭 같은 마음이다. 소아병적, 유약함, 포기, 낙심, 타협, 퇴행 등. 자기 부정 타인 긍정(I am not OK. You are OK.)

가시밭

가시밭 같은 마음. 유혹에 약함. 세상적·환경적 지배에 넘어짐. 현실주의, 인본주의다. 자기 부정 타인 부정(I am not OK. You are not OK.)

좋은 밭

좋은 마음, 착한 인격, 유순한 성품이다. 자기 긍정 타인 긍정(I am OK.

You are OK.)

오염된 마음밭을 정화시키고, 쓰레기가 가득한 마음을 청소하고, 황폐한 마음 밭을 갈아엎고, 마음을 관장해야 옥토가 된다.

네 가지 길

"선지자 이사야의 책에 쓴바 광야에서 외치는 자의 소리가 있어 이르되, 너희는 주의 길을 준비하라. 그의 오실 길을 곧게 하라. 모든 골짜기가 메워지고 모든 산과 작은 산이 낮아지고 굽은 것이 곧아지고 험한 길이 평탄하여질 것이요, 모든 육체가 하나님의 구원하심을 보리라 함과 같으니라 (누가복음 3: 4-6)."

골짜기 길 = 골짜기 같은 마음

마귀, 귀신들이 사는 곳, 거라사 귀신 들린 자 무덤 사이에 거함, 마음의 무의식 창고. 열등감, 좌절감, 죄책감, 실망, 절망, 낙심, 욕구불만, 염려, 근심, 걱정, 불안, 두려움, 의심, 부끄러움, 무기력, 의욕상실, 게으름, 나태함, 연약함, 상실감, 허전함.

산길 = 산같이 높은 마음

교만, 자만, 거만, 오만, 최고 의식, 감독, 명예, 권력, 부귀, 체면 중시, 욕심, 탐욕, 욕망, 무시, 멸시, 존경받음, 특혜, 인정욕구, 과장, 과시, 자랑, 자기 칭찬, 마음의 바벨탑, 마음의 우상(에스겔 14: 3-7)

하나님은 최고를 원하시는 것이 아니라 최신을 원하신다.

굽은 길, 커브 길 = 굽은 마음

휘어짐, 심술궂음, 패역함, 어그러짐, 까다로움, 사사건건 따지고, 딴지 걸고, 반대를 위한 반대, 비판, 비난, 험담, 곡해, 오해, 이기적, 자기주장, 옹졸함, 비웃음, 토라짐, 인격장애, 성격 장애자(편협적, 정신분열적, 연극성, 경계적, 히스테리적, 이성적), 칭찬을 아부로 생각, 위로를 비웃는 것으로 생각, 권면을 자기만 미워하고 혼낸다고 생각.

"마음은 올무와 그물 같고, 손은 포승 같은 여인은 사망보다 더 쓰다는 사실을 내가 알아내었도다. 그러므로 하나님을 기쁘게 하는 자는 그 여인을 피하려니와 죄인은 그 여인에게 붙잡히리로다(전도서 7: 26)."

험한 길 = 험한 마음, 비포장길, 포트홀, 싱크홀

시기심, 질투심, 원망, 불평, 음란, 호색, 악의, 훼방, 미움, 분노, 혈기, 적개심, 증오, 강퍅함, 복수심, 신경질, 짜증, 폭행남, 막말녀, 된장녀, 패륜녀, 방탕, 거칠고, 넘어지게 함.

치유의 원리

첫째, 자신의 한계를 인정하라.

자신의 노력만으로는 인격이 변화되고 마음의 쓴 뿌리가 치유되고 새롭게 될 수 없다는 것을 인정하라.

둘째, 마음의 할례를 간절히 사모하라.

셋째, 처절하게 회개하라.

넷째, 집중적인 기도를 하라.

다섯째, 믿고 감사하라.

골짜기는 메우라

첫째, 경쟁 의식, 비교 의식, 노예 의식을 버려라.

둘째, 자신을 그대로 수용, 용납하라.

셋째, 자존감, 자긍심을 높여라.

넷째, 하나님의 사람을 깊이 경험하라.

산을 낮추라

첫째, 자신의 연약함, 한계를 알라.

둘째, 타인의 평가 수용

셋째, 타인 긍정

넷째, 겸손, 섬김, 존중

다섯째, 하나님 경외

굽은 길은 곧게 하라

첫째, 할례, 대적, 마음의 쓴 뿌리 제거

둘째, 성령의 도우심을 구함

셋째, 넓은 마음을 구함

험한 길은 평탄하라.

첫째, 성령 세례

둘째, 보혈의 능력 의지

셋째, 훈련, 연단

넷째, 상담

다섯째, 하나님과 깊은 교제, 금식

요단강의 의미는 무엇일까. 요단강은 구약에서 하야르덴이라고 했고,
이것을 헬라 사람들이 발음하기 좋도록 요르다네스라고 했다.
히브리어의 뜻은 '내려가는 강'이란 뜻이고, '급하게 흘러내리는 강'이란 의미다.
셈족어의 의미는 '강의 심판자' '물의 심판자'란 뜻으로,
이는 요나처럼 범죄자들을 강물에 던져 사형시키는 제도에서 왔다.
이 요단강은 이스라엘 백성에게나 지금 우리에게나 매우 중요한
장소이며 과정이다. 왜냐하면 요단강에서는 무수한 기적과
이적이 행해졌고 능력을 보여주셨기 때문이다.

PART 7

요단강 거듭남의 능력

요단강의 의미

40년 동안 광야 교회 생활을 마치고 이제 요단강을 건너 가나안 땅에 들어가기 위해 모압 평지에 이르렀다. 모압 평지는 요단강을 건너기 위해 아주 중요한 장소다. 이곳에서 요단강을 건널 준비가 필요하기 때문이다. 요단강은 보리를 거두는 시기에는 물이 가장 많아 위험한 때다 (여호수아 3: 15). 이러한 위험한 때에 그들은 요단강을 건너야 한다. 요단강의 지리적·지형학적 형세를 보면 요단강은 헤르몬산에서 시작해서 사해까지로 직선거리는 124㎞이고, 갈릴리 호수에서 사해까지만 보면 96㎞이다. 강을 따라가면 약 320㎞이다. 강폭은 2~30m까지 다양하고, 건너뛸 수 있는 곳도 약 60군데나 된다. 수심은 0.8~3m 정도 된다.

요단강은 이제 육의 거듭남, 육의 새로남, 육의 치유 영역이다.

요단강의 의미는 무엇일까. 요단강은 구약에서 하야르덴이라고 했고, 이것을 헬라 사람들이 발음하기 좋도록 요르다네스라고 했다. 히브리어의 뜻은 '내려가는 강'이란 뜻이고, '급하게 흘러내리는 강'이란 의미다. 셈족어의 의미는 '강의 심판자' '물의 심판자'란 뜻으로, 이는 요나처럼 범죄자들을 강물에 던져 사형시키는 제도에서 왔다. 이 요단강은 이스라엘 백성에게나 지금 우리에게나 매우 중요한 장소이며 과정이다. 왜냐하면 요단강에서는 무수한 기적과 이적이 행해졌고 능력을 보여주셨기 때문이다.

광야에서 가나안 땅에 들어가는 것은 가데스 바네아라는 장소가 가장 가깝고 좋은 곳이기 때문에 그곳에 진을 치고 가나안 땅을 정탐했다. 이곳이 아니더라도 광야에서 요단강을 건너지 않고 바로 가나안 땅으로 들어갈 길은 많다. 그러나 여호와 하나님께서는 반드시 요단강을 통해서만 가나안 땅에 들어가게 하셨다.

이 길, 이 과정은 결코 쉬운 길이 아님에도 왜 하나님께서 꼭 요단강을 건너서 가나안 땅에 들어가게 하셨을까. 또한 유대인들은 요단강을 건너면서 무엇을 깨닫게 됐을까. 이 요단강이 우리에게는 무엇이며, 요단강이 우리에게 어떤 의미를 주는가. 상식적으로 요단강의 의미가 무엇이라고 생각하는가. 성도 대부분은 요단강은 죽음을 의미하는 것으로 생각한다. 가나안을 천국으로 착각하기 때문이다. 그래서 찬송가에서조차 요단강을 죽음의 상징으로 부르고 있다. 그러나 요단강은 죽음과 전혀 관계없고, 가나안 역시 천국을 상징하는 것이 아니다. 이것은 성경을 심각하게 오해한 것이다. 만일 가나안 땅이 천국을 상징하고 요단강이 죽음을 상징한다면 요단강을 건너지 못한 모세와 광야에서 죽은 자들은 어떻게 설명해야 하나. 이스라엘 백성들에게 요단강은 생명이며 풍성한 은혜다.

하나님께서 이스라엘 백성에게 요단강을 건너 가나안 땅에 들어가게 하신 이유는 이것이다.

요단강의 경험이 없이는 가나안의 승리가 없다.
요단강의 경험이 없이는 사명의 승리가 없다.
요단강의 경험이 없이는 사역의 승리가 없다.
요단강의 경험이 없이는 삶의 능력이 없다.
요단강의 경험이 없이는 영적 전투에서 승리할 수 없다.

요단강의 영적·신앙적 의미

요단강의 영적·신앙적 의미로 요단강은 성령의 임재와 능력을 경험하는 곳이다. 성령의 능력, 성령의 세례와 기름 부으심을 받는 상징적 의미를 가지고 있다. 나아만 장군은 요단강에서 일곱 번 목욕하고 나병이 치유됐다(열왕기하 5: 14). 엘리사는 요단강에서 엘리야보다 갑절의 영감, 성령의 능력을 받았다(열왕기하 2: 7-9). 야곱은 얍복 강가에서 천사와 씨름하고 능력을 얻었다(창세기 32: 22). 얍복강은 요단강의 상류 지류로 요단강과 연결돼 있다.

　요단강을 기적적으로 건넘으로써 이스라엘 백성들은 여호와의 손의 강하심, 능력이신 것을 알게 됐다(여호수아 4: 22-24). 예수님께서 요단강에서 세례를 받으셨을 때 성령이 비둘기같이 임하셨다(마태복음 3: 13, 3: 17). 예수님께서 요단강에서 세례를 받으셨을 때 성령의 충만함을 받으셨다(누가복음 4: 1). 이처럼 요단강은 성령의 임재를 경험하는 곳이다. 요단강이 죽음을 상징하는 성경적 근거는 없다. 요단강을 건너는 경험을 하지 않고는 가나안을 정복할 수 없다는 것은 요단강에서 성령의 능력을 받지 않고는 사역을 감당할 수 없고, 성도답게 살 수도 없고, 능력 있는 삶을 살 수는 더욱 없다는 것이다. 가나안을 정복하기 위해서는 반드시 요단강에서 성령을 경험해야 한다. 왜냐하면 가나안은 그냥 비어 있는 땅이 아니라 강대한 일곱 족속이 가나안 땅을 차지하고 있기 때문에 단순하게 정복할 수 있는 곳이 아니다. 따라서 요단강의 경험이 무엇보다 중요하다. 오늘을 살아가는 성도들 역시 마찬가지다. 하나님의 사명, 사역을 감당하는 것은 세상의 지식이나 세상적 지혜나 기술로 되는 것이 아니다. 하나님의 사역은 하나님 성령의 능력으로 하는 것이다. 여기 예수님께서 부활하신 후 처음 제자들을 만나셔서 내리신 명령이 있다.

　"이 말씀을 하시고 그들을 향하사 숨을 내쉬며 이르시되 성령을 받으라(요한복음 20: 22)."

"성령을 받으라." 예수님의 명령이다.

예수님은 승천하시면서 제자들에게 약속하셨다. 사실 이런 약속은 이미 요한복음에서 여러 번 말씀하신 것이다.

"볼지어다, 내가 내 아버지께서 약속하신 것을. 너희에게 보내리니 너희는 위로부터 능력으로 입혀질 때까지 이 성에 머물라 하시니라(누가복음 24: 49)."

"사도와 함께 모이사 그들에게 분부하여 이르시되 예루살렘을 떠나지 말고 내게서 들은바 아버지께서 약속하신 것을 기다리라. 요한은 물로 세례를 베풀었으나 너희는 몇 날이 못 되어 성령으로 세례를 받으리라 하셨느니라(사도행전 1: 4-5)."

제자들은 예수님께 3년이나 훈련을 받았지만 약하고 부족하고 두려움도 많았다. 예수님을 버리고 도망치고, 모른다고 부인하고, 도저히 그들의 사상과 정신도 변화되지 않았다. 따라서 예수님은 그런 제자들에게 자신의 사역을 위임할 수 없었기 때문에 성령의 능력이 임할 때까지 일하지 말도록 명령하신다. 성령의 능력이 임하기 전에는 사역의 능력도 열매도 없기 때문이다. 봉사하려면 하나님이 공급하시는 힘, 능력으로 하라(베드로전서 4: 1), 하나님의 성령으로 봉사하라(빌립보서 3: 3).

예수님의 명령과 약속대로 제자들은 예루살렘의 다락방에서 전심으로 기도하던 중 성령의 능력, 성령의 세례와 기름 부으심을 받았다. 사도들에게는 예루살렘의 다락방이 바로 성령을 경험한 요단강이었다. 이후로 사도들은 완전히 변화됐다. 이전의 제자들이 아니다. 두려움도 교만도 다 깨지고 능력 있는 자들이 됐다. 사도 바울은 다메섹 도상이 요단강의 경험이었다. 다메섹에서 예수님을 만나고, 다메섹에서 아나니아에게 안수받고 성령이 충만해졌다.

당신의 요단강은 어디인가.
당신은 요단강을 경험했는가.
당신은 요단강에 내재한 성령의 능력, 기름 부으심, 성령의 불을 경험했는가.

성령님은 어떤 분이실까. 성경에서 성령님을 증거하는 말씀이 많다.

첫째, 성령님은 하나님의 영, 그리스도의 영이시다.

"만일 너희 속에 하나님의 영이 거하시면 너희가 육신에 있지 아니하고 영에 있나니 누구든지 그리스도의 영이 없으면 그리스도의 사람이 아니라 (로마서 8: 9)."

성경에서 성령님을 표현할 때 가장 많이 사용된 것은 "성령님은 영이시다"라는 것이다. 성령님은 영이신데 그 이름은 다양하다. 성령님은 여호와의 영, 하나님의 영, 예수의 영, 그리스도의 영, 생명의 영, 부활의 영, 주의 영, 그의 영이시다. 성령께서 영이신 것은 사람에게 몸이 있고, 마음과 감정이 있고, 하나님의 형상을 닮은 영이 있기 때문이다. 만일 사람에게 영이 없다면 사람은 짐승과 같다.

우리가 하나님의 형상을 가진 영적 존재라는 것은 하나님의 영을 가졌기 때문이다. '영'이란 볼 수 없고 만질 수 없게 초월해 계신 분을 의미한다. 사람의 영 역시 우리가 만질 수 없고 볼 수 없지만 사람 안에 있다. 사람에게서 영이 떠나버리면 사람은 죽는다. 성도가 살았다는 것은 영이 있기 때문이다. 성령님은 영이시다. 하나님의 영, 예수의 영, 그리스도의 영이시다.

둘째, 성령은 인격적인 분이시다.

인격적이라는 것은 사람다운 것이다. 이것 역시 동물과 다른 것이고, 이것 역시 죽은 자와 다른 것이다. 죽은 자는 인격이 없다. 생명이 없기 때문이다. 인격이란 예의·지·정·의를 가진 것이다.

성령님은 인격적이셔서 상식 밖에서 일하지 않으신다. 이른바 성령을 받아 은사, 방언 은사를 받은 자들이 전혀 인격적이지 못한 경우가 많다. 성령을 오해했기 때문이다. "성령님이 인격적이시다"라는 것은 성령님은 말씀하시고, 들으시고, 일하시며, 행하시는 분이시라는 것이다.

셋째, 성령님은 예수님과 같은 사역을 하시는 보혜사이시다.

성령님은 하나님의 영으로 가장 선하시며, 사랑이시며, 성도들을 도우시며, 인도하시며, 보호하시며 감동을 주신다.

넷째, 성령은 양자의 영이시다.

"너희는 다시 무서워하는 종의 영을 받지 아니하고 양자의 영을 받았으므로 우리가 아빠 아버지라고 부르짖느니라(로마서 8: 15)."

다섯째, 성령은 진리의 영이시다.

"아버지께서 자기 속에 생명이 있음같이 아들에게도 생명을 주어 그 속에 있게 하셨고(요한복음 5: 26)"

예수님과 성령의 관계

예수님의 사역 원리는 매우 감동적이다. 예수님은 어떤 사역을 하시든지 언제나 동일한 원리로 일하셨다. 먼저 하나님께 간절히 기도해서 하나님의 뜻을 구해 알고, 하나님의 뜻을 아신 후에는 오직 성령님과 함께 일하셨다. 예수님은 전능하신 하나님의 능력을 가지셨으나 결코 혼자 일하시지 않고 성령님과 함께 역사하신다. 하물며 한없이 부족하고, 미련하고, 영적 지식도, 지혜도 없는 사람 된 자들은 더더욱 성령의 역사가 없이는 일할 수 없다. 하나님의 일을 한다고 노력하고 열심히 할 수 있으나 거기에는 열매가 없고, 신앙 공동체의 덕이 되지 못하고, 하나님의 영광이 없다.

예수님은 성령의 권능으로 잉태되셨다(마태복음 1: 18, 누가복음 1: 35).
예수님은 사역을 시작하시기 전 먼저 성령으로 세례를 받으셨다
(누가복음 3: 21-22).
예수님은 성령께 이끌리셔서 광야에서 시험을 받으셨다
(마태복음 4: 1-10).
예수님은 성령께서 임하심으로 사역하셨다(누가복음 4: 18-19).
예수님은 성령과 권능으로 기름 부어지셨다(사도행전 10: 38).
예수님은 성령의 권능으로 가르치셨다(요한복음 3: 34).
예수님은 성령의 능력으로 전도, 치유를 행하셨다(누가복음 4: 14-15).
예수님은 성령의 권능으로 귀신들을 내쫓으셨다(마태복음 12: 28).
예수님은 성령의 권능으로 자신을 하나님께 드리셨다(히브리서 9: 14).
예수님은 성령의 권능으로 부활하셨다(로마서 1: 4).

요단강의 영적 실제

요단강의 경험이 지금 우리에게 주는 영적·신앙적 실제는

무엇인가. 성도들이 반드시 경험해야 하는 요단강의 영적 경험, 즉 성령의 경험은 무엇인가. 요단강의 영적 실제는 예수 그리스도의 공적 사역이 시작된 곳이며 복음이 시작되고 신약시대가 시작된 곳이다. 이는 예수님께서 요단강에서 세례를 받으시면서 성령을 경험한 후 시작된다. 세례 요한은 요단강가에서 회개를 선포하고 회개한 자들에게 세례를 베풀었다. 그리고 예수님께서 요단강에서 세례를 받음으로 성령님이 임재하셨고, 이때부터 예수님의 사역이 시작되고, 신약시대가 시작되고, 예수님의 복음 선포가 시작됐다.

"율법과 선지자는 요한의 때까지요 그 후부터는 하나님 나라의 복음이 전파되어 사람마다 그리로 침입하느니라(누가복음 16: 16)."

"오직 성령이 너희에게 임하시면 너희가 권능을 받고 예루살렘과 온 유대와 사마리아와 땅끝까지 이르러 내 증인이 되리라 하시니라(사도행전 1: 8)."

오직 성령, 오직 성령의 권능을 경험해야 사명을 감당하고 증인의 삶을 살아갈 수 있다. 성령께서 역사하시는 단계별 사역을 실제로 깨달아 알고 경험하자.

성령의 임재(靈生·born again)

우리가 예수 그리스도를 처음 만날 때 가장 먼저 경험하는 영적 단계다. 성도들이 느낄 수도 없고 알 수도 없이 임하시는 성령이시다. 성령은 바람같이 임재하신다. 성령 임재의 목적은 바로 영적 거듭남, 영적 탄생이다.

"예수께서 대답하시되 진실로 진실로 네게 이르노니 사람이 물과 성령으로 나지 아니하면 하나님의 나라에 들어갈 수 없느니라(요한복음 3: 5)."

"내가 네게 거듭나야 하겠다 하는 말을 놀랍게 여기지 말라. 바람이 임의로 불매 네가 그 소리는 들어도 어디서 와서 어디로 가는지 알지 못하나니 성령으로 난 사람도 다 그러하니라(요한복음 3: 7-8)."

성령님의 사역 가운데 가장 중요하고 첫째 되는 사역이 영적 거듭남, 구원이다. 여호와 하나님은 성도들의 거듭남, 구원을 계획하시며 예수 그리스도는 우리의 거듭남, 구원을 성취하시고, 성령님은 그 거듭남, 구원을 성도 각 개인에게 적용하셔서 천국의 길을 깨달아 알아 예수님을 영접하게 하신다. 성령님은 우리에게 영생을 주시고, 우리에게 천국을 주신다. 하나님의 자녀이며 거듭남, 구원, 용서를 주시려고 우리에게 영적인 눈을 주시고, 감동을 주셔서 예수님을 깨닫게 하시고, 말씀을 깨닫게 하시며, 구원의 길로 인도하신다. 또 성도들의 마음을 변화시켜 감동하게 하시며, 사람들에게 믿음을 주고 십자가를 믿게 하신다. 이것을 영생(靈生·born again)이라 한다. '영적 탄생' 이것은 기적 중 기적이다. 오늘 우리가 다 영·혼·육으로 거듭나게 된 것이 성령 임재의 역사 때문이다.

성령의 내주(靈安)

|

성령께서 임재하신 후 우리가 그 성령의 임재하신 목적대로 나 자신이 죄인임을 깨닫는다. 회개해 예수 그리스도를 믿고 마음에 모시고 거듭난 자들은 이제 성령께서 그들 안에 계신다. 이것을 성령의 내주하심이라 한다. 성령님은 하나님의 영, 예수의 영, 그리스도의 영, 진리의 영으로 우리 안에 계신다. 정말 놀라운 감동이고, 감격이다. 나 같은 죄인 안에 성령님께서 살아 계시는 것은 엄청난 복이다.

"볼지어다. 내가 문밖에 서서 두드리노니 누구든지 내 음성을 듣고 문을 열면 내가 그에게로 들어가 그와 더불어 먹고 그는 나와 더불어 먹으리라(요한계시록 3: 20)."

주님께서 영으로 우리 안에 들어오시는 것은 주님의 영이신 성령으로 들어오신 것이다. 우리가 성령으로 거듭난 순간 우리에게는 엄청난 변화가 일어난다.

첫째, 우리 신분의 변화다.

사탄, 마귀의 자녀에서 하나님의 자녀가 된다.

둘째, 몸이 변화한다. 귀신들의 놀이터에서 하나님의 전, 성령의 전이 된다.

"너희는 너희가 하나님의 성전인 것과 하나님의 성령이 너희 안에 계시는 것을 알지 못하느냐(고린도전서 3: 16)."

"너희 몸은 너희가 하나님께로부터 받은바 너희 가운데 계신 성령의 전인 줄을 알지 못하느냐. 너희는 너희 자신의 것이 아니라(고린도전서 6: 19)."

셋째, 소속이 변한다. 지옥에서 천국으로, 사망에서 생명으로, 심판에서 자유함으로 변한다.

이처럼 성령의 내주하심으로 인해 우리의 영·혼·육 모든 것이 변화한다. 이것 역시 느끼는 자가 있고, 느끼지 않는 자가 있지만 우리가 진심으로 죄인임을 고백하고 예수 그리스도를 믿음으로 마음에 영접했다면 이미 우리 속에 성령께서 들어와 계신다. 이것을 '성령의 내주하심'이라고 한다. 성령의 내주하심, 즉 내 안에 살고 계심은 너무나 분명한 진리이고, 사실이다. 성령께서 반드시 내 안에 계셔야 하고, 성령께서 내 안에 계신 것을 경험해야 한다.

"만일 너희 속에 하나님의 영이 거하시면 너희가 육신에 있지 아니하고 영에 있나니 누구든지 그리스도의 영이 없으면 그리스도의 사람이 아니라 (로마서 8: 9)."

이 말씀을 두렵고 떨림으로 받아 경험하고 확신해야 한다.
"누구든지 그리스도의 영이 없으면 그리스도의 사람이 아니라" 내 안에, 내 심령 속에 그리스도의 영이 없으면 그리스도의 사람이 아니다.

성령께서 내 안에 계신 것을 어떻게 알 수 있는가.

성령께서 내 안에 계신 '증상', 사인(sign)은 내적 평안, 즉 마음의 평안이다. 성령은 평안의 영이시다. 성령님이 계신 곳에 참 평안이 있다. 이것을 '영안(靈安)', 영적 평안이라 한다. 이 마음의 평안, 영적 평안은 예수 그리스도를 처음 믿는 순간에 경험하는 것이다. 이는 누구나 느낄 수 있고, 경험할 수 있다. 예수님을 처음 마음에 모신 순간, 예수님을 처음 믿는 순간, 우리의 마음에 부어지는 형용할 수 없는 평안함이다.

우리가 만일 신앙생활을 오래 하면서도 그런 경험이 없다면 진실하게 예수 그리스도께서 내 마음에 계시는지 확인할 필요가 있다. 비록 살다 보면 그 평안이 상실될 때도 있다. 하나님을 믿는 사람이라고 늘 평안하고 행복할 수만은 없다. 그러나 회개하면 회복해 주신다. 성령께서 내 안에 계시는 또 하나의 증상은 예수 그리스도의 영이신 성령을 마음에 모시고 살면

죄를 미워하고 멀리하게 된다. 아직 성도가 천국에 이르지 못했기 때문에 죄에 넘어질지라도 영적으로 아파하며 죄와 싸우고자 한다.

"오호라 나는 곤고한 사람이로다. 이 사망의 몸에서 누가 나를 건져내랴(로마서 7: 24)."

성령은 거룩한 영이시다. 죄가 싫고 미워진다.
성령 내주하심의 또 하나의 증거, 증상은 귀신들이 알고 두려워하는 것이다.

"네가 하나님은 한 분이신 줄을 믿느냐. 잘하는도다. 귀신들도 믿고 떠느니라(야고보서 2: 19)."

무수한 성도들의 증거가 많다.

성령 내주의 목적

성령의 내주하심을 반드시 확인하고, 확신해야 하는 것은 성령의 내주하심은 성도들의 거듭남, 구원, 하나님의 자녀 됨, 천국의 백성, 의인 됨의 인치심, 증거, 증인, 증언자, 보증인이 되시기 때문이다(고린도후서 1: 22).

성령 세례(靈洗)

우리가 끝까지 향기롭고 멋있는 성도로 남기 위해서는 매 순간 성령님을 의식하고 경험하며 살아가야 한다. 그러나 세상적인 것, 탐욕적인 것만 추구하다가 성령을 잃어버린 사람도 많다. 그래서 그들의 삶은 비참하다.

"만일 그들이 우리 주 되신 구주 예수 그리스도를 앎으로 세상의 더러움을 피한 후에 다시 그중에 얽매이고 지면 그 나중 형편이 처음보다 더 심하리니(베드로후서 2: 20)"

"참된 속담에 이르기를 개가 그 토했던 것에 돌아가고 돼지가 씻었다가 더러운 구덩이에 도로 누웠다 하는 말이 그들에게 응하였도다(베드로후서 2: 22)."

삶이 정말 더럽고 추해진다. 세례 요한이 요단강에서 예수님을 선포하고 증거한 것을 보면 예수께서 이 세상에 오신 몇 가지 목적 가운데 하나는 우리에게 성령의 세례를 베푸시기 위함이다.

주님께서 우리를 거듭나게 하시고, 생명을 풍성하게 하시고, 성령의 세례를 베푸시는 이 세 가지가 매우 중요한 목적이셨다. 성령의 세례를 다른 말로는 마음의 할례라고 한다. 성령 세례의 영적 단계는 '영세(靈洗)'다. 영적 세례, 마음의 세례, 인격의 세례, 마음·정신·사상의 세례다. 우리는 반드시 이 세례를 경험해야 한다. 그래야 성령이 좀 더 실제적으로 느껴지고, 인격이 변화하며 신앙이 성숙해진다. 성령의 세례는 획기적 변화를 경험하는 것으로 사상·인품·생각·성격·마음의 치유이자 거듭남이다. 마음이 거듭나고, 인격이 거듭나고, 정신이 거듭나고, 생각이 거듭나야 한다. 그래서 마음에 시온의 대로가 열려 있어야 한다. 그러면 하나님을 깊이 경험하게 된다.

"마음이 청결한 자는 복이 있나니 그들이 하나님을 볼 것임이요(마태복음 5: 8)."

성령의 세례가 임해야 사람들이 변화하고 새로워진다.
성도들이 성령의 세례, 마음, 인격의 세례를 받아야 할 이유는 무엇인가.
첫째, 사람의 마음이 어려서부터 악하기 때문이다(창세기 8: 21).
둘째, 사람의 마음이 만물보다 심히 부패하고 더럽기 때문이다
 (예레미아 17: 9).
셋째, 사람의 힘으로 죄를 이길 수 없기 때문이다(로마서 7: 19).
넷째, 하나님께 쓰임 받을 수 없기 때문이다(디모데후서 2: 20-21).

성령의 세례는 무엇인가.

일반적으로 세례는 사죄의 증거, 구원의 표다. 이것은 긍정적 의미다. 그러나 매우 중요한 부정적 의미는 심판과 죽음이다. 물세례는 물로 심판받아 죽음을 통과한 것을 상징한다. 성령의 세례는 성령으로 죽어 인격이

거듭난 것이다. 이 성령 세례를 심리 치유 면에서 가장 잘 표현한 학자가 찰스 솔로몬(Charls Solomon) 박사다. 그는 성령의 세례, 마음의 할례를 실제적 외과 수술과 똑같은 '영성치유(spiritual therapy)'라고 했다. 영성치유, 즉 성령 세례란 성령께서 우리의 병든 마음, 병든 생각, 병든 감정, 병든 정신, 병든 사상, 병든 인격을 수술해 주시는 것이다.

솔로몬 박사는 이 성령의 세례를 실제적인 성령의 외과 수술로 인정한다. 성령의 치유는 경험해 본 자들만이 이해할 수 있다. 성령의 외과수술, 이 경험 없이 변화는 불가능하다. 성령 세례, 마음의 할례, 성령의 외과수술은 우리의 병든 마음을 갈아엎는 것이다.

성령의 세례, 마음의 할례는 마음 가죽을 베고 마음의 묵은 땅을 갈아 엎는 것이다. 그렇게 함으로써 성령께서 우리의 마음을 치유해 주셔서 우리의 옛사람, 옛 자아, 옛 성품, 옛 습관이 죽고 거듭나는 것이다.

성령 세례의 증거

첫째, 감정의 변화

막힌 담이 허물어지고, 막힌 수도관이 뚫린 것 같은 감정의 시원함, 상쾌함이 있다. 감정의 긍정적 변화다. 몸과 마음이 가벼워지고 후끈해진다.

둘째, 성품과 인격의 변화

성령 세례는 마음의 할례이고, 이것은 성령의 외과수술이다. 외과수술이기 때문에 마음의 질병을 도려내는 것이고, 마음의 상처를 도려내는 것이며, 마음의 종기를 잘라내는 것이다. 병들고 상처 나고 고장 난 마음의 악성 세포를 수술해 내는 것, 마음의 암세포를 제거하는 것이다.

셋째, 세속적인 사람에서 영적인 사람이 되는 것이다.

인본주의, 사람 중심의 사람이 신본주의, 하나님 중심의 사람이 된다. 세상적이며 세상 것에만 목숨을 걸고 사는 사람이 영적이며 신앙적이 된다. 성령 세례를 받기 전 제자들은 지극히 인간적이고 자기중심적이고 세상적이었다. 예수님 뒤에서 출세나 성공, 지위 때문에 다투었다. 자신의 성공, 생명을 위해 예수님을 부인하고 배신했던 제자들이 전도자, 선교사, 순교자가 됐다.

넷째, 삶의 목적, 자세의 변화

성령의 세례를 받는 자들에게는 정신, 사상, 삶의 목적이 바뀌는 변화가 있다. 분명한 천국의 소망을 가지고 천국의 소망을 위해 투자한다. 자기 자신만을 위해서 살았던 사람이 이제 성령의 세례가 임하면 주님을 위해 살고 신앙 공동체를 위해 헌신한다.

성령 세례의 실제

첫째, 하나님의 약속을 믿는 것이다.

"내가 너희를 여러 나라 가운데에서 인도하여 내고 여러 민족 가운데에서 모아 데리고 고국 땅에 들어가서 맑은 물을 너희에게 뿌려서 너희로 정결하게 하되 곧 너희 모든 더러운 것에서와 모든 우상숭배에서 너희를 정결하게 할 것이며, 또 새 영을 너희 속에 두고 새 마음을 너희에게 주되 너희 육신에서 굳은 마음을 제거하고 부드러운 마음을 줄 것이며, 또 내 영을 너희 속에 두어 너희로 내 율례를 행하게 하리니 너희가 내 규례를 지켜 행할지라(에스겔 36: 24-27)."

하나님께서는 깨끗한 그릇, 정결한 그릇, 구별된 그릇을 사용하시기 위해 성령의 세례를 약속하셨다. 이 약속을 믿고 의지하고 붙잡아야 한다.

둘째, 성령의 세례를 간절히 사모해야 한다.

이것이 가장 중요하다. 현실에 안주해서 무관심하지 말고 간절히 사모해야 한다. 사모하되 마음, 성품, 성격, 인격의 치유를 기대하며 사모해야 한다. 사모하되 간절히 사모해야 한다. 진심으로 사모해야 한다.

셋째, 결단의 기도, 집중 기도가 있어야 한다.

그 한 주제의 기도에 모든 것을 걸어야 한다.

"여자들과 예수의 어머니 마리아와 예수의 아우들과 더불어 마음을 같이하여 오로지 기도에 힘쓰더라(사도행전 1: 14)."

하나님께서는 성도들이 마음을 같이해 합심 기도하면 기뻐하신다. 마음, 정신을 하나로 모으고 오로지 기도에 힘써야 한다. 영적 지도자들, 성령 세례를 경험한 지도자들은 모두 다 이런 절규가 있었다. 제자들이 소리치며 울부짖어 절규한다. 이를 위해 집중 기도, 결단의 기도가 필요하고, 오직 성령 세례를 위해 철야 기도, 금식 기도, 산 기도, 새벽 작정 기도, 저녁 작정 기도, 상번제 기도 등에 동참하는 것이 중요하다.

성령의 감동(靈交)

영성의 단계, 성령의 과정 네 번째는 성령의 감동을 경험하는 것이다. 이것은 영적 교제이며, 영교(靈交)라고 한다. 성령의 감동이란 무슨 의미인가. 우리는 종종 "와! 감동이다" "와! 완전 짱이다"라는 표현을 한다. 깜짝 놀랄 만한 일이 있을 때 이런 표현을 쓴다. 성경의 의미 역시 비슷하다. 감동이란 '들어 올리다' '열망하다' '돌진하다' '고무되다' '흥분되다' '기분이 업되다'라는 의미다. '강하게 돌진하는 것'이다. 성령의 감동이란 하나님의 신에 붙들려 하나님의 열정으로 가득한 것이다. 하나님의 신에 붙들렸다는 것은 세상의 말로 하면 '신들린 사람'이다.

신들린 사람은 인간적 지혜와 재능과 능력을 초월한 사람을 의미한다. 신들린 것과 같은 사람은 신들린 숫, 신들린 연기, 신들린 연주, 신들린 샷 등을 나타내는데 이런 것을 통틀어 신바람이라고 표현하기도 한다. 성령의 열정에 붙들린 자, 하나님은 이런 사람을 찾고 계신다. 성령께 전적으로 붙잡힌 사람이다. 하나님은 이런 사람에게 사명을 주시고, 이런 사람을 크고 귀하게 사용하신다.

"바로가 그의 신하들에게 이르되, 이와 같이 하나님의 영에 감동된 사람을 우리가 어찌 찾을 수 있으리요 하고(창세기 41: 38)"

"사무엘이 기름 뿔병을 가져다가 그의 형제 중에서 그에게 부었더니 이 날 이후로 다윗이 여호와의 영에게 크게 감동되니라(사무엘상 16: 13)."

성령의 감동으로 사는 삶

첫째, 성령의 감각으로 사는 것이다.

성령께서 느끼신 것처럼 느끼는 것이며, 성령께서 생각하신 것처럼 생각하고, 성령께서 보신 것처럼 보는 것, 성령께서 아파하시는 것처럼 아파하는 것, 성령께서 기뻐하시는 것처럼 기뻐하는 것, 성령께서 말씀하신 것처럼 말하는 것, 성령의 지각·미각·후각·촉각·시각을 가지는 것, 삶과 사역에서 성령님을 느끼고 교감하며 사는 것이다. 교회 공동체 역시 서로 성령님의 감동, 교감, 성령님의 생각, 느낌을 갖는 것이 매우 중요하다. 이런 성령의 감동이 없이 사람들의 생각과 감정을 앞세우기 때문에 교회에서 다툼과 분쟁이 일어난다. 서로 기도하고 성령의 감동으로 생각이 모이면 그만 놀랄 수밖에 없고, 성령의 감동임을 고백할 수밖에 없게 된다.

둘째, 성령의 관점을 가지는 것이다.

사람의 마음과 생각 속에는 어려서부터 형성된 생각의 틀, 사고의 틀이 있다. 이 때문에 똑같은 세상, 똑같은 사건, 사고를 평가하고 이해하는 것이 다르다.

분석적인 사람은 모든 사람과 환경을 비판적으로 본다.
총체적인 사람은 모든 사람과 환경을 긍정적으로 본다.
부정적인 사람은 모든 사람과 환경을 부정적으로 본다.
긍정적인 사람은 모든 사람과 환경을 좋은 감정으로 보려고 한다.

서로의 관점, 틀이 다르기에 싸우고 다투게 된다. 그래서 성령의 눈으로 보고 이해하는 것이 중요하다. 성령께서는 어떻게 보실까. 성령께서는 어떻게 이해하실까. 성령께서는 어떻게 하실까. 이것이 중요하다. 내 생각, 내 생각의 틀, 내 기준, 내 것대로 사람을 판단하고 환경을 판단하는 것이 아니라 성령의 눈, 관점을 가져야 한다. 성령의 감동, 느낌, 성령의 교감, 관점이 있으면 가정 공동체나 교회 공동체가 하나 되고 행복을 누리게 된다.

셋째, 성령의 열심과 열정을 가지는 것이다.

"제자들이 성경 말씀에 주의 전을 사모하는 열심이 나를 삼키리라 한 것을 기억하더라(요한복음 2: 17)."

제자들은 예수님의 열심을 기억한다. 예수님은 성령의 열심과 성령의 감각을 가지셨다. 성령님께 감동된 모습이 열심, 열정이다. 열심은 헬라어로 '젤로스(ζῆλος)'로 '주전자에 물이 끓는 것' '삼킨다' '소멸된다'는 의미다. 성전을 사모하는 마음이 끓어 자신을 태우는 것이다. 내가 하나님의 열심으로 너희를 위하여 열심을 내노니, 성령의 감동·열심·열정이 있으면 가슴이 뜨거워진다. 가만 있을 수 없어서 성령의 불타는 열정으로 최선을 다한다.

성령의 인도(靈從)

성령의 인도하심을 받아 살아가는 것은 성령님과 영적 지혜를 나누는 것으로 이것 역시 이론이나 지식이 아닌 우리가 날마다 경험해야 하는 실제다. 성령의 인도하심 없이 살고 있다면 하나님과 상관없이 내 맘대로 살고 있는 것이다. 성령의 감동이나 인도하심 없이 내 마음대로, 내 감정대로, 내 기분대로, 내 생각대로, 내 방법대로 살기 때문에 불안하다. 두렵고 실패한다.

사람들이 신앙생활을 하고 세상을 살아가면서 성령의 인도하심을 반드시 받아야 할 이유가 무엇인가.

우리는 우리의 앞길을 알 수 없기 때문이다. 사람은 누구나 자기의 앞

길을 알지 못한다. 그래서 두렵고 불안하다. 자신의 앞길이 불안하고 두렵기에 점을 치고, 사주나 운세를 보곤 한다.

그래도 그런 것으로 안심이 되지 않기 때문에 노심초사한다. 우리 앞에 사고가 있다는 것을 안다면 누가 당하겠는가. 우리는 단 5분 후의 일도 알지 못한다. 어느 길이 안전하고 형통한 길인지, 어느 길이 위험한 길인지 알지 못한다. 그러나 성령께서 정확하게 알고 계시기 때문에 성령의 인도하심을 따라 살면 위험한 길은 피하게 하시고, 안전하고 평안하고 형통한 길로 인도해 주신다.

그렇다면 성령의 인도하심을 받는 실제적 삶은 무엇인가.

첫째, 성령의 지시를 받는 것이다.

성령의 지시를 받는다는 것은 성령의 가르치심을 받는 것이며, 성령의 명령을 받는 것이며, 성령의 말씀을 받는 것, 성령의 묵시를 받는 것이다.

"그가 주의 그리스도를 보기 전에는 죽지 아니하리라 하는 성령의 지시를 받았더니(누가복음 2: 26)"

성령께서 직접 세미한 음성과 말씀을 주실 수도 있고, 설교자들을 통해 말씀하시기도 한다.

둘째, 마음의 매임, 묶임을 받는 것이다.

"보라 이제 나는 성령에 매여 예루살렘으로 가는데 거기서 무슨 일을 당할는지 알지 못하노라. 오직 성령이 각 성에서 내게 증언하여 결박과 환난이 나를 기다린다 하시나 내가 달려갈 길과 주 예수께 받은 사명, 곧 하나님의 은혜의 복음을 증언하는 일을 마치려 함에는 나의 생명조차 조금도 귀한 것으로 여기지 아니하노라(사도행전 20: 22-24)."

'성령에 매여' '오직 성령이 각성에서 내게 증언하여' 우리 마음이 성령님께 묶이고 매이는 것은, 우리 마음이 성령님께 붙잡힌 바 되는 것이다. 즉 우리 마음에 엄청난 부담감을 주시는데, 이것은 거룩한 부담감이다. 성령께서 우리 마음을 꼭 붙들어 버리시면 그 일을 하지 않고는 결코 평안할 수가 없게 된다. 우리가 순종할 때 마음의 부담감이 사라지고 큰 평안, 기쁨이 온다. 마음이 매이고, 묶이고, 붙들린 것을 사도 바울은 성령께서 우리 마음에 소원을 두신 것으로 표현한다.

"너희 안에서 행하시는 이는 하나님이시니 자기의 기쁘신 뜻을 위하여 너희에게 소원을 두고 행하게 하시나니(빌립보서 2: 13)"

하나님께서 하나님의 영이신 성령을 통해 우리 안에서 행하신다. 행하시는 것은 능력 있게 일하시며 성령께서 그렇게 능력 있게 우리 속에서 역사하시되, 우리의 마음에 소원을 두신다. 하나님께서 기뻐하시는 일을 하게 하시는 의지를 주시고, 반드시 그것을 하고 싶은 불타는 마음을 주신다.

셋째, 성령의 인도하심을 받는 것은 성령의 이끌림을 받는 것이다.

성령의 인도하심을 따라 사는 것은 성령의 이끌림을 받아 사는 것이다. 성령께서 이끄신 대로 이끌려가고 순종하는 것이며 따라가는 것이다. 인간적인 고집을 부리지 않는 것이다. 우리 속에는 언제나 두 마음이 싸운다. 육체의 욕심과 성령의 감동, 두 마음이 끊임없이 갈등한다. 이런 갈등 속에서 성령의 강한 이끄심에 순종하는 것이 성령의 인도하심을 받는 것이다. 하나님은 꿈을 통해서도 인도하신다.

성령 충만(靈性)

20세기 후반을 살아오면서 교회에서나 강의 중에서 가장 많이 사용하는 용어 중 하나가 바로 '영성(靈性)'이다. 교회에서 성도들이 지닌 신앙의 자세를 판단할 때 '영성'이라는 잣대를 사용한다. 그 사람은 영성이 있다 없다로 판단하는데, 이 '영성'이란 말이 집중적으로 사용되다가 이어령 장관이 예수를 믿고 《지성에서 영성으로》라는 책을 출판하면서 기독교의 영성이 집중적으로 조명받게 됐다.

그러나 '영성'을 두고 오해가 많다. 왜냐하면 '영성'이란 단어는 원래 기독교에서 사용하는 언어가 아니라 이교도들이 사용한 용어였기 때문이다. 기독교의 영성이란 아직도 '이것이다' 하는 정의를 내리기 어려운 상태다. 영성에 대한 책을 주로 저술한 오성춘 장신대 교수는 영성은 정의할 수 없다고 표현했다. 요단강의 성령 경험에서 중요한 단계는 영성(spirituality)이다. 영성을 기독교적으로 이해하는 것이 중요하고, 영성을 성경적으로 이해하는 것이 중요하다.

성경적 영성, 기독교적 영성은 무엇인가.

기독교의 영성은 육적(fleshly), 세속적(worldly)의 개념과 대비되는 것이다. 이는 한마디로 표현하면 성령 충만이다. '영성이 있다 없다' '영성이 충만하다 없다' '영성이 강하다 약하다'는 말은 '성령이 충만하냐 아니냐'의 차이다. 성령 충만은 영성이 좋은 것으로 이해한다.

그렇다면 성령 충만이란 무엇인가.

성령 충만에서 '충만'이란 말은 언어적으로 해석하면 플레루스데($\pi\lambda\eta\rho o\acute{u}\sigma\Theta\epsilon$)다. 이는 '만족하다' '성취하다' '완성하다' '평평하게 되다'라는 뜻이다. 성령 충만이란 성령으로 만족되고, 성령으로 완성되고, 성령으로 성취돼 가고, 성령으로 감화돼 가는 것이다. 성령 충만은 우리의 성품, 인격과 관계돼 있다는 것이 중요하다.

사도 바울은 성령 충만을 술 취한 성품, 인격에 비유하고 있다. 왜냐하면 술이 충만한 사람은 자신의 사리 판단이나 의지와 상관없이 술의 지배를 받기 때문이다. 성령으로 충만한 사람들은 자신의 감정, 고집을 꺾고 오직 성령의 지배, 통치를 받아 살아간다.

"술 취하지 말라. 이는 방탕한 것이니 오직 성령으로 충만함을 받으라 (에베소서 5: 18)."

술 취한 인격은 무엇인가. 술 취한 인격은 한마디로 사람다움을 포기한 인격이고, 짐승 같은 인격이다. 그저 술이 지배하는 대로 사는 것이다. 그러나 신앙 공동체 안에 있는 성도들 가운데 술 취하지 않았지만 술 취한 것 같은 인격을 가진 자들이 있다. 정말 사람의 상식을 벗어난 성도들이 있다. 기본 인격이 안 된 자들이다. 이것이 교회 안에서 큰 문젯거리다. 이런 자들 때문에 에베소 교회는 심각한 문제에 휩싸였다. 성경은 자주 성령 충만을 술 충만, 술 취함에 비유하고 있다.

"또 어떤 이들은 조롱하여 이르되 그들이 새 술에 취했다 하더라(사도행전 2: 13)."

결국 성령 충만은 성령의 지배, 다스림, 통제를 받는 것이다. 이로 인해 성령의 사상, 인격, 성품, 정신을 갖는 것이다. 성령의 정신, 사상, 인격을 가져야 우리의 성품, 인격이 변화한다. 성령의 인격, 인품은 감사, 화목이다. 또한 성령의 열매다. 이 성령의 열매는 성품, 인격의 문제다.

성령 충만을 받지 못한 이유는 무엇인가.
첫째, 상처 난 자아, 병든 자아 때문이다.

이 자아가 성령의 생각과 충돌해 순종하지 못하게 한다. 우리의 상처 난 감정이 조금만 도전받고 무시당하면 섭섭하고 억울한 감정 때문에 분노, 혈기, 대적의 태도를 드러낸다.

둘째, 교만 때문이다.

우리가 교만하기 때문에 성령을 의식하지 못한다.

셋째, 습관화된 죄 때문이다.

타성에 젖은 죄 때문에 전혀 죄의식이 없다. 성령과 상관없이 습관적인 죄대로 살아간다.

넷째, 세상을 사랑하기 때문이다.

성령 충만의 실제는 무엇인가.

첫째, 성령의 성품과 인격을 간절히 사모해야 한다.

자신의 습관적인 죄, 병든 성품, 상한 감정, 고장 난 성격, 이런 것이 치료되기를 간절히 사모하는 것이다. 그러면 성령을 의식할 수밖에 없다.

둘째, 습관적인 죄, 마귀의 감정과 대적해야 한다.

셋째, 성령께 간구하고 전적으로 의탁하는 것이다.

성령 은사(靈敏)

성령의 은사를 받는 것은 영민한(靈敏) 것이다. 영민하다는 것은 다른 말로 하면 영재, 영특하다는 것이다. 영재교육, 이것은 세상적이지만 하나님의 일꾼들은 영적 영재가 돼야 하고, 영민하고 영특해야 한다. 세상에서는 영재교육을 받고 지식을 많이 쌓아야 영민한 사람이 되고, 영특한 사람이 된다고 생각한다.

그러나 성경은 성령의 은사와 지혜가 임해야 한다고 말씀하신다. 그래서 신앙 공동체 일을 하다 보면 가슴이 저리도록 답답한 사람들이 있다. 세상적 지혜와 지식이 있음에도 공동체 일을 너무나 지혜롭지 못하게 하는 것은 성령의 은사가 없기 때문이다.

은사란 무엇인가

헬라어로 '선물' '자질 부여' '신비한 능력' '하나님께서 주신 영적 능력' '비상한 능력' '특별한 재능'이다. 그 사람에게만 주신 특별한 재능인 것이다. 하나님께서 그의 자녀들에게 다 이런 재능과 은사를 주셨다. 그러므로 하나님께서 내게 주신 은사를 발견하는 것이 중요하다. 남보다 좀 더 잘하는 것, 다른 사람들이 보지 못하는 것을 보는 것, 재미있는 것, 보람되게 느껴지는 것, 열매가 있는 것들이 성령께서 내게 주신 은사다.

은사를 주신 목적은 무엇인가

우리가 성령의 은사에 대한 말씀을 받으면서 성령 은사의 목적을 분명히 해야 한다. 다른 성도들이 가진 은사를 부러워하지 말아야 하고, 시기·질투하거나 욕심을 부리거나, 교만하거나 남용해서는 안 된다. 하나님께서 은사를 주신 목적은 그리스도의 몸을 세우고 온전케 하고(고린도전서 12: 27), 하나님의 영광을 위해, 덕을 세우고 교회를 돌보기 위해(고린도전서 12: 25, 14: 3-11, 14: 12), 오직 섬김(고린도전서 12: 7)으로 다른 사람을 유익하게 하며, 증인의 삶을 살아가게 하기 위함이다. 은사는 다른 사람을 세우고 교회를 바르게 섬기고 세워가도록 주신 것이기 때문에 자랑하거나 교만하지 말아야 한다.

성령께서 은사를 주시는 원칙은 성령님의 기쁘신 뜻대로 주신다(고린도전서 12: 11)는 것이다. 그리고 사모하는 자들(고린도전서 12: 31, 14: 1), 겸손한 자들, 기도자들, 은사를 잘 사용하는 자들에게 주신다. 은사를 잘 사용해 열매를 맺는 자들에게는 더 큰 은사를 주시지만 은사를 받았어도 하나님의 사명과 사역에 게으르고 나태하면 은사를 거두어가시고 책망도 하신다.

"다섯 달란트 받았던 자는 다섯 달란트를 더 가지고 와서 이르되 주인이여 내게 다섯 달란트를 주셨는데 보소서 내가 또 다섯 달란트를 남겼나이다. 그 주인이 이르되 잘했도다 착하고 충성된 종아, 네가 작은 일에 충성하였으매 내가 많은 것을 네게 맡기리니 네 주인의 즐거움에 참여할지어다 하고(마태복음 25: 20-21)"

성령의 기름 부으심(靈力)

기름 부으심의 중요성

성령의 기름 부으심은 성령의 역사 가운데 매우 중요한 단계다. 성령의 임재, 내주, 은사, 세례, 이런 것은 일회적으로 끝나는 것이지만 성령의 기름 부으심은 우리의 모든 사역 위에 계속 나타나야 한다.

구약시대의 일꾼들은 모두 다 '기름 부음'을 받은 자들이다. 구약시대에 왕, 제사장, 선지자들은 반드시 기름 부음을 받았다. 이 기름 부음이 예수님께서 오심으로써 성령의 기름 부으심으로 성취됐다. 제자들의 사역은 성령의 기름 부으심을 받은 이전과 이후로 구별된다. 성령의 기름 부으심이 임하기 전에는 교만하고 다투고 지극히 인간적이고 세상적이다. 예수님을 유대인의 왕으로 세우고자 하는 생각도 있었다.

그래서 예수님께서 로마의 군인들에게 붙잡혔을 때 예수님을 홀로 두고 도망치고 외면하고 모른다고 부인했다. 그러나 제자들이 약속하신 성령의 기름 부으심을 경험한 후에는 전혀 다른 일꾼이 됐다. 능력의 복음을 전하고, 핍박받는 것을 두려워하지 않고 엄청난 기적과 이적을 행하고, 끝내 순교자들이 됐다.

성령의 기름 부으심은 하나님의 사역뿐만 아니라 우리가 하는 사회 일, 직장 일에도 성령의 기름 부음이 있어야 한다. 이것이 없이는 무능하고 무기력한 사람이 되고 만다. 성령의 기름 부으심을 받아야 직장에서도 지혜로운 일꾼으로 인정받는다.

성령의 기름 부으심은 무엇인가

구약에서 기름 부으심의 의미는 무엇이며, 신약에서 기름 부으심의 상징·예표는 무엇이고 왜 하나님의 일꾼들에게 기름 부으심이 필요한가.

첫째, 구약에서 기름은 사랑과 돌봄, 기쁨과 만족, 평안과 안식, 존경, 화평, 회복의 의미였다.

이만큼 많은 의미와 상징을 가지고 있기에 기름 부음은 너무나 중요한 것이다.

둘째, 기름 부음은 치유의 상징이다.

"제자들이 나가서 회개하라. 전파하고 많은 귀신을 쫓아내며 많은 병자에게 기름을 발라 고치더라(마가복음 6: 12-13)."

기름은 치유의 도구다. 기름 부으심은 치유인데 성령의 기름 부으심은 성령의 치유, 성령의 수술, 영적 치유다. 예수님께 성령의 기름 부으심이 임하신 것 역시 치유하시기 위함이다.

"너희 중에 병든 자가 있느냐. 그는 교회의 장로들을 청할 것이요, 그들은 주의 이름으로 기름을 바르며 그를 위하여 기도할지니라(야고보서 5: 14)."

성령의 기름 부으심은 치유의 기적이다. 이 치유는 육체의 치유만이 아닌 우리 전인격의 치유다. 성령이 넘치도록 부어지면 치유의 기적이 일어난다. 그러므로 성령으로 기름 부어져 성도들의 전인격이 치유되는 기적을 경험하게 해야 한다.

셋째, 기름은 능력의 상징이다.

성령의 기름 부으심의 경험은 영력(靈力)이다. 영력이란 영적 능력이며 이른바 '영발'이다.

"주께서 내 원수의 목전에서 내게 상을 차려주시고 기름을 내 머리에 부으셨으니 내 잔이 넘치나이다(시편 23: 5)."

왜 원수가 지켜보고 있을 때 머리에 기름을 부어주셨을까? 원수 앞에서 싸우고 대적할 힘과 능력을 주시는 것이다. 성령의 기름 부으심은 성령의 권능, 능력을 주시는 것이다.

"오직 성령이 너희에게 임하시면 너희가 권능을 받고(사도행전 1: 8)"

이것은 실제적인 것이다. 삼손, 다윗 등은 성령의 기름 부으심이 임하자 곰, 사자를 죽였다. 성령의 기름 부으심이 있을 때 마귀에게 눌린 사람들도 치유할 수 있다. 우리에게 성령의 기름 부으심이 있어야 하고, 성령의 권능과 능력이 있어야 한다.

성령의 기름 부으심의 목적

첫째, 악령과 대적하고 영적 승리를 위한 것이다(사도행전 10: 38, 요한복음 3: 34).

둘째, 하나님을 높이기 위함이다(사도행전 10: 44-46).

셋째, 사역의 열매를 위함이다.

넷째, 말씀의 능력을 위함이다.

다섯째, 전인적 치유를 위함이다(누가복음 4: 18).

여섯째, 증인의 삶을 위함이다(사도행전 1: 8, 누가복음 4: 19, 사도행전 5: 32).

성령의 기름 부으심의 비밀 (사도행전 2: 14, 2: 21)

오순절의 성령강림은 베드로에게나 제자들에게 대단히 크고 놀라운 감동이었다. 그들 역시 급하고 강한 바람처럼 갑자기 임재하신 성령강림을 본 것도 처음이었고, 성령강림을 경험한 것도 처음이었기 때문이다. 오순절에 예루살렘 한 다락방에서 일어난 이 엄청난 영적 경험은 역사 속에서 획기적 사건이다. 2000년 전 예루살렘 한 다락방에서 일어난 성령의 역사는 성령의 감동, 세례, 기름 부으심이 동시에 일어난 사건이다.

성령의 기름 부으심을 받는 비밀은 무엇인가.

첫째, 하나님의 언약과 약속을 믿고 사모하는 것이다.

"하나님이 말씀하시기를, 말세에 내가 내 영을 모든 육체에 부어주리니 너희의 자녀들은 예언할 것이요, 너희의 젊은이들은 환상을 보고 너희의 늙은이들은 꿈을 꾸리라. 그때에 내가 내 영을 내 남종과 여종들에게 부어 주리니 그들이 예언할 것이요(사도행전 2: 17-18)"

이 말씀은 구약 요엘서 2장 28-29절에 예언된 말씀이다. 이 예언의 말씀이 오순절 날 예루살렘 한 다락방에서 이루어졌다. 예수님께서 오신 후에 이런 예언의 말씀들은 놀랍게 성취됐다. 예수님 또한 성령 보혜사를 보내실 것을 여러 번 말씀해 주셨다. 성령을 부어주시되 '모든 육체' '만민에게' 부어주시겠다 언약하시고 예언해 주셨다.

이 언약·예언·약속의 말씀을 믿고 한 다락방에 모여 사모하며 기다리는 자들에게 성령의 기름 부으심이 임했다. 그날 그 방에 있던 모든 자에게 말이다. 이 하나님의 언약·예언·약속이 성취되고, 예수님의 언약·예언·약속이 성취된 것처럼 오늘 우리에게도 성취됨을 믿어야 한다. 약속을 믿고 사모하며 기대해야 한다.

둘째, 하나님의 말씀, 복음을 들을 때 성령의 기름 부으심이 임한다.

"베드로가 이 말을 할 때에 성령이 말씀 듣는 모든 사람에게 내려오시니 베드로와 함께 온 할례받은 신자들이 이방인들에게도 성령 부어주심으로 말미암아 놀라니 이는 방언을 말하며 하나님 높임을 들음이러라(사도행전 10: 44-46)."

백부장 고넬료는 말씀을 들되 하나님을 경외하며 말씀을 지극히 사모하는 마음이 있었다. 이 말씀이 놀라운 것은 오순절 날 다락방에 모인 모든 자에게 성령이 부어진 것처럼 고넬료의 집에 있는 모든 사람에게 부어졌다. 놀라운 일이다. 베드로에게도 충격이다. 고넬료는 이방인임에도 불구하고 제자들에게 임한 것과 동일한 성령의 부어지심이 임했다. 엄청나게 쏟아부어 주시는 은혜. 지금도 복음이 선포되고, 십자가의 말씀이 선포되면 성령이 부어진다.

셋째, 성령의 기름 부으심은 이미 성령을 경험한 영적 지도자들에게 안수를 받을 때 임했다.

"이르되 너희가 믿을 때에 성령을 받았느냐 이르되 아니라 우리는 성령이 계심도 듣지 못했노라(사도행전 19: 2)."

이들은 이미 예수 그리스도를 믿고 있는 자들이기 때문에 성령의 임재, 내주하심이 있는 것은 당연하다. 다만 깨닫지 못하고 있으며 강력한 기름 부음을 경험하지 못한 것이다. 그러나 사도 바울이 안수하매 성령의 기름 부으심이 임했다.

"바울이 그들에게 안수하매 성령이 그들에게 임하시므로 방언도 하고 예언도 하니(사도행전 19: 6)"

넷째, 기도다. 모든 것을 다 거는 기도, 작심, 작정한 기도다.

목적을 분명히 하고 간절하게 끝까지 포기하지 않는 기도가 중요하다.

"예루살렘에 있는 사도들이 사마리아도 하나님의 말씀을 받았다 함을 듣고 베드로와 요한을 보내매 그들이 내려가서 그들을 위하여 성령받기를 기도하니 이는 아직 한 사람에게도 성령 내리신 일이 없고, 오직 주 예수의 이름으로 세례만 받을 뿐이더라. 이에 두 사도가 그들에게 안수하매 성령을 받는지라(사도행전 8: 14-17)."

성령의 조명(靈感)

성령의 조명이란 무엇인가.

조명(illumination)은 글자 그대로 빛을 비추는 것이다. 무대조명은 빛을 비추되 무대 중앙에서 연기하는 특정 인물 한 사람에게만 비추는 것을 의미한다. 성령의 조명이란 성령께서 우리에게 주는 영의 지혜라고 할 수 있다. 곧 성령께서 우리에게 영적 빛을 비추어주셔서 영적 진리를 깨닫고 발견하게 해주시는 것이다. 이 성령의 조명은 다른 말로는 성령의 섭리, 성령의 감각, 성령의 지혜라고 할 수 있다. 곧 성령께서 사람들에게 영적 지혜와 신적 지혜를 주시는 것이다.

성경에는 두 가지 지혜를 말씀하고 있다. 이 세상 지혜와 영적 지혜, 통치자들의 지혜와 하나님 종들의 지혜, 영적 지도자들의 지혜. 그리고 없어질 지혜와 영원한 지혜, 마귀의 지혜와 하나님의 지혜. 영적 지혜, 신적 지혜, 하나님의 지혜를 가지는 것이 바로 성령의 조명이다. 이 성령의 빛, 조명이 있어야 영적 지혜자가 된다. 이 성령의 조명 단계를 '영감(靈感)'이라고 한다. 영감은 성령의 빛이 비추어짐으로써 영적 감각을 갖는 것이고, 영적 세계를 깨닫는 것이다.

성령의 조명을 성경의 말로 하면 성령의 계시, 예언이다. "오직 하나님이 성령으로 이것을 우리에게 보이셨으니(고린도전서 2: 10)." 조명은 헬라어 아포칼륍토(ἀποκαλύπτω)로 '나타내다' '계시하다'이다. 성령은 지혜의 영이시며, 계시의 영이시다.

"우리 주 예수 그리스도의 하나님, 영광의 아버지께서 지혜와 계시의 영을 너희에게 주사 하나님을 알게 하시고(에베소서 1: 17)"

성령은 지혜와 계시의 영이시다. 따라서 성령의 조명, 계시가 있어야 영적으로나 세상적으로나 지혜자가 되며 하나님의 뜻과 계획을 깨달을 수 있다.

성령의 조명, 영감으로 사는 것은 무엇인가

첫째, 하나님의 말씀과 뜻을 깨닫는 것이다.

성령의 조명이란 말은 종교개혁 당시 루터나 칼뱅, 녹스 같은 종교개혁

자들이 처음 사용하기 시작했다. 왜냐하면 그때까지만 해도 로마 가톨릭은 성경을 교회에만 두고 신부들만 해석할 수 있다고 했다. 그러나 종교개혁자들은 성령께서 조명해 주시면 누구든지 성경을 이해할 수 있게 된다고 믿었다. 성령의 빛이 비추어져야 말씀이 바르게 깨달아진다고 믿었다.

"오직 하나님이 성령으로 이것을 우리에게 보이셨으니 성령은 모든 것, 곧 하나님의 깊은 것까지도 통달하시느니라. 사람의 일을 사람의 속에 있는 영 외에 누가 알리요. 이와 같이 하나님의 일도 하나님의 영 외에는 아무도 알지 못하느니라. 우리가 세상의 영을 받지 아니하고 오직 하나님으로부터 온 영을 받았으니, 이는 우리로 하여금 하나님께서 우리에게 은혜로 주신 것들을 알게 하려 하심이라(고린도전서 2: 10-12)."

하나님의 일은 하나님의 영 외에는 아무도 알지 못한다. 하나님의 영이신 성령께서 하나님 아버지의 뜻과 마음을 우리에게 알려주셔야 한다. 따라서 순간마다 성령님을 늘 의식하고 성령님과 동행하며, 성령님으로 충만한 가운데 있어야 한다. 그래야 꼭 하나님의 뜻을 깨달아야 할 때 성령께서 깨닫게 해주신다. 성령을 잃어버리고 아무렇게나 살다가 정말 하나님의 뜻을 알고자 할 때는 잘 응답받지 못한다. 그러므로 성령의 사람이 되자. 성령께서 미리 알려주시는 것, 이것을 섭리라고 한다. 성령의 섭리를 깨닫는 것은 행복이다. 미리 피할 길을 주시고 미리 준비하게 하시고 미리 대처하게 하신다.

둘째, 성령의 조명으로 사는 것은 영적 통찰력을 가지는 것이다.

통찰력. 이 단어만 들어도 가슴이 뛴다. 영적 통찰력이 있어야 신앙에서 승리하고 세상에서도 승리할 수 있기 때문이다. 통찰력이란 어떤 것을 보고 단번에 깨달아 아는 것. 직관력이라고 할 수 있다. 즉 성령의 지시와 가르침으로 어떤 것을 딱 보고 아는 것이다. 이것을 세상 말로는 신통력이라 한다. 마치 노련한 의사들의 진단과 같은 것이다. 진맥이나 진찰, 관진을 통해 아는 것처럼 말이다. 세상의 의사나 사람들은 많은 경험과 지식을 통해 안다. 그러나 영적인 것을 깨달아 아는 것은 성령의 조명 없이는 도저히 불가능하다. 그래서 성령의 조명 없이는 세상에서 아무리 지식이 많고 박식해도 예수님을 알지 못하며, 내세도 자신의 미래도 알지 못한다. 세상의 전문가, 달인이라고 할지라도 분명한 한계가 있다. 에디슨은 "천재는 1%의 영감과 99%의 노력으로 만들어진다"고 했다. 이 말의 원뜻은 왜곡됐다. 에디슨은 99%의 노력이 중요한 것이 아니라 1%의 영감이 중요함을 강조한 것이다.

셋째, 영적 분별력을 갖는 것이다.

영적인 일은 영적인 것으로 분별된다. 그러한 일은 영적으로 분별되기 때문이다.

"육에 속한 사람은 하나님의 성령의 일들을 받지 아니하나니 이는 그것들이 그에게는 어리석게 보임이요, 또 그는 그것들을 알 수도 없나니 그러한 일은 영적으로 분별되기 때문이라(고린도전서 2: 14)."

　분별력은 어느 시대에나 중요하지 않은 때가 없었지만 요즈음은 너무나도 중요하다. 사람들이 분별력이 없어서 엄청난 손해와 사기를 당한다. 보이스피싱, 스미스피싱, 다단계 등등. 분별력이란 구별하는 능력이다. 어떤 말을 듣고 진짜와 가짜, 진실과 거짓, 성령과 악령을 구별할 수 있어야 한다.

요단강의 진단

첫째, 성령의 임재를 경험했는가.
둘째, 성령의 내주하심의 증거는 있는가.
셋째, 성령의 인치심은 받았는가.
넷째, 성령의 은사는 발견했는가.
다섯째, 성령의 인도 감동에 따라 살고 있는가.
여섯째, 성령의 권능을 경험하고 있는가.
일곱째, 성령의 충만함 아래에 있는가.
여덟째, 성령의 세례, 마음의 할례를 경험했는가.
아홉째, 성령의 기름 부으심이 있는가.
열째, 성령의 조명으로 살아가고 있는가.

요단강의 과업

|

　　　　　　요단강은 성령을 경험하는 과정이다. 성도로 거듭난 자들이 반드시 경험해야 하는 과정이다. 개개인이 성령을 단계별·과정별로 경험했는지 진단해 보고, 성령을 경험해야 한다. 교회는 이 성령의 구체적 경험 없이 인간의 지식, 경험, 자신의 지혜로만 사역하려고 할 때 문제가 야기된다.

　사람들은 누구나 성령의 임재부터 성령의 내주하심, 성령의 감동, 성령의 인도, 성령의 세례, 성령의 충만, 성령의 은사, 성령의 기름 부음, 성령의 조명까지 단계별로 자세히 공부하고, 진단해서 이 과정을 경험해야 한다. 개인별로는 자신들의 유익한 방법을 찾되 신앙 공동체는 이런 기회를 제공한다.

예수 그리스도는 이 세상에 오신 것 자체가 신발을 벗는 아픔이었다.
주님은 신발이 벗겨진 채 십자가를 지고 골고다 언덕길을
오르시며 신발이 벗겨진 채 십자가에 매달리셨다.
그러므로 우리가 주님의 제자로 부름을 받았은즉 교만과 강함의 신발을 벗고
낮아지고 깨어지고 항복해야 한다. 하나님은 자아가 강한 자를
크고 귀하게 사용하실 수 없기 때문에 자아를 깨뜨려 사용하신다.
문제는 약함이 아니라 강함이다.

PART 8

신 벗음
거듭남의 성품

네 발에서 신을 벗어라

구약시대에나 신약시대나 지금 시대나 하나님께서 사람을 사용하시는 법칙이 있다. 하나님께서는 사람을 선택하시고, 연단하고 훈련하신 후에 사용하신다.

"네 발에서 신을 벗어라."

성경에서 하나님은 모세와 여호수아에게 이 명령을 주고 있지만 모든 종, 일꾼에게 반드시 신을 벗는 연단이 있었다. 아브라함에게는 100세가 될 때까지 아들이 없고, 이삭은 이스마엘 때문에, 야곱은 형 에서 때문에, 다윗은 사울왕 때문에 지독한 신 벗음의 아픔과 연단이 있었다. 예수님은 제사장, 선지자, 율법사, 서기관, 바리새인 등을 제자로 삼으신 것이 아니라 보잘것없는 어부, 세리 등을 제자로 삼으셨다.

"네 신발을 네 발에서 벗어라."

신을 벗는 의미

지금 내가 신고 있는 신발을 벗는 것은 신앙 차원에서 어떤 의미가 있는가.

첫째, 모세에게 주신 명령은 도망자, 도피자의 신발을 벗는 것이다.

모세는 여호와 하나님의 특별한 섭리가 있어 파라오의 궁에 들어가 왕자가 됐다. 그러나 하나님의 때와 명령을 기다리지 않고, 자신의 의지로 자기 민족을 돌보려다가 애굽의 감독을 죽인 사건이 밝혀져 미디안 광야로 도망을 친다. 그는 지금까지 신고 있던 왕자의 신발, 사명자의 신발을 벗고 도망자·도피자의 신발을 신었다. 하나님께서 떨기나무 불꽃 앞으로 모세를 부르셔서 모세에게 네 발에서 신발을 벗으라고 한 말씀은 애굽에서 도망칠 때 신었던 그 비겁하고 비굴한 신발을 벗으라는 것이다. 도망자의 삶, 도피자의 삶을 버리라는 것이다. 이는 예수님을 버리고 도망쳤던 제자들을 다시 부르시는 주님의 모습이다.

문을 잠그고 숨어서 두려움에 떨고 있던 제자들에게 오셔서 평강과 성령을 선포하셨다. 사명을 버리고, 갈릴리 호수에서 고기 잡던 제자들을 다시 부르시는 모습이다.

지금, 우리에게 가장 중요한 것이 이것이다.

도망자의 신발을 벗어야 한다.
도피자의 신발을 벗어야 한다.
도망치려는 신발을 벗어야 한다.
사명을 잊어버린 신발을 벗어야 한다.
대적자의 신발을 벗어야 한다.
이기적이고 비겁하고 비굴한 신발을 벗어야 한다.
사명에 게으르고 불충한 신발을 벗어야 한다.

도망자·도피자의 신발을 벗고, 사명·소명을 회복하라는 것이다. 여호와께서 모세를 다시 사명자의 위치로 부르신 것이다. 그러나 모세는 계속 변명, 핑계를 대면서 사명을 피한다. 그리고 지금의 삶에 안주하려고 한다. 그러나 하나님은 진노하신다. 모세는 이런저런 변명을 하고 있지만 사실은 핑계에 불과하다.

"모세가 애굽 사람의 모든 지혜를 배워 그의 말과 하는 일들이 능하더라(사도행전 7: 22)."

"그의 형제의 아내가 장로들 앞에서 그에게 나아가서 그의 발에서 신을 벗기고 그의 얼굴에 침을 뱉으며 이르기를, 그의 형제의 집을 세우기를 즐겨 아니하는 자에게는 이같이 할 것이라 하고, 이스라엘 중에서 그의 이름을 신 벗김 받은 자의 집이라 부를 것이니라(신명기 25: 9-10)."

얼마나 수치스러운 일인가. 사명을 저버리면 신을 벗겨버리고 얼굴에 침을 뱉으면서 소리쳤다. '신 벗긴 자의 집', 정말로 수치스러운 일이다. 하나님의 사람들도 마찬가지다. 직분자, 사명자를 포기하면 부끄러움과 수치를 당한다. 그러므로 사명과 직분을 맡은 사람은 자신의 위치에서 헌신하며 충성하고 있어야 한다.

둘째, 신을 벗는 것은 겸손함, 낮아짐이다.

성경에서 겸손이란 세상 사람들이 말하는 것과 다르다. 성경적 겸손이란 예수께서 하나님이시면서 이 세상에 오셔서 나와 같은 사람이 되신 것처럼 내가 다른 사람과 다른 문화에 성육신하는 것이다. 또 하나 성경적 겸손은 자신이 흙임을 아는 것이다. 겸손 휴밀러티(humility)는 토양, 흙을 의미하는 휴머스(humus)에서 유래했다. 사람의 겸손은 자신이 흙에서 와서 흙에서 살다가 흙으로 돌아가는 것을 아는 것이고, 또한 인생은 흙처럼 연약한 존재임을 알고 인정하는 것이다. 이것을 알고 인정하면 낮아지고 겸손할 수밖에 없다.

예수 그리스도는 이 세상에 오신 것 자체가 신발을 벗는 아픔이었다. 주님은 신발이 벗겨진 채 십자가를 지고 골고다 언덕길을 오르시며 신발이 벗겨진 채 십자가에 매달리셨다. 그러므로 우리가 주님의 제자로 부름을 받았은즉 교만과 강함의 신발을 벗고 낮아지고 깨어지고 항복해야 한다. 하나님은 자아가 강한 자를 크고 귀하게 사용하실 수 없기 때문에 자아를 깨뜨려 사용하신다. 문제는 약함이 아니라 강함이다.

셋째, 하나님의 종, 일꾼, 노예가 된 것을 의미한다.

고대의 종들은 신을 신지 않았다. 신발을 벗음은 하나님의 종임을 인정하고 하나님께 항복, 순복하고 철저하게 종의 위치에 서는 것이다. 종, 노예에게 신발을 벗기는 것은 도망을 방지하기 위함이지만 자신이 노예임을 알고 철저하게 주인에게 순종하게 하기 위함이다.

"사람이 마땅히 우리를 그리스도의 일꾼이요, 하나님의 비밀을 맡은 자로 여길지어다(고린도전서 4: 1)."

하나님의 부르심과 선택의 은혜를 입어 하나님의 종이 되고 일꾼이 된 사람은 결코 자신이 주인인 것처럼 행세하거나 왕처럼 행세하지 말고, 노예·종의 위치에 있어야 한다. 로마시대에 종, 노예란 군대의 함선, 배 밑바닥에서 노를 젓는 자들이다. 이들은 너무나 힘들고 고통스러운 상황에서 벗어나고자 하지만 등에 채찍을 맞으며 가장 비천한 상태로 살면서 죽기까지 종, 노예를 벗어날 수 없다. 성도로서의 삶뿐만 아니라 하나님의 종, 일꾼으로 살아가면서 철저하게 하나님의 종, 하나님의 노예라는 의식을 가지고 종의 위치에 있어야 한다.

종은 철저하게 두 가지를 인식하며 살아야 한다. 하나는 종은 주인이 책임져 주신다는 것과 또 하나는 종은 철저히 순종해야 한다는 것이다.

넷째, 신을 벗는 것은 꿈과 비전을 버리는 것이다.

2000년대를 전후해 신앙 공동체마다 꿈과 비전을 가지라고 사람들을 다그쳤다. 회사도 그렇다. 입만 열면 꿈, 비전을 이야기하는 사람들을 보면 대부분 자신의 욕구와 야망으로 가득 찼음을 알 수 있다. 너무나 많은 사람이 자신의 욕구와 야망을 꿈과 비전으로 포장한다. 나의 욕망, 욕구, 야망을 투영한 꿈과 비전을 버리고, 예수님의 꿈과 비전을 가져야 한다.

여호수아 역시 모세의 뒤를 이어 이스라엘의 지도자가 돼 이제 요단강을 건너 가나안 땅에 들어가게 됐다. 그는 길갈에 진을 치고 거기서 할례를 행하고, 유월절을 지키고 차츰 여리고로 나아가려고 하면서 여호수아는 꿈에 부풀어 있었을 것이다.

아론도 모세도 밟아보지 못한 약속의 땅 가나안에 들어와서 이제 그 땅을 정복할 꿈에 젖어 있었을 것이다. 바로 그때 여호와의 사자가 나타나 여호수아에게 여호와 하나님께서 모세에게 내리셨던 똑같은 명령을 하신다.

"네 발에서 신을 벗으라." 여리고 전쟁 직전에 가나안 땅을 정복하려는 큰 꿈과 비전을 내려놓게 하신다. 여호수아는 여리고를 정탐하고 무너뜨릴 작전을 세웠지만 하나님께서 그 모든 것을 내려놓게 하시고, 하나님께서 친히 하나님의 방법으로 여리고를 정복하신다. 놀라운 감동이다. 우리가 가지고 있고 교회가 가지고 있는 꿈과 비전이라는 것이 나 자신의 욕망·야망은 아닌지, 나의 비전은 예수님의 비전인지 냉철하게 판단하자.

아브라함은 신을 벗는 연단을 받는 데 25년, 요셉은 13년, 모세는 80년, 다윗은 17년, 제자들은 3년에 걸친 신 벗음 훈련이 있었다.

다섯째, 죄악과 탐욕을 버리고 거룩한 사람이 되는 것이다.

하나님의 가장 중요한 마지막 훈련은 우리 발에서 신을 벗게 하는 것이다. 하나님은 들에서 양을 치던 모세에게 임하셔서 "네 발에서 신을 벗으라." 즉 "네 신발을 네 발에서 벗으라"라고 말씀하신다. 모세가 80년 동안 훈련을 받고 이제 마지막 평가를 받는 모습이다. 지금 모세가 서 있는 땅은 거룩한 땅이다. 여호와께서 임재하기 때문이다. 그러나 사람의 신발은 이 세상 온갖 더러운 것을 밟고 다닌다. 그래서 더러움과 죄악의 상징이기에 신발을 벗어야 했다.

하나님께서 여호수아에게 동일한 말씀을 주신 것도 같은 의미다. 여리고나 가나안 땅은 애굽 못지않게 우상숭배와 죄악이 범람한 곳이다. 남녀노소를 막론하고 우상숭배, 음란, 강포, 더러움이 가득했다. 그래서 심판, 재앙이 임박한 상태다. 하나님께서 보시기에 전혀 소망이 없는 악한 곳이다. 이런 장소에 들어가기 전에 성결과 거룩함을 준비하는 것이 무엇보다 중요하다.

모세와 여호수아는 치열한 전쟁을 통해 이곳까지 왔고, 앞으로도 많은 전쟁을 치러야 한다. 여호수아에게는 실제 치러야 하는 전쟁이지만 오늘을 살아가는 성도들은 영적 전쟁을 치러야 한다. 영적 전쟁을 치러야 하는 일꾼, 사명자에게 가장 중요한 것은 성결, 거룩함이다. 이것이 준비되지 않으면 마귀에게 발목이 잡히고 패배할 수밖에 없다. 마음과 생각 속에 있는 음란, 부정, 부패, 시기, 미움, 원망을 다 벗어버려야 한다. 마음에 거리끼는 것은 다 벗어버려야 한다.

예수의 피, 성령의 불로 다 씻어버리고 태워버려야 한다. 이스라엘 백성이 광야에서 하나님을 원망, 불평, 시험한 것은 그들의 욕심, 탐욕 때문이었다.

모세는 떨기나무 불꽃 앞에서 모든 것을 다 내려놓았다. 유일한 재산인 지팡이까지 던졌다. 그 결과 그때부터 모세의 지팡이가 아닌 하나님의 지팡이가 됐다. 가나안 정복, 여리고 공격을 앞두고 자신을 정결케 하고 자신을 내려놓고 비우는 은혜가 있어야 한다. 사도 바울은 예수그리스도를 만난 후 세상의 모든 것을 배설물처럼 여겼다. "네 발에서 신을 벗어라." 이 하나님의 음성이 우리들 가슴에 계속 들려야 하고, 그때마다 순종해야 한다. 성도들이나 개개인이 큰 계획이나 사업을 할 때도 이 말씀을 잘 기억해야 한다. 여리고성에는 탐욕적인 것이 매우 많았다. 신발을 벗는 아픔 없이는 여리고의 유혹을 이길 수 없다.

"큰 집에는 금 그릇과 은그릇뿐 아니라 나무 그릇과 질그릇도 있어 귀하게 쓰는 것도 있고 천하게 쓰는 것도 있나니, 그러므로 누구든지 이런 것에서 자기를 깨끗하게 하면 귀히 쓰는 그릇이 되어 거룩하고 주인의 쓰심에 합당하며 모든 선한 일에 준비함이 되리라(디모데후서 2: 20-21)."

더럽고 추하고 죄악으로 물든 신발을 벗어버리고 거룩하게 된다는 것은 세상 것을 버리고 세상과 구별되는 것이다. 세상 것을 멀리하는 것이다. 유행이나 세상의 명품, 세상의 아름다운 것에 관심 두지 않는다. 하늘의 것을 생각하고, 하늘의 것을 찾아야 한다.

여섯째, 하나님과 언약 또는 계약을 맺는 것이다.

우리는 모두 다 하나님과 계약을 맺어 하나님의 자녀가 됐다. 구약시대에는 여러 가지 계약 방법이 있었다. 고대에는 물물교환을 할 때나 중요한 거래를 할 때나 어떤 결정을 할 때 신발을 벗어 상대방에게 건네줌으로써 계약이 성사됐다. 이 신발은 증명이며 증거물이며 인장과 같은 것이다.

"옛적 이스라엘 중에는 모든 것을 무르거나 교환하는 일을 확정하기 위하여 사람이 그의 신을 벗어 그의 이웃에게 주더니 이것이 이스라엘 중에 증명하는 전례가 된지라 이에 그 기업 무를 자가 보아스에게 이르되 네가 너를 위하여 사라 하고 그의 신을 벗는지라(룻기 4: 7-8)."

당시 모세나 여호수아뿐만 아니라 하나님의 종들이 네 발에 신을 벗으라는 명령이 있을 때 그 의미를 잘 알고 있었다. 그래서 하나님께서 모세와 여호수아에게 네 발에서 신을 벗으라고 말씀하신 뜻을 알았다. 따라서 하나님과 언약, 계약을 맺을 수 없다면 신발을 벗어서는 안 된다. 오히려 하나님께 호소해야 한다. 사명을 감당할 그릇이 되지 못해 신발을 벗을 수 없다고 절규해야 한다. 이미 신발을 벗었다는 것은 계약이 성사된 것이다. 성도들은 모두 다 하나님과 계약을 맺은 자들이다. 예수님을 믿겠다고 고백한 것 자체가 계약이고, 세례를 받기 전 서약을 하는 것도 계약이다. 따라서 그 계약을 파기하거나 어기면 죽음이요, 멸망이다.

성경적으로 하면 성도란 '하나님과 언약을 맺은 자'란 의미다.

"이르시되 나의 성도들을 내 앞에 모으라. 그들은 제사로 나와 언약한 이들이니라 하시도다(시편 50: 5)."

성도는 하나님과 언약·계약을 맺은 자들이며, 하나님과 맺은 언약·계약을 예배를 통해 유지하는 것이다. 그러므로 성도나 직분자에게 최고의 헌신은 예배를 생명같이 귀하게 여기는 것이다.

일곱째, 자신의 권리와 소유를 다 포기하고 양도하는 것이다.

종은 자신의 소유가 없다. 그럼에도 자신의 것이라고 생각하며 아까워하는 것이 문제다. 성도는 내 것이라고 주장할 수 있는 것이 아무것도 없다. 모든 것이 주님의 것이다. 나는 청지기, 관리인, 지배인, 매니저일 뿐이다. 그래서 포기와 양도를 훈련해야 한다. 내 것이라고 쌓아두고 지나치게 사모하고 의지하면 주께서 다 거두어가시고 흩어버리실 수 있다. 자신의 권리를 포기하고, 주님께 양도하는 것은 제자 되고 일꾼 된 사람의 기본자세며 정신이다.

내 발의 신을 벗는 것은 자기를 부인하고 자기를 버리는 것이다. 자신의 권리·목적·계획을 버리며, 자신의 욕구·야망을 버리며, 세상의 유혹을 버리며, 세상과 세상에 관계되고 연결된 것을 버리는 것이다. 세상에서 의지하던 것을 끊어내는 것이다. 주님께 철저하게 양도하는 것이다.

여덟째, 하나님의 주권을 인정하는 것이다.

사람들은 하나님을 향해 "주여! 주여!" 하면서도 하나님을 주님으로 인정하는 삶을 살지 못한다. 주님을 주님으로 인정하는 삶도 살지 못한다. 기도할 때마다 주님을 부른다. "주여, 주여"는 무슨 의미인가. 단순한 주인이 아니라 "주권자여, 주재시여!"라는 의미다. 주권자, 주재란 최고의 통치자를 말한다. 여호수아는 즉시로 이것을 알고, "나의 주여, 나의 주여" 하며 순종했다. 신발을 벗는 것은 그분이 나의 주권자, 나의 왕, 나의 통치자, 나의 지배자가 되심을 인정하는 것이다. 이것을 인정해 이제 나의 뜻을 접고 하나님의 뜻에 순종하는 것이다.

나의 계획을 접고 하나님 계획에 순종하는 것, 나의 방법을 접고 하나님 방법에 순종하는 것, 나의 권리를 접고 하나님의 권리에 순종하는 것, 나의 모든 결정권을 접고 하나님의 결정을 따르는 것이다.

신 벗음의 실제: 영점(零點·Ground Zero)

영점이란 무엇인가

1945년 8월 7일 일본 히로시마에 인류 최초의 원자폭탄이 투하됐다. 도시 전체가 완전히 초토화되도록 파괴되고 황폐해져 아무것도 남아 있는 것이 없고, 온전한 것이 없었다. 핵폭탄이 떨어진 땅에 큰 구덩이가 생긴 결과를 보고 과학자들은 낙하점, 영점(Ground Zero)이라고 했다. 그러다 2001년 9월 11일 미국 무역센터가 비행기 테러로 파괴됐을 때 건물이 무너져 내려 움푹 파인 가장 낮은 곳을 또 영점(Ground Zero)이라고 불렀다. 이 낙하점이 바로 영점(Zero)이다. 아무것도 없는 상태. 이것을 영점이라고 한다. 이런 영점은 건물과 환경에만 있는 것이 아니라 사람들의 영혼에도 있고, 특별히 지도자들이나 사명자들은 반드시 거쳐야 하는 훈련 과정이기도 하다. 그러나 그 시간은 도저히 견딜 수 없는 고통이고 절망이고 아픔이며 감옥 같다.

영적 영점(Ground Zero)은 '자아의 관점'이며 자아의 관점은 나 자신이 나를 바라보는 시각이다. 정직하고 정확하게 나는 어떤 사람인지를 아는 것이다. 나는 누구인지를 바로 알고 자신을 정확하고 정직하게 바르게 보고 바르게 아는 사람이 은혜를 받은 사람이며 복 받은 사람이다.

나는 누구이며 나는 어떤 사람인가. 살다 보면 사람들은 대부분 자신의 착각 속에 살고 있다. 사람들은 대부분 자신을 과대평가하고 과대 포장해서 자신은 괜찮은 사람이며, 자신은 남보다 더 잘났고 똑똑한 것처럼 생각하곤 한다. 그래서 인간관계에 실패하고 사회에 동화되지 못한 경우도 많다. 자신만이 의롭고 바르고, 자신만이 잘할 수 있다고 착각한다. 선거에서도 자신이 꼭 적합한 사람이기에 당선해야 한다고 외친다.

그러나 대다수의 사람들이 자신을 바로 보지 못하고, 바로 알지 못하면서 엄청난 꿈, 비전, 야망, 성공 등을 추구하며 살아간다. 그러다가 실패에 실패를 거듭하고, 모든 꿈과 비전을 포기할 수밖에 없는 환경이 돼서야 자신의 진실한 모습을 발견하게 되고, 절규하며 통곡한다. 하나님께서는 우리가 우리의 참모습을 깨닫도록 실패에 실패를 거듭하도록 기다리시며 허락하고 계신다.

다윗은 누구보다 고통과 아픔 가운데 여호와 하나님께 절규했지만 여호와께서 자신의 기도에 응답하시지 않은 것 때문에 깊은 절망에 빠졌다. 밤낮으로 부르짖어도 응답이 없다. 신음해도 듣지 않으신다. 그래서 여호와께서 자신을 멀리 떠나 계시며, 자신을 버리신 것으로 생각한다.

"내 하나님이여, 내 하나님이여 어찌 나를 버리셨나이까. 어찌 나를 멀리하여 돕지 아니하시오며, 내 신음 소리를 듣지 아니하시나이까. 내 하나님이여 내가 낮에도 부르짖고, 밤에도 잠잠하지 아니하오나 응답하지 아니하시나이다(시편 22: 1-2)."

이는 하나님의 자녀들에게는 지극한 고통이다. 세상에 단 한 분 하나님만 의지하며 살아왔는데, 그 하나님께서 자녀들의 기도를 외면하시고, 자녀들의 신음 소리도 못 들은 체하시고, 자녀들의 절규에도 응답하지 않으시고, 자녀들에게서 멀리 떠나 계시고, 자녀들을 버리신 것처럼 하실 때 자녀 된 성도들은 연약하기 짝이 없고, 죄인 된 모습으로 소망이 전혀 없이 절망할 수밖에 없다. 이것이 한두 번이 아니고 길어지고 반복될 때 대부분의 사람들은 넘어지고 쓰러진다.

영점의 진리

영점의 지독한 아픔에서 우리가 반드시 깨달아야 하는 진리가 있다. 이 진리를 깨달아야 영점에서 승리할 수 있다.

첫째, 하나님의 생각과 내 생각이 다르다는 것이다.

하나님의 길과 나의 길이 다르며, 하나님의 계획과 나의 계획이 다르고, 하나님의 꿈과 나의 꿈이 다르다. 하나님의 비전과 나의 비전이 다르다는 것을 명심해야 한다.

"이는 내 생각이 너희의 생각과 다르며, 내 길은 너희의 길과 다름이니라. 여호와의 말씀이니라. 이는 하늘이 땅보다 높음같이 내 길은 너희의 길보다 높으며, 내 생각은 너희의 생각보다 높음이니라(이사야 55: 8-9)."

우리의 기도, 우리의 신음, 우리의 절규, 우리의 아픔의 울부짖음에 하나님께서 당장 응답하시지 않는 것은 하나님의 계획과 우리의 계획, 하나님의 생각과 내 생각, 하나님의 길과 나의 길, 하나님의 계산과 나의 계산이 너무나도 다르기 때문이다.

우리는 이 절망, 실수, 실패, 좌절, 버림받은 느낌, 감정, 상황을 통해 하나님의 생각과 내 생각이 너무나 다름을 깨닫는다. 그리고 비로소 자신의 참모습, 자신의 정확한 모습을 발견하게 된다. 여호와께서 일꾼을 세우고 일하시는 모습이 그렇다. 하나님 앞에서 우리의 참모습을 바로 볼 수 있어야 진심으로 겸손할 수 있다. 일꾼은 하루아침에 세워지는 것이 아니다. 일꾼은 되고 싶다고 되는 것도 아니다. 다윗은 이 아픔, 절망, 좌절, 고통을 통해 자신의 진짜 모습을 보게 된다.

둘째, 자신의 참모습을 발견하는 것이다.

나의 진짜 모습을 냉정하고 냉철하게 볼 수 있어야 한다. 성경에는 영점에서 자신의 모습을 깨닫고 고백한 사람의 모습이 많이 담겨 있다. 아브라함은 자신이 티끌, 재 같다고 고백했다.

"아브라함이 대답하여 이르되 나는 티끌이나 재와 같사오나 감히 주께 아뢰나이다(창세기 18: 27)."

다윗은 자신을 "나는 벌레요, 사람이 아니다(시편 22: 6)"라고 고백한다. 원문은 구더기로 돼 있다. 사람들이 가장 혐오하는 벌레다. 왜 다윗은 하나님의 비전을 가지고 있고, 하나님의 엄청난 기적과 승리를 경험했으면서도 자신을 이렇게 표현했을까. 당시 사람들에게 비방, 조롱, 멸시를 당하고 있었기 때문이다. 승승장구하고 전쟁에서 승리만 하던 다윗에게는 충격적인 일이다. 한때는 사울이 죽인 자는 천천이요, 다윗이 죽인 자는 만만이라는 민요를 들을 만큼 인정받은 다윗이었지만 그것은 자신의 모습이 아니었다. 사실 전적으로 하나님의 은혜였다.

그러나 지금 다윗은 자신의 참모습을 보고 있다. 하나님께서 다윗에게서 은혜를 거두시고 하나님께서 다윗을 내버려 두시고, 하나님께서 다윗에게 응답하지 않으시고, 하나님께서 다윗에게 무관심하시고, 하나님께서 다윗에게서 멀리 떠나 계신 것처럼 하시니 그제야 다윗은 자신의 참모습을 보는 것이다. 하나님의 은혜, 응답, 도우심, 돌보심, 함께하심이 없으니 자신은 벌레요 구더기 같음을 고백한다. 적어도 하나님 앞에서는 그렇다.

모세는 나는 말을 잘 못하고, 나는 입이 뻣뻣하고 혀가 둔하다고 고백한다(출애굽기 4: 10). 여호수아는 여호와의 사자 앞에 엎드렸으며, 이사야는 "화로다 나여 망하게 됐구나. 나는 입술이 부정한 사람이로다", 예레미야는 "슬프도소이다 주 여호와여. 보소서 나는 아이라 말할 줄을 알지 못하나이다"라고 호소한다. 동정녀 마리아는 "나는 비천한 여종"이라 했으며, 베드로는 "나는 죄인이로소이다. 나를 떠나소서", 세례 요한은 "나는 그의 신들기도 감당치 못한다", 사도 바울은 "죄인 중에 내가 괴수니라(디모데전서 1: 15), 나는 만삭되지 못하여 난 자 같다(고린도전서 15: 8)"고 고백했다. 그러나 사도 바울은 실제는 그렇지 않으며 인간적으로 보면 그는 당시 최고의 지성이며 엘리트요, 대단한 인물이었다(고린도후서 11: 5-6, 11: 22-23).

다만 하나님 앞에서 자신을 세워보니 그렇다고 고백하는 것이다.

하나님 앞에서 나의 참모습은 무엇인가.

하나님 앞에서 나 자신의 고백은 무엇인가.

하나님 앞에서 나의 진실한 자아는 무엇인가.

나 역시도 모든 꿈, 비전을 다 포기하고 내려놓을 수밖에 없는 때가 있었다. 그것은 내 인생을 포기한 것과 같고, 삶의 의미를 포기한 것과 같으며 사는 것이 무의미하게 됐다. 정말 30년 동안 죽도록 기도했는데 무응답, 30년 동안 신음하고 절규했는데 무응답, 30년 동안 몸부림치며 신음하며 절규했는데도 하나님은 침묵하셨다.

하나님의 침묵은 가장 두렵고 무서운 것이다.

하나님은 이스라엘 백성들에게 "버러지 같은 너 야곱아"라고 부르신다.

"버러지 같은 너 야곱아, 너희 이스라엘 사람들아 두려워하지 말라. 나 여호와가 말하노니 내가 너를 도울 것이라. 네 구속자는 이스라엘의 거룩한 이이니라(이사야 41: 14)."

아! 하나님의 지독한 침묵 때문에 하나님 앞에서 나는 버러지 같고, 티끌 같고, 지렁이 같은 존재였다. 한때는 대단한 인물인 줄 알고 교만한 때가 있었고, 그래도 괜찮은 목사라고 생각하기도 했는데, 하나님의 영점에 머물면서 버러지 같고 티끌 같고 지렁이 같은 존재임을 깨달았다. 모든 꿈·비전을 포기할 수밖에 없었고, 나는 아무것도 아님을 알았다. 지금을 살아가는 내가 매일매일 고백하는 것이다. "주님, 저는 버러지 같고 티끌 같은 존재입니다. 하나님의 은혜, 돌보심, 함께하심이 없으면 살아갈 수가 없습니다"라고 고백했다. 이것이 성도들이 매일매일 하는 고백이어야 한다. 혼자 인생 길을 살아가게 될 때는 버러지 같고 티끌과 같은 영혼의 영점을 경험하게 된다. 우리 입술로만 그렇게 고백하는 것이 아니라 마음으로부터 진심으로 그렇게 여겨야 한다.

셋째, 하나님의 약속·꿈·비전은 자연적으로 되는 것이 아니다.

다윗은 여호와 하나님으로부터 지독하게 힘들고 아프고 고통스럽고 죽을 것 같은 깨어짐의 연단을 받는다.

시편 142편 원문 표제가 1절로 되어 있다. "다윗이 굴에 있을 때 드린 기도"라고 돼 있다. 지금 다윗은 사울 왕의 추격을 피해 도망에 도망을 거듭하면서 더는 도망칠 곳이 없는 유대 광야 사해 근처 엔게디 동굴 속에 숨어 죽음의 공포로 인해 울부짖고 있다. 거기서 다윗은 분명하게 자신의 자아를 보고 있다. "나는 심히 비천합니다." "내 영혼이 옥에 있습니다(시편 142: 6-7)."

여호와께서 다윗을 아주 비굴하고 비천하게 만드신다. 가장 낮은 곳까지 낮추시며 피할 수조차 없게 하시고, 꼼짝도 못하게 하신다. 그의 비천함, 두려움, 절망, 고통이 극에 달해 있다. 그에게는 이미 여호와께서 주신 꿈, 비전, 약속이 있었다. 이미 사무엘을 통해 왕으로 기름 부어주셨다. 그에게는 이 놀라운 하나님의 약속이 있었다. 그 약속과 비전을 가지고 이스라엘을 블레셋으로부터 자유롭게 하고, 강성한 나라로 만들고자 하는 꿈이 있었다. 또 골리앗을 이기고 하나님의 이름을 존귀하게 하고, 하나님을 영화롭게 하는 신앙의 모습을 보여주기도 했다. 그러나 지금 다윗은 사울의 공격을 피해 동굴에 숨어 죽음의 공포 가운데 있다.

그는 심히 비천하고, 그의 영혼은 감옥에 갇혀 있는 것과 같이 고통스러워한다. 처절하게 낮아져 비천한 가운데 있고, 영혼이 감옥에 갇힌 것처럼 자유와 기쁨이 전혀 없는 상태다. 지극히 비천하고 영혼이 감옥에 갇혀 있어 하나님의 꿈, 약속은 다 사라지고 죽음의 고통만이 있다. 하나님이 얼마나 야속하고 원망스럽겠는가. 하나님께서 왕이 되는 꿈을 주셨고, 이미 왕으로 기름 부음도 받았다.

그러나 지금은 죽음의 상태까지 몰리게 하셨다. 영혼이 감옥에 갇힌 것으로, 영혼이 사탄, 마귀, 붉은 용의 포로가 되어 꼼짝할 수 없는 상태로 느끼고 있다. 자신이 왕이 되겠다는 것도 아니고, 그저 양을 치는 목동의 삶을 살고자 했고, 다윗의 아버지 이새까지도 다윗을 왕의 재목으로 생각하지 않았다. 그런데 하나님께서 주권적으로 왕으로 세우시고, 지금은 그를 지독하게 낮추신다.

인생을 살다 보면 하나님의 일꾼, 지도자로 부름받는 사람은 이런 극한 상태에 떨어질 때가 있고, 마음·정신·영혼이 감옥에 갇혀버린 것 같은 고통이 올 때가 있다.

하나님의 일꾼은 공짜로 우연히 자연적으로 되는 것이 아니다. 하나님께서 우리를 낮추실 때에는 어느 정도까지만 우리를 낮추시는 것이 아니라 가장 낮은 밑바닥, 더는 낮아질 수 없는 밑바닥, 더는 내려갈 곳이 없는 밑바닥, 더는 망할 것도 없는 밑바닥, 더는 더럽고 추할 것 없는 밑바닥, 더는 나빠질 수 없는 밑바닥까지 낮추신다. 그런 후에야 귀하게 사용하신다.

넷째, 나를 향한 하나님의 계획이 있다.

예수님은 병든 나사로를 금방 고쳐주실 수 있는데도 그가 점점 더 떨어져 육체가 죽어 썩어 냄새가 날 때까지 내버려두신다. 그냥 보고만 계신다. 우리의 꿈, 비전, 소원, 약속, 내게 주신 말씀, 믿음, 소망, 의욕, 사명. 이 모든 것이 썩어 냄새가 날 때까지 그 더럽고 추한 절망과 두려움의 밑바닥, 영점에 내버려두신다. 다 포기할 때까지 내버려두신다. 하나님이 약속의 말씀과 비전을 주시고도 말이다. 차라리 약속하지 않으시고 꿈과 비전을 주시지 않았으면 기대라도 하지 않았을 텐데 말이다.

그러나 우리에게 주신 영점에는 분명한 하나님의 계획이 있다. 이 영점을 통과해야 꿈, 비전을 주신 대로 사용하신다. 나를 지독하게 낮추시고 지옥까지 내려가게 하시는 하나님의 연단에는 나를 향한 하나님의 계획이 있다. 이것을 붙잡아야 한다.

아브라함, 이삭, 야곱, 모세, 요셉, 이사야, 예레미야, 바울, 베드로. 모두 다 언약, 약속을 받았지만 여호와께서 그들을 그 아프고 비극적인 최악의 밑바닥 영점까지 낮추셨다. 이 일을 여호와께서 행하셨기 때문에 여호와 하나님의 분명한 뜻과 목적과 계획이 있었다. 그러나 하나님은 그 크고 엄청난 계획을 이루시기 전에 우리의 성품과 정신을 준비시키신다.

영점의 은혜

영점은 인간적·환경적으로 보면 도저히 견딜 수 없는 지옥 같지만 영적·신앙적·결과적으로 보면 큰 은혜다.

첫째, 영점은 하나님을 깊이 경험하는 곳이다.

영점은 하나님의 능력을 경험하는 곳이며, 하나님을 만나는 곳이다. 하나님은 모든 것이 완벽하게 갖추어진 곳에 오시지 않는다. 그런 곳은 하나님이 필요하지 않기 때문이다. 그러므로 심히 미천한 곳, 비천하고, 비굴한 곳에 떨어지는 것이 은혜다. 하나님을 깊이 경험하는 은혜다. "여호와께서 높은 곳에 앉으셨으나 스스로 낮추셨다."

"가난한 자를 먼지 더미에서 일으키시며 궁핍한 자를 거름 더미에서 들어 세워 지도자들 곧 그의 백성의 지도자들과 함께 세우시며(시편 113: 7-8)"

궁핍은 그냥 가난한 것이 아닌, 가장 낮고 천해서 전혀 먹을 것이 없는 가난함이다. 압박, 핍박, 강탈당해서 가난한 것이다. 거름 더미는 오물 더미로 쓰레기 더미다. 당시에 사회에서 가장 천한 자들로 버림받은 자들이다. 이들은 정상적인 집에서 살 수 없었다. 주님은 이런 사람들에게 오신다.

예수님은 이런 곳에 오셨고, 지금도 이런 곳에 오고 계시며 앞으로도 이런 곳에 오신다. 인생의 최저점인 가장 비천한 곳, 인생의 영점인 망해

버린 곳, 인생의 영점인 티끌 같은 곳, 거름 더미, 쓰레기 같은 인생을 사는 자들, 병든 자들, 당시 사회에서 버림받은 자들에게 오신다. 자신이 완전히 실패하고 망했다고 생각하는 영점에 오신다. 이런 내 인생의 영점은 하나님을 만나는 곳이며, 예수님을 경험하는 곳이다.

양이 길을 잃어버리면 목자가 양을 찾아온다.
양이 구덩이에 빠지면 목자가 건져주신다.
양이 감옥에 갇히면 목자가 빼내주신다.
양이 지옥에 떨어지면 목자가 구원해 주신다.

이어령 교수의 인터뷰에서 "나는 문학 비평가로서 실패했다. 아버지로서 실패했다. 나는 최고의 아버지인 줄 알았다. 50년 전 딸에게 가장 예쁜 옷을 사주고 용돈도 넉넉히 주고. 그러나 비평가로 실패하고 절망에 빠지고 아버지로서 실패하고 딸에게 너무나 큰 상처와 아픔을 주었다"고 고백하며 죽어가는 딸 앞에서 절망하고 아파하며 딸에게 편지를 보냈다.

"오늘은 너의 생일이고 우연히도 내가 세례를 받은 날이다. 네가 그렇게 기뻐하는 것을 보니 너에게 최고의 생일 선물을 준 것 같구나. 아니지, 네가 나에게 선물을 준 것이다. 암에 걸렸던 너의 아픔으로 시력을 잃어가던 너의 어둠으로 나를 영성의 세계로 이끌어주었다. 네가 애통하고 서러워할 때 내 머릿속의 지식은 검불에 지나지 않았고, 내 손에 쥔 지폐는 가랑잎보다 못하다는 것을 알았다. 70 평생 살아온 내 삶이 잿불과도 같은 것이라는 것을 가르쳐준 것이다."

이것이 이어령 교수가 맞이한 인생의 영점이다. 죽어가는 딸에게 아무것도 해줄 수가 없어 그저 바라만 보고 있어야 하는 고통, 그는 그 영점에서 예수님을 만났다. 이 땅 최고의 지성이 인생의 영점에서 눈물로 예수님을 만나고 경험했다. 인생의 영점은 하나님을 경험하고, 예수님을 경험하는 시간이다.

그러나 인생의 영점에서 누구나 다 하나님을 경험하는 것은 아니다. 영점에서 하나님을 만나지 못한 채 영·혼·육이 망해 버린 사람도 수없이 많다. 미국에서 매년 60만 명이 바이패스(bypass) 수술(관상동맥 대체관 수술) 후에 반드시 새롭게 지켜야 할 준수 사항이 전달된다. 채식 위주 식단, 담배와 술을 끊을 것, 규칙적으로 운동할 것, 스트레스 줄일 것 등인데, 90%가 적응하지 못하고 이전 습관을 바꾸지 못한 채 죽음을 맞이한다. 이것이 인간의 한계다. 영점에서 하나님을 경험해야 한다.

둘째, 영점의 은혜는 하나님의 돌보심이다.

하나님께서는 이스라엘 백성들이 하나님을 배신하고 우상을 숭배하며 하나님을 완전히 잃어버리게 됐을 때 주의 종, 선지자들을 보내셔서 회개할 것을 촉구하셨다. 그러나 그들이 하나님을 조금도 두려워하지 않고 회개하기를 거부함으로 인해 앗수르, 바빌론에 포로로 팔아버리셨다. 그러나 하나님께서 그들을 완전히 버리신 것이 아니라 바빌론에서도 선지자를 보내서 돌보셨다.

"그의 여종의 비천함을 돌보셨음이라. 보라 이제 후로는 만세에 나를 복이 있다 일컬으리로다(누가복음 1: 48)."

마리아가 고백한 믿음은 사무엘의 어머니 한나의 믿음이기도 하다.

"여호와는 가난하게도 하시고 부하게도 하시며 낮추기도 하시고 높이기도 하시는도다. 가난한 자를 진토에서 일으키시며 빈궁한 자를 거름 더미에서 올리사 귀족들과 함께 앉게 하시며 영광의 자리를 차지하게 하시는도다. 땅의 기둥들은 여호와의 것이라 여호와께서 세계를 그것들 위에 세우셨도다(사무엘상 2: 7-8)."

동정녀 마리아의 영점은 사무엘의 어머니 한나의 영점이다. 구약시대에 아이를 잉태하지 못하는 것은 큰 죄악이었다. 그래서 한나가 마음의 고통이 심해 성전에 달려가 통곡한다. 그리고 하나님의 은혜를 입었다. 이것이 우리의 큰 소망, 용기다. 우리가 영점에 있을 때 하나님께서 때가 되면 돌보아주신다.

한나의 가장 큰 고통, 아픔을 아시고 돌보시되 세 아들과 두 딸을 더 주셔서 최고의 행복, 기쁨을 주셨다. 동정녀 마리아는 당시에 가장 비천한 갈릴리 여인으로서 예수님의 어머니가 되는 큰 행복을 얻게 됐다. 하나님의 돌보심은 영점에서 가장 힘들고 아프고 고통스러운 것을 해결해 주시고 큰 행복과 기쁨을 주시는 것이다.

셋째, 나의 영점을 알아주시고 기억해 주신다.

하나님은 최고의 장인이시다. 흙으로 우리의 육체를 만드신 하나님은 영점으로 우리의 마음, 인격, 성품을 다시 만드시고 거듭나게 하신다. 하나님은 최고의 장인이셔서 우리를 다시 창조하는 것처럼 다시 만드신다. 토기장이가 똑같은 흙으로 자신이 원하는 그릇을 용도에 맞게 만드는 것처럼 하나님께서 우리를 하나님께서 쓰시기에 합당한 그릇으로 용도에 가장 적합한 그릇으로 만드신다. 내가 다시 태어나고 다시 만들어지기 위해서는 먼저 깨어지고 다 부서져야 한다. 얼마나 아프고 힘들고 고통스러운가. 죽음 같은 고통이다.

어느 시인의 노래

하나님이
누군가를 훈련하고자 하실 때,
그 사람을 감동시키기 원하실 때
그 사람을 숙련시키고 싶으실 때
누군가에게 고귀한 역할을 맡기시기 원할 때

세상이 놀랄 정도로 위대한 사람을 만드실 때
그분이 사용하신 방법과 방식을 보라.
당신이 택하신 자를
얼마나 철저히 다듬으시는지

그 사람을 내리치고 상하게 하시며
강력한 타격을 가하여

그를 초라한 진흙덩이로 전락시키시니
이를 이해하시는 분은 오직 하나님뿐이시며

고통에 겨운 그의 심령은 부르짖을 뿐이며
그는 탄원의 손을 치켜들 뿐이다.

그분이 그 사람의 유익을 도모할 때
구부리되 결코 부러뜨리진 않으신다.
당신이 택한 자를 사용하시되
온갖 의도로 그를 녹이시며

온갖 행동으로 그를 권유하심으로써
당신의 영예가 드러나게 하신다.

하나님이 하시는 일은 그분만이 아신다.

('하나님의 타이밍' 중에서)

이 시는 영점의 삶을 살고 있는 사람들에게 더없는 위로와 소망과 용기가 됐다. 나를 다시 만드시는 그 아픔이 엄청나지만 하나님께서 다 알고 계시고 기억해 주신다. 하나님은 자신이 택하신 자를 철저히 다듬으시며, 그 사람을 내리치시고 상하게 하시며 강력하게 타격을 가하여 초라한 진흙덩이로 만들어버리신다. 그것이 영점이다. 그것은 우리를 새롭게 만드셔서 위대한 사람, 위대한 일꾼을 만드시기 위함이시다. 그래서 하나님은 우리의 영점에 함께하시며 우리의 영점에서 우리에게 은혜를 베푸시며 우리의 비천함을 알아주시고 기억해 주신다.

"우리를 비천한 가운데에서도 기억해 주신 이에게 감사하라. 그 인자하심이 영원함이로다(시편 136: 23)."

루터는 이런 유언을 남겼다. 우리는 거지다. 이것이 진실이다. 하나님은 위대한 조각가이시다. 하나님은 예리한 칼과 망치로 나를 다듬으신다. 좌절, 절망이란 칼과 망치로 나를 다듬으신다. 내가 얼마나 아프고 힘들고 고통스러워하는지를 아시면서도 칼과 망치로 다듬으신다. 나를 위대한 걸작품, 명품으로 만드시기 위해 나의 이기심, 탐욕, 교만, 세속적인 것, 나태함 이런 것을 깎아내신다. 그러나 하나님은 그런 모든 것을 알아주시고 기억해 주시고 때가 되면 보상해 주신다.

넷째, 영점의 은혜는 하나님의 위로하심이다.

모든 환난 가운데서 위로하시는 하나님, 모든 낙심한 자들을 위로하시는 하나님. 이것이 사도 바울이 영점에서 경험한 하나님이다. 영점의 삶은 누구에게나 힘들고 고통스럽고, 영점의 삶은 환난과 낙심과 절망을 준다. 그러나 우리의 약함을 아시는 하나님께서 영점에 있는 우리를 위로해 주신다. 우리가 그 비참한 영점에서 하나님을 잃어버리지 않으면, 그렇게 때가 되면 위로해 주신다. 영점에 있는 우리 삶이 얼마나 고통스러운지를 아시기 때문에 힘들고 지쳐 죽음의 시간을 지나고 있는 우리에게 오셔서 어쩔 수 없는 필요한 과정이지만 승리하도록 쓰다듬어 주시고, 붙잡아 주시고, 안아주시고, 품어주신다. 예수님께서 세상에 오셔서 대제사장, 서기관, 율법사, 바리새인, 사두개인 이런 사람들의 친구가 아니라 영점에 있는 사람들의 친구가 돼주셨다. 예수님께서 영점에 있는 사람들, 사회에서 버림받은 사람들, 가난한 사람들, 병든 사람들, 소경이 된 사람들, 나병 환자들, 간질 환자들, 귀신 들린 사람들, 이런 사람들의 친구가 되신 것은 그들을 위로하시기 위함이다. 그런 예수님께서 지금도 영점에 있는 우리들을 위로해 주신다.

이어령 교수는 《빵만으로는 살 수 없다》에서 "지상에서는 잘난 사람이 첫째이지만 천상에서는 못난 사람이 더 귀하게 여겨집니다. 열등자가 우위입니다. 이것이 예수님의 원리입니다"라고 했다. 이것은 이 땅에서 우리가 받을 최고의 은혜, 최고의 복, 최고의 위로다. 세상에서는 가장 비천한 자가 하나님의 나라에서는 가장 귀한 자가 된다.

다섯째, 영점의 은혜는 치유하시고 소생케 하시는 것이다.

영점에 있는 자들은 누구나 상심한 자들, 마음에 상처를 가지고 있는 자들이며 마음의 아픔과 고통, 눈물과 서러움이 있다. 상심은 마음이 산산이 부서져 버린 것, 마음이 산산이 깨어져 버린 것, 조각나 버린 것이다. 영점에서의 고통, 아픔, 슬픔이 감당할 수 없이 커서 그 부서지고 깨어지고 조각난 마음으로 죽음을 생각한다. 그러나 인자하신 하나님은 결코 우리가 상처 난 마음으로 죽도록 버려두지 않으신다. 때가 되면 치유해 주시고, 감싸주시고, 고쳐주시고, 싸매어 주신다. 그리고 소생케 하신다.

"주여 나를 소생케 하소서, 주여 나를 소성케 하소서." 개역개정판에는 "주여 나를 살아나게 하소서, 주여 나를 고난에서 살아나게 하소서"라고 돼 있다. 소생이란 '소성하다' '회복하다' '재생하다' '다시 살아나다'이다. 다윗은 이 기도를 계속 반복해 드리고 있다. "내 영혼이 진토에 붙었사오니 주의 말씀대로 나를 살아나게 하소서" "내 영혼을 살게 하소서. 그리하시면 주를 찬송하리이다. 주의 규례들이 나를 돕게 하소서."

영점을 살아가는 사람들은 누구나 소망이 없다. '아 이제 죽었구나, 망했구나, 끝났구나, 영원히 실패했구나' 하고 생각한다. 실제로도 죽음을 많이 생각한다. 하나님은 여기까지 우리를 깨뜨리신다. 우리 인생을 송두리째 빼앗아버린 것 같고, 우리의 인생을 뿌리째 뽑아버린 것처럼 느껴진다. 그러나 아버지 하나님은 더 큰 꿈과 비전이 있다. 이 때문에 우리를 죽이셨다가 다시 살리신다. 죽어버린 꿈, 비전, 소망을 다시 주신다. 우리가 하나님을 잃어버리지 않는 한 우리가 믿음을 잃어버리지 않는 한, 우리가 죽지 않는 한 하나님 아버지는 우리를 다시 살려주신다.

여섯째, 영점의 은혜는 새출발의 시작점, 출발점이다.

영점에서 하나님을 경험한 사람들은 이제 삶이 새로워진다. 새출발, 새로운 시작은 인생의 방향이 바뀌는 것이며, 인생의 길이 바뀌는 것이다. 베드로는 여러 번 영점에 떨어졌다. 밤새도록 고기를 잡아도 잡지 못하고 새벽이 밝아왔다. 좌절과 절망으로 포기 상태가 돼 이제 그물을 정리하고 끝내려고 한다. 자신의 모든 지식, 지금까지의 베테랑 노하우로도 안 된다는 것을 알았다. 그 순간에 예수님께서 찾아오셨다. 이 재능의 영점, 한계에서 예수님을 다시 만난다. 예수님을 버리고 도망치고 예수님을 모른다고 세 번씩 부인하고 제자의 삶을 버리고 모든 것을 버리고, 다시 세상의 직업인 어부로 돌아갔다. 그 영점이 베드로의 새 인생의 출발이었다.

그러므로 더는 떨어질 것도 없고, 더는 나빠질 것도 없고, 더는 망할 것도 없고, 더는 자빠질 것도 없는 영점에서 정신을 차리고 하나님을 경험하면 인생의 반전, 역전, 사역의 반전, 역전의 역사가 일어난다. 영점은 새출발의 신호다. 영점은 반전의 시작이며, 역전의 시작이다.

영점에서의 승리

영점은 누구에게나 지옥 같은 경험이다. 그래서 그 영점에서 빨리 벗어나려고 발버둥을 친다. 그러나 영점은 늪과 같아서 발버둥 칠수록 깊어지고, 영점의 시간이 길어질 뿐이다. 따라서 영점에서 승리하는 비밀이 중요하다.

첫째, 인간적인 노력을 버려야 한다.

인생의 영점에 빠진 자들은 자신의 노력으로 빠져나오려고 발버둥을 치면서 금식, 철야 기도, 작정 기도를 하면서 하나님과 흥정하고 따지려고 한다. 욥은 하나님께 따지고 트집 잡고 알아달라고 호소한다. 우리 역시 마찬가지다. '내가 이만큼 금식하고 철야했으니 응답하시겠지' '내가 최선을 다해 회개하고, 헌신하고, 절규하고 있으니 응답하시겠지' 이렇게 생각해 보지만 그런데도 하나님은 침묵하시고 관망하신다. 이 모든 노력은 자신이 기준이 되고, 자신에게 초점을 맞추는 것이다. 성급해하지 말아야 한다. 토미 테니(Tommy Tenny)는 "하나님은 손목시계가 없으시고, 시간의 제약도 받지 않으신다. 시간을 초월해 계신다"고 했다.

둘째, 잠잠히 참고 기다린다.

영점에서 탈출하려면 자신의 노력만으로는 불가능하다. 누군가의 도움이 있어야 한다. 하나님의 도우심이 절대적으로 필요하기에 기다려야 한다. 하나님께서 침묵하시면 나도 침묵하면 된다. 침묵하면서 기다려야 한다. 곧 숨이 막혀 죽을 것 같고, 다 끝장날 것 같은데도 하나님께서는 침묵, 관망하신다. 내가 다 죽을 때까지 내가 다 포기할 때까지 내가 다 소진될 때까지 침묵하신다. 그 이유는 무엇인가. 하나님이 하나님 되심을 깨달아야 하고, 하나님께 합당한 영광을 드려야 하기 때문이다. 우리가 가진 모든 것이 죽고 썩어 냄새가 날 때까지 기다리시는 것이다. 교만하지 말고 하나님보다 더 존경받으려고 하지 말라고 말이다. 예수님께서 나사로의 죽음을 기다리신 것도 하나님의 영광을 위함이었다. 그러므로 인생의 영점에서 탈출하려고 애쓰지 말고 잠잠히 참고 기다려야 한다.

"이르시기를 너희는 가만히 있어 내가 하나님 됨을 알지어다. 내가 뭇 나라 중에서 높임을 받으리라. 내가 세계 중에서 높임을 받으리라 하시도다(시편 46: 10)."

셋째, 하나님과의 관계를 바로 해야 한다.

영점에서 사람들은 "하나님 왜 기도대로 안 됩니까? 왜 믿음대로 안 됩니까? 왜 말씀대로 안 됩니까? 왜 약속대로 안 됩니까? 성경이 거짓입니까?" 이렇게 아프게 외친다. 그러나 이런 짓은 하나님과 싸우고, 하나님과 전쟁을 하겠다고 선포하는 것과 같다.

"이스라엘 자손들아 너희 조상들의 하나님 여호와와 싸우지 말라. 너희가 형통하지 못하리라(역대하 13: 12)."

　이런 주장으로 하나님과 다투고 싸우는 것은 믿음이 무엇인지 모르기 때문이다. 기도나 믿음은 도깨비방망이가 아니다. 믿음이나 기도는 관계의 문제다. 내가 하나님을 믿음으로 그의 백성이 됐고, 내가 하나님을 믿음으로 그는 나의 아버지가 되시고, 나는 하나님의 자녀가 됐다. 믿음으로 사는 것은 이 관계를 더 깊이 끈끈하게 맺으며 살아가는 것이다. 영점에서 자신을 돌아보고, 자신과 치열하게 싸우고, 자신을 쳐서 복종시키고, 하나님과 바르고 깊고 친밀한 관계를 맺어갈 수 있어야 한다. 영점에서 사는 길은 이것밖에 없다. 영점에서 사는 길은 다른 길이 없다. 하나님과 관계를 잘 유지해야 한다.

　넷째, 울부짖음의 눈물이다.
　"그는 육체에 계실 때에 자기를 죽음에서 능히 구원하실 이에게 심한 통곡과 눈물로 간구와 소원을 올렸고, 그의 경건하심으로 말미암아 들으심을 얻었느니라(히브리서 5: 7)."

　사도 바울 역시 정말 많은 눈물의 선지자였다. 눈물은 사도 바울이 영점을 만날 때 승리하는 사역의 비결이기도 하다.
　"곧 모든 겸손과 눈물이며(사도행전 20: 19)" "그러므로 여러분이 일깨어 내가 3년이나 밤낮 쉬지 않고 눈물로 각 사람을 훈계하던 것을 기억하라(사도행전 20: 31)" "내가 마음에 큰 눌림과 걱정이 있어 많은 눈물로 너희에게 썼노니(고린도후서 2: 4)" "내가 여러 번 너희에게 말했거니와 이제도 눈물을 흘리며 말하노니(빌립보서 3: 18)". 우리가 영점에 있을 때도 마찬가지다. 원망, 불평, 대적, 좌절, 절망, 포기, 낙심이 목에 차오를 때 이것을 눈물로 바꾸어야 한다.

원망과 불평 대신 눈물로, 억울함과 원통함을 눈물로, 대적 대신 눈물로 강구해야 한다. 그저 울어야 한다. 발버둥 칠 것이 아니라 울어야 한다. 성도의 눈물은 아픔을 치유하고, 원망을 감사로, 절망을 소망으로 승화하는 능력이 있다. 그러므로 소리쳐 울자. 영점에서 승리하는 비결은 눈물에 있다. 예수님도, 바울도 그랬다.

이어령 교수는 《지성에서 영성으로》에서 "비가 온 뒤에 무지개가 나타나듯 눈물을 흘려야 영혼에 아름다운 무지개가 뜬다"라고 했다.

다섯째, 중요한 비밀은 예배다.

"감사로 제사를 드리는 자가 나를 영화롭게 하나니(시편 50: 23)."

하나님께서 우리를 선택하신 목적이 예배다. 하나님께서 우리를 구원하신 목적은 예배이며, 우리에게 은혜를 주신 목적, 우리에게 말씀을 주시고, 성령을 주시며 복을 주시는 목적이 바로 예배다. 우리가 신령과 진리, 감사로 드리는 예배만이 하나님을 영화롭게 한다. 감사와 마찬가지로 예배도 우리의 기분, 감정, 환경에 따라 좌우되는 것이 아니다.

"아버지께 참되게 예배하는 자들은 영과 진리로 예배할 때가 오나니 곧 이때라 아버지께서는 자기에게 이렇게 예배하는 자들을 찾으시느니라(요한복음 4: 23)."

여호와 하나님은 수많은 예배자 가운데서 여호와 하나님의 마음에 합당한 예배자를 찾고 계신다. 그만큼 예배자는 많지만 참된 예배자가 없고, 하나님의 마음에 드는 예배자가 적다. 성령과 진리로 예배하는 자가 많지 않다는 것이다. 그래서 참된 예배자를 찾고 계신다. 이 말씀에서 참된 예배자를 '찾는다'는 의미는 대단히 두렵고 떨리는 말씀이다.

찾는다(seek)는 것은 '구하다' '간절히 열망하다' '추구하다'라는 뜻이다. 추구한다는 것은 잃어버린 물건을 찾을 때까지 찾는 것이며, 범죄자를 끝까지 추적하는 것이다. 절대로 포기하지 않는 것이다. 과부가 굶주린 자식들을 위해 떡이 구해질 때까지 구하는 것이며, 잃어버린 자식을 찾게 될 때까지 찾는 것이다. 이런 정신이 하나님께 합당한 예배자의 정신이다. 하나님께서 그의 백성 된 우리에게 구하시고 요구하시는 것이다. 하나님은 인격적이며, 진실하며, 간절하며, 열정적인 예배를 원하신다. 영점의 삶이 아무리 힘들고 아프고 고통스럽고 지옥 같을지라도 예배만큼은 실패해서는 안 된다.

여섯째, 주님의 능력 안에 있어야 한다.

"내가 궁핍하므로 말하는 것이 아니니라. 어떠한 형편에든지 나는 자족하기를 배웠노니 나는 비천에 처할 줄도 알고 풍부에 처할 줄도 알아 모든 일, 곧 배부름과 배고픔과 풍부와 궁핍에도 처할 줄 아는 일체의 비결을 배웠노라. 내게 능력 주시는 자 안에서 내가 모든 것을 할 수 있느니라(빌립보서 4: 11-13)."

사람들이 이 말씀을 많이 오해한다. 마치 주 안에서 큰 능력을 행하고, 모든 능력을 행하고, 자신의 목적을 이루는 것으로 오해한다. 그러나 바울은 지금 빌립보 감옥에서 이 말씀을 하고 있다. 사도 바울이 복음 때문에, 예수님 때문에, 사명 때문에, 선교 때문에 그 지독하고 비참한 영점의 삶을 살아간 비결은, "예수 그리스도의 능력이다"라는 고백에 있었다.

바울은 예수 그리스도를 통해 놀라운 능력을 얻었다. 예수 그리스도께서 주신 그 능력 때문에 영점에 처하는 비결을 배우고 일체의 비결을 배웠다. 그는 이런 환경을 수없이 경험했다. 약한 것, 능욕, 궁핍, 박해, 곤고를 크게 기뻐한다. 이런 지독한 환경에서 기뻐한다는 것은 사람의 의지로는 불가능하다. 그 극한 영점에서 기뻐하는 것은 사람의 의지로는 정말 힘든 일이다. 오직 주님의 능력, 주님의 은혜로만 가능하다.

그러므로 비천한 데서 이기게 하시는 능력에 의지하자. 사실 사역의 영점, 인생의 영점에서 누구나 승리할 수 있는 것은 아니다. 실패하고 넘어진 사람이 너무나 많은 것은 자명한 일이다. 인간의 힘과 의지로 되는 것이 아니기 때문이다. 주님을 통해 능력이 임해야 가능하다. 역설적으로 말하면 인생의 영점은 주님의 능력을 경험하는 최고의 시간, 최고의 장소다. 그래서 바울은 약한 것, 궁핍, 능욕, 박해를 기뻐한다고 고백한다. 그때 주님의 능력을 경험했기 때문이다. 우리도 날마다 이런 능력을 경험하자. 그리고 그 능력으로 영점의 삶을 살고 승리하자.

신 벗음의 삶

사람들이 신앙 안에서나 세상의 삶 속에서 신을 벗고 영점의 삶을 살아가는 능력은 무엇인가. 우리는 신을 벗고 영점의 삶을 살아가기 원하지만 그런 삶을 원하고 각오하고 결심한다고 되는 것은 아니다. 우리의 의지나 우리의 힘만 의지하면 비참하게 넘어지게 된다.

첫째, 성령의 지배를 받는 삶이어야 한다.

이스라엘 백성들이 바란 광야 가데스바네아에서 가나안 땅에 정탐꾼을 보내고 보고를 받는 장면이 나온다. 그런데 12명의 정탐꾼 가운데 10명은 가나안 정복이 불가하다고 보고한다.

"그와 함께 올라갔던 사람들은 이르되 우리는 능히 올라가서 그 백성을 치지 못하리라. 그들은 우리보다 강하니라 하고 이스라엘 자손 앞에서 그 정탐한 땅을 악평하여 이르되, 우리가 두루 다니며 정탐한 땅은 그 거주민을 삼키는 땅이요, 거기서 본 모든 백성은 신장이 장대한 자들이며, 거기서 네피림 후손인 아낙 자손의 거인들을 보았나니 우리는 스스로 보기에도 메뚜기 같으니 그들이 보기에도 그와 같았을 것이니라(민수기 13: 31-33)."

이런 불신, 불가의 보고를 하고 백성들을 호도하고 여론몰이를 하는 10명의 정탐꾼은 아주 악한 자들이다. 하나님의 약속을 배신하고 인간의 모습과 환경만을 보면서 하나님의 역사를 보지 못한다. 영적인 소경들이다. 그러나 오직 갈렙만은 "믿음으로 올라가야 된다. 가면 반드시 승리한다"고 보고한다.

"갈렙이 모세 앞에서 백성을 조용하게 하고 이르되 우리가 곧 올라가서 그 땅을 취하자 능히 이기리라 하나(민수기 13: 30)"

"그러나 내 종 갈렙은 그 마음이 그들과 달라서 나를 온전히 따랐은즉, 그가 갔던 땅으로 내가 그를 인도하여 들이리니 그의 자손이 그 땅을 차지하리라(민수기 14: 24)."

갈렙은 10명의 정탐꾼과 그들이 하는 불신의 말을 듣고 그들을 따르는 자들과 마음이 달랐다. 여기 마음이 달랐다는 것은 영이 다른 것이다. 마음 루아흐(חור)는 마음이 아닌 '영'이다. 갈렙은 그들과 영이 달랐다.

여호수아가 이스라엘의 지도자가 된 것은 이스라엘 백성, 히브리 민족이기 때문이다. 그러나 갈렙은 온전한 유대인이기보다는 혼혈 혈통일 가능성이 있다. 민수기 32장 12절의 그나스 족속은 원래 가나안 족속이다. 그것은 또한 비천한 이름이다. 갈렙이란 개, 노예라는 뜻이다. 그러나 그는 온전한 믿음과 헌신, 충성된 삶으로 가나안 땅을 분배하는 일을 위임받았고, 유다 지파의 대표자가 됐다(민수기 34: 19). 정말 놀라운 일이다. 갈렙이 이런 믿음의 사람이 될 수 있었던 것은 그가 성령의 사람이었기 때문이다. 영적 지도자, 일꾼들은 끊임없이 성령을 의식하면서 성령의 힘과 능력에 의지해 살아가야 한다. 영이 달라야 하고, 영이 깨어나야 한다. 혼미한 영, 병든 영, 잠자는 영이 깨어 성령의 인도하심에 순종해야 한다. 나는 어떤 영의 인도를 받고 있는지 확인하고 검증해야 한다.

가룟 유다는 겉으로 보기에는 일도 잘하고 똑똑했으나 그의 마음속에는 마귀의 생각이 가득 자리 잡고 있었다. 중요하게 깊이 생각해야 하는 것은 당시 이 상황에서 누구도 유다가 마귀의 지시를 받고 있다고 생각하지 못했다는 점이다. 상상도 못 했기 때문이다. 예수님의 제자 가운데 마귀의 영으로 가득해서 마귀의 생각을 따라 행동하는 자들이 있을 것이라는 생각을 못 했기 때문이고, 영적 분별력과 통찰력이 없었기 때문이다. 유다 자신도 제자들도 아무도 몰랐다. 오직 예수님만 유다의 마음에 마귀의 생각이 있음을 아셨다. 지금의 신앙 공동체도 마찬가지다. 직분자, 사역자들이 공동체 일도 열심히 하고 똑똑한 것 같은데, 그 생각과 정신, 마음이 마귀의 지배 아래 있는 자들이 있다. 냉철하게 자신을 검증해야 한다. 영적 통찰력, 영적 분별력을 가진 자들과 상담을 통해 확인해야 한다.

둘째, 성령을 소멸치 말아야 한다.

"성령을 소멸하지 말며(데살로니가전서 5: 19)"

이 간단해 보이는 말씀이 큰 충격과 감동을 준다.

영역본 NIV "Do not put out the Spirit's fire(성령의 불을 끄지 말아라)."

내 안에 성령의 불이 꺼지지 않고 성령의 불이 타올라 성령의 열정으로 살아가며 일해야 한다. 마귀는 끊임없이 우리 생각을 도둑질하고, 우리 마음에 마귀의 생각을 주입하려고 한다. 절대 속지 말고 승리하자.

신 벗음의 진단

첫째, 나는 어떤 신을 신고 있는가.

둘째, 내가 벗어야 할 신은 무엇인가.

셋째, 내 자아의 관점은 무엇인가.

넷째, 내가 처한 영점은 무엇인가.

다섯째, 나는 영점에서 승리하고 있는가.

여섯째, 나는 성령의 불을 지피려는 열정을 가졌는가.

일곱째, 나는 영적 통찰력, 분별력을 가졌는가.

여덟째, 나는 계속 티끌, 벌레, 먼지 같은 존재라는 것이 인정되는가.

아홉째, 자신의 한계를 인정하고 있는가.

열째, 영점의 은혜를 믿고 있는가.

열하나째, 영점에서 승리하기 위해 노력하고 있는가.

신 벗음의 과업

첫째, 현재 자신의 영점을 잘 파악해야 한다.

둘째, 신 벗음은 평생의 작업이다.

셋째, 신 벗음 훈련, 연단을 행하자.

넷째, 영점의 은혜 아래 있게 하자.

다섯째, 영점의 승리를 숙지하고 잘 지키게 한다.

여섯째, 성령의 지배 아래 살아가야 한다.

5000년의 역사 가운데 우리 민족은 우상숭배, 미신에 찌들어 살면서
외세의 침략을 끝없이 받고 심히 가난하게 살았다.
이 저주받은 땅, 이 저주받은 우리들이 예수 그리스도께서 오심으로 축복의 땅,
축복의 사람들이 됐다. 그분만 아니라 우리는 믿음으로
아브라함의 후손이 되어 복의 시작, 복의 통로가 됐다.

PART 9

가나안 거듭남의 성장

가나안

애굽을 탈출한 후 홍해를 건너고 광야를 지나 요단강을 통과해 가나안 땅에 이르는 과정은 '출애굽의 완성'이다. 이 출애굽의 완성 원리는 모든 시대, 모든 사람의 신앙 원리다. 가나안 땅은 지금 우리에게 많은 것을 생각하게 한다. 가나안은 대부분의 사람들이 생각하는 것처럼 천국을 상징하는가. 왜 하나님께서 아브라함에게 가나안 땅으로 가도록 명령하셨을까.

하나님께서 애굽의 포로가 된 이스라엘 백성에게 왜 가나안 땅을 주시겠다 약속하셨을까. 가나안은 어떤 땅, 어떤 지역인가. 지금 우리에게 가나안은 무슨 의미가 있는가. 여호와께서 가나안 땅을 선택하신 이유와 목적은 무엇인가. 예수님은 왜 가나안 땅에 오셨을까. 가나안은 과연 축복의 땅, 젖과 꿀이 흐르는 땅인가. 여호와께서는 갈대아 우르에 살고 있는 아브라함을 선택하셔서 모든 것을 버리고 가나안 땅으로 가도록 명령하신다.

그렇다면 가나안은 어떤 장소인가.

성경에서 가나안이란 단어가 가장 먼저 사용된 것은 창세기 10장이다.

가나안이란 '낮은 자리' '낮은 곳'이란 의미가 있고, 그곳에 살고 있는 함 족속의 아들에서 유래했다. 가나안이란 고대에 팔레스타인이라 불렸고, 팔레스타인이란 블레셋에서 유래했다. 원래 가나안 땅의 주인은 블레셋이었고, 블레셋 하면 생각나는 것은 골리앗이다. 블레셋은 가나안의 아들이다. 가나안의 다른 이름은 '자줏빛 염료' '붉은 염료'란 의미에서 나왔다. 가나안 사람, 가나안인이란 의미에는 '상인' '무역하는 사람'이란 별명이 있었다. 그만큼 가나안 땅은 자줏빛 염료가 많았고, 땅은 붉은색을 띠었다. 가나안의 경계는 창세기 10장 19절의 말씀대로 시돈, 그랄, 가자에서 소돔, 고모라, 즉 사해 바다 주위와 시리아 일부다.

여호와께서 왜 가나안 땅을 아브라함에게 주셨나. 가나안 땅은 우리나라의 강원도와 경상북도를 합쳐놓은 정도로 지구상의 작은 부분이다. 여호와께서 왜 그런 지구상의 작은 나라를 택하셨을까.

첫째, 가나안 땅의 이름은 저주받은 이름이다.

성경에서 가나안이란 이름이 처음 사용된 것은 창세기 9장 18-27절이다. 처음 함의 아들 이름으로 사용됐고, 지명은 창세기 10장 19절에서 처음 사용됐다. 노아의 세 아들이 셈·함·야벳인데, 노아가 포도주에 취해 벌거벗고 잠든 것을 보고 함이 조롱함으로써 그 아버지 노아에게 저주를 받아 형인 셈, 동생인 야벳의 노예가 됐다. 이 저주받은 함의 첫아들이 가나안이다. 또한 가나안 땅은 저주받은 땅이다. 그곳은 농사가 쉽지 않고, 우상숭배가 심했다. 가나안의 우상숭배는 성경에서 자주 언급됐다.

가나안에는 매우 유명한 신들이 있고, 신전이 있다. 신전은 그 유명한 판테온(Pantheon)이다. 우상숭배, 음란, 타락, 부패의 땅 일곱 족속은 대표적 잡신이다. 대표적 신으로는 엘, 바알, 폭풍의 신 하닷, 아낫, 아세라, 아스다롯, 레셉, 몰렉 등이 있다. 저주받은 땅에 저주받은 잡신과 그 잡신을 섬기는 저주받은 사람들이 살고 있다. 여호와께서 이런 곳에 아브라함을 보내신다. 그리고 아브라함에게 언약하시고, 약속하신다.

"내가 너로 큰 민족을 이루고 네게 복을 주어 네 이름을 창대하게 하리니 너는 복이 될지라. 너를 축복하는 자에게는 내가 복을 내리고, 너를 저주하는 자에게는 내가 저주하리니 땅의 모든 족속이 너로 말미암아 복을 얻을 것이라 하신지라(창세기 12: 2-3)."

저주받은 땅에 아브라함을 보내셔서 그를 복의 시작으로 삼으신다. 이것이 하나님의 계획, 은혜, 감동이다. 가나안은 본래 약속의 땅이 아니다. 가나안은 본래 축복의 땅도 아니다. 가나안은 본래 저주의 땅, 가난한 땅, 재난의 땅이다. 그곳에 여호와께서 아브라함을 보내신다. 그 땅에 가도록 명령하시고, 아브라함은 오랜 시간을 지나 가나안 땅에 도착했다.

왜 여호와께서 저주받은 땅에 아브라함을 가라고 명령하셨을까. 아브라함을 저주받은 땅에 보내신 것은 하나님께서 예수 그리스도를 저주받은 땅에 보내신 것과 같다. 이유는 무엇인가. 여호와 하나님은 저주받은 사람, 저주받은 땅을 축복의 사람, 축복의 땅으로 변화시키신다. 예수 그리스도는 저주받은 땅에 오셔서 저주받은 자들의 저주를 대신 져주셨다. 하나님의 어마어마한 은혜. 우리 모두가 저주받은 자들이고, 저주받은 땅에 있지만 예수 그리스도께서 오셔서 우리의 저주를 대신 져주셔서 우리가 자유를 누리게 됐다.

"그리스도께서 우리를 위하여 저주를 받은바 되사 율법의 저주에서 우리를 속량하셨으니 기록된바 나무에 달린 자마다 저주 아래에 있는 자라 하였음이라(갈라디아서 3: 13)."

유대인에게 가나안 땅은 절대로 포기할 수 없는 곳이다. 여호와께서 이스라엘 사람들만 선택하신 것이 아니라 가나안 땅도 선택하셨기 때문이다. 이 선택된 민족에서 선민의식, 선민사상이 나왔다. 구약에서 '가나안'은 가장 버림받고, 소외되고 가난한 땅이다. 우리도 모두 다 예수 그리스도를 만나기 전 저주받은 사람들이었고, 우리가 살아가는 대한민국 역시 저주받은 땅이었다. 이 저주받은 가나안 땅이었던 우리나라에 140년 전 복음이 들어오고, 예수 그리스도께서 오심으로써 저주받은 자들이 축복을 받게 되고, 저주받은 땅이 축복의 땅이 됐다.

지난 5000년의 역사 가운데 우리 민족은 우상숭배, 미신에 찌들어 살면서 외세의 침략을 끝없이 받고 심히 가난하게 살았다. 이 저주받은 땅, 이 저주받은 우리들이 예수 그리스도께서 오심으로 축복의 땅, 축복의 사람들이 됐다. 그뿐만 아니라 우리는 믿음으로 아브라함의 후손이 되어 복의 시작, 복의 통로가 됐다.

"아브라함이 하나님을 믿으매 그것을 그에게 의로 정하셨다 함과 같으니라. 그런즉 믿음으로 말미암은 자들은 아브라함의 자손인 줄 알지어다. 또 하나님이 이방을 믿음으로 말미암아 의로 정하실 것을 성경이 미리 알고 먼저 아브라함에게 복음을 전하되 모든 이방인이 너로 말미암아 복을 받으리라 하였느니라. 그러므로 믿음으로 말미암은 자는 믿음이 있는 아브라함과 함께 복을 받느니라(갈라디아서 3: 6-9)."

가나안의 의미

여호와께서 가나안 땅을 주신 이유나 주님께서 가나안 땅에 오신 이유는 저주를 축복으로 바꾸시기 위함이었다. 본래 우리는 죄 중에 태어나 저주 아래 있는 자들이다. 이런 우리에게 오셔서 저주받은 우리에게 복을 주셨다. 여호와께서 가나안 땅을 택하신 이유, 여호와께서 가나안 땅을 택하신 의미는 무엇일까.

첫째, 가나안은 온 세상의 중앙, 중심이다.

왜 하나님께서 지극히 작은 나라 가나안을 택하셨을까. 가나안은 지구의 중심, 세상의 중앙이기 때문이다.

"물건을 겁탈하며 노략하리라 하고 네 손을 들어서 황폐했다가 지금 사람이 거주하는 땅과 여러 나라에서 모여서 짐승과 재물을 얻고 세상 중앙에 거주하는 백성을 치고자 할 때에(에스겔 38: 12)"

사람들이 죄를 범하기 전에는 에덴동산이 중심이었다. 에덴동산의 중심에서 물이 솟아 동서남북으로 흘러갔다. 그 강의 이름이 비손, 기혼, 힛데겔, 유브라데 강이다. 예수님은 생수가 되셔서 복음, 생명을 동서남북으로 전파하시려고 세상의 중심, 중앙인 가나안 땅에 오셨다. 결국 가나안 땅이 중심이 돼 복음이 온 세상에 전파됐다. 예수 그리스도께서 오셔서 복음의 중심이 된 곳이 가나안이다. 가나안은 온 세상의 중앙, 센터다. 이것 때문에 가나안 땅을 선택하셨다. 우리가 머문 곳이 복음의 중심이다. 우리가 머문 곳이 반드시 정복해야 할 가나안이다.

둘째, 가나안은 영적 전쟁터다.

게임, 전쟁, 운동 경기에서 승리란 결코 자연히 주어지는 것이 아니다. 오직 전쟁, 싸움을 통해 얻어지는 것이다. 가나안 주제 챕터의 서론에서 이야기한 것처럼 가나안 땅에는 가나안 사람들이 살고 있다. 그들은 가나안인이란 이름을 가졌고, 이미 그 땅을 지배하며 살아가는 일곱 족속이 있다. 그들이 섬기는 많은 잡신, 귀신들도 있다. 전쟁 없이는 살 수 없고, 정복할 수 없다. 우리가 살아가는 세상이나 우리 삶이 그렇다. 하루하루가 전쟁이다. 사람들이 죄를 지음으로 인해 이 세상은 공중의 권세를 잡은 악령들, 붉은 용들의 지배 아래 놓이게 됐다.

"마귀의 간계를 능히 대적하기 위하여 하나님의 전신 갑주를 입으라(에베소서 6: 11)."

이 말씀을 잘 기억해야 한다. 복음이 전파돼야 할 땅이나 복음을 들어야 할 사람들은 그냥 비어 있는 장소나 존재가 아니다. 이미 그들에게는 그들이 주인으로 섬기는 잡신들이 있다. 그래서 잡신들이 자신들의 소유를 놓치지 않으려고 발버둥을 친다. 두려움, 공포를 준다. 그래서 복음, 예수 그리스도를 영접하기가 어려운 것이다. 그래서 영적으로 싸워야 한다. 싸움의 대상을 분명히 하고, 싸움의 대상을 알아야 한다. 싸움의 대상을 모르는 자가 가장 미련한 자다.

그렇다면 싸움의 대상은 누구인가. 붉은 용, 인본주의, 샤머니즘, 내 안의 악한 욕구와 싸워야 한다. 싸움의 대상을 담대한 마음과 믿음을 가지고 말씀과 기도로 대적해야 한다. 그래야 승리한다. 복음을 위해 기도해야 한다. 그리고 사탄을 제어해야 한다. 사탄에 대적해야 한다. 가만있으면 당한다. 주님께서 가나안을 택하신 이유는 이처럼 영적 전쟁을 통해 복음을 증거하기 위함이고, 그 복음을 통해 영적 나라가 번성하고 창대하게 되는 것이다. 사탄의 나라는 깨뜨려야 한다. 살그머니 들어온 마귀의 정체를 깨뜨려야 한다. 그래야 복음이 능력 있게 확장된다.

셋째, 순결하고 거룩한 백성을 위해서다.

"나는 내가 사랑하는 자를 위하여 노래하되 내가 사랑하는 자의 포도원을 노래하리라. 내가 사랑하는 자에게 포도원이 있음이여 심히 기름진 산에로다 땅을 파서 돌을 제하고, 극상품 포도나무를 심었도다. 그중에 망대를 세웠고, 또 그 안에 술 틀을 팠도다. 좋은 포도 맺기를 바랐더니 들 포도를 맺었도다(이사야 5: 1-2)."

여호와께서 작은 나라, 작은 백성을 선택하신 것은 그들의 삶을 통해 극상품 포도 열매를 맺기 위함이다. 큰 것은 부패하기 쉽다. 건강하지 못하다. 작은 것이 귀하다. 그러나 교회가 크건 적건 순결한 백성, 거룩한 백성이 돼야 한다. 여호와께서 가나안 땅에 있는 족속을 몰아내시고, 유대인들에게 가나안을 주신 것은 가나안 사람들이 악하고 타락했기 때문이다. 세상의 중앙, 세상의 중심에 사는 자들이 잡신을 섬기고 더럽고 추하게 사는 것을 용납하실 수 없었다. 그 더러운 것들을 몰아내고 거룩한 씨, 순결한 씨를 심으시고 가장 좋은 열매를 거두시기를 원하신다. 이것이 우리의 소명이다.

우리에게 예수님이 계시고, 성령께서 충만하게 임하시고, 성령의 권능과 기름 부음을 주셨으니, 영적 싸움을 거쳐 더럽고 추한 곳이 변해 순결한 곳이 되게 해야 하고, 잡신을 섬기는 자들을 순결하게 해야 한다. 그러기 위해서는 반드시 성도들이 싸워야 할 대적의 대상을 바로 아는 것이 중요하다. 가나안이 대적해야 할 대상은 지금 우리가 대적해야 할 대상이다.

대적의 대상

|

가나안에는 일곱 족속이 거주하고 있다. 이 강대한 일곱 족속은 일곱 잡신을 섬기는 대표적 족속이다. 가나안은 잡신들과 전쟁을 벌이는 곳이며, 잡신을 섬기는 악한 자들과 전쟁을 벌이는 곳이다. 그러기 위해서는 대적의 대상을 분명히 하는 동시에 똑바로 알아야 한다. 지피지기면 백전백승이다. 이 속담은 영적 전쟁에서도 그대로 적용된다. 사람들이 '복, 복, 복', 인간적이고 세상적인 복에만 관심을 두고 영적인 것에 관심을 두지 않고 살아가기 때문에 번번이 악령들에게 당하며 사는 것이다. 그러므로 대적의 대상을 바로 알아 영적 전쟁에서 승리하고 우리의 가나안을 정복하고 하나님의 나라가 번성하고 창대하게 하자.

교회의 대적 대상은 붉은 용이다. 이 붉은 용 역시 이단, 이교도들처럼 삼위일체 하나님을 모방해서 존재한다. 붉은 용은 사탄, 마귀, 귀신들이다.

"큰 용이 내쫓기니 옛 뱀, 곧 마귀라고도 하고 사탄이라고도 하며 온 천하를 꾀는 자라 그가 땅으로 내쫓기니 그의 사자들도 그와 함께 내쫓기니라. 내가 또 들으니 하늘에 큰 음성이 있어 이르되 이제 우리 하나님의 구원과 능력과 나라와 또 그의 그리스도의 권세가 나타났으니 우리 형제들을 참소하던 자, 곧 우리 하나님 앞에서 밤낮 참소하던 자가 쫓겨났고(요한계시록 12: 9-10)"

사탄(Σατανᾶς)

사탄은 어떤 영인가. 사탄은 '대적자'다(역대상 21: 1). '격동자' '핍박자' '공격자' '반대자' '공포자'다. 베드로의 증거는 우는 사자와 같다.

"근신하라. 깨어라. 너희 대적 마귀가 우는 사자같이 두루 다니며 삼킬 자를 찾나니(베드로전서 5: 8)."

사탄은 우는 사자와 같다. 베드로는 초대교회 핍박의 현장을 수없이 목격했다. 로마의 군인들은 초대 기독교인을 우는 사자같이 잔인하게 핍박했다. 지금 사탄의 노예들도 단체를 구성해 교회를 핍박하고 있다. 사탄은 어느 시대나 세상 권력을 이용하려고 한다. 사탄은 복음을 가로막고 교회를 무너뜨리려고 수단과 방법을 가리지 않고 악하게 공격한다. 가족 중 누구도 교회에 가지 못하도록 핍박하고 억압하는 것이다.

마귀(διάβολος)

디아볼로스(διάβολος)는 디아와 볼로스(διά는 between을 의미하고 βολος는 throw이다)의 합성어다. 마귀는 사람과 사람 사이에 말, 사상, 생각을 던져서 사이가 벌어지고 멀어지게 한다. 마귀는 '이간자' '참소자' '훼방자' '비판자' '중상모략자' '비방자' '거짓말하는 자' '사기꾼' '유언비어를 퍼뜨리는 자'를 의미한다.

마귀는 사람들을 이간해 싸우고 다투고 분쟁하고 전쟁하게 한다. 악성 댓글을 달게 하고, 화목을 파괴하고, 욕설을 하고, 속이고, 교만하게 하고, 열등감과 죄책감을 주고, 사람들의 생각과 마음과 감정과 기분을 도둑질해 넘어지게 한다. 문제는 마귀가 하는 일을 사람들이 잘 깨닫지 못하는 것이다. 겉으로는 멀쩡하고 똑똑해 보이기도 하지만 그 속에는 마귀의 생각과 사상이 가득한데 깨닫지 못하니 치유되기가 어렵다.

"육신을 따르는 자는 육신의 일을, 영을 따르는 자는 영의 일을 생각하나니 육신의 생각은 사망이요 영의 생각은 생명과 평안이니라. 육신의 생각은 하나님과 원수가 되나니 이는 하나님의 법에 굴복하지 아니할 뿐 아니라 할 수도 없음이라. 육신에 있는 자들은 하나님을 기쁘시게 할 수 없느니라(로마서 8: 5-8)."

귀신들(δαιμόν)

귀신은 언제나 복수로만 사용됐다. 그만큼 귀신은 하나가 아니고 여럿이기 때문이다. 우리가 대적할 때도 반드시 귀신들이라고 말해야 한다. "귀신은 물러가라"가 아니라 "귀신들은 물러가라" 이렇게 대적해야 한다.

귀신들의 역할은 요한계시록 12장 10절의 말씀대로 천하를 꾀는 자다. 구체적으로 살펴보면 '유혹자' '미혹자' '타락시키는 자'로 사람들을 망하게 한다. 부정부패하게 하고, 욕심·탐욕을 가지게 하고, 쾌락 가운데 빠지게 하고, 사고가 나게 하고, 질병에 걸리게 하고, 도박·음란·술·마약, 이런 것에 중독되게 만든다. 이런 붉은 용의 역할을 알았으니 영적 통찰력, 영적 분별력을 가지고 강하게 대적해 승리하자. 예수 이름으로 승리하자.

가나안의 영적 의미

가나안은 대부분의 사람들이 천국을 상징하고 의미하는 것으로 여긴다. 그러나 늘 아쉬운 것은 가나안이 천국이라면 왜 거기에 일곱 귀신과 여러 잡신이 살고 있나 하는 것과 가나안이 천국이라면 왜 전쟁을 통해 정복해야 하는지가 문제다. 성경적 답은 무엇일까.

우선 상징, 의미, 예표를 보면 가나안은 신앙 공동체다. 현존하는 공동체이며 지상의 천국을 누리는 삶을 나타낸다. 가나안은 이 지상의 신앙 공동체가 어떻게 해야 하는지를 보여주는 곳이다. 광야 공동체와 다른 의미를 지닌 공동체. 가나안은 믿음 공동체를 상징, 예표하는데 천국의 모습을 보여주는 장소다. 이스라엘 백성이 애굽에서 나와 가나안 땅에 들어가서 행하는 모습을 보면 가나안은 신앙 공동체, 성전이다. 가나안 공동체를 보면 마치 존 번연(John Bunyan)의 《천로역정》을 보는 것 같고, 신앙의 여정을 보는 것 같다. 이스라엘 백성은 가나안 땅에 들어가 길갈이라는 곳에 진을 쳤다.

가나안 땅은 여호와께서 아브라함에게 언약해 주신 땅이다. 그 후로부터 가나안은 언약의 땅, 선택받은 땅이 된다. 이처럼 가나안은 유대인들에게는 모태, 요람과 같은 곳이다. 우리가 생각하는 고향의 의미를 능가한다.

가나안의 영적 의미, 신앙적 의미는 무엇인가.

첫째, 예언, 언약의 완성이며 성취다.

여호와께서 맨 처음 아담을 선택하시고 언약하셨다.

"하나님이 그들에게 복을 주시며 하나님이 그들에게 이르시되 생육하고 번성하여 땅에 충만하라, 땅을 정복하라, 바다의 물고기와 하늘의 새와 땅에 움직이는 모든 생물을 다스리라 하시니라(창세기 1: 28)."

이 언약, 약속은 노아 시대 홍수 심판 이후에도 동일하게 주어진다.

"하나님이 노아와 그 아들들에게 복을 주시며 그들에게 이르시되 생육하고 번성하여 땅에 충만하라. 너희는 생육하고 번성하며 땅에 가득하여 그중에서 번성하라 하셨더라(창세기 9: 1, 9: 7)."

아담과 노아에게 주신 하나님의 언약, 약속은 아브라함에게 주어진다. 이러한 언약은 영적 아브라함의 후손인 우리에게 흐르고 있다. 그리고 아담·노아·아브라함에게 주시고, 이스라엘 백성에게 주신 언약, 약속이다. 이 언약, 약속이 예수 그리스도께서 가나안 땅에 오심으로써 완성, 성취됐다. 지금 우리는 예수 그리스도께서 완성해 주신 은혜로 가나안의 행복과 축복을 누리며 살고 있다. 예수 그리스도로 말미암아 복음이 가나안에서 온 세상으로 전파되며, 교회가 놀랍게 부흥하고 있다. 교회는 고난과 핍박을 지독하게 받으면서도 번성, 창대하게 됐다.

둘째, 가나안의 영적 의미는 승리다.

가나안은 이미 말씀드린 대로 수많은 잡신, 미신, 신전, 우상숭배가 많았다. 그러나 이런 땅을 여호와께서 이스라엘 백성에게 주셨다.

"그 땅의 원주민을 너희 앞에서 다 몰아내고, 그 새긴 석상과 부어 만든 우상을 다 깨뜨리며 산당을 다 헐고 그 땅을 점령하여 거기 거주하라. 내가 그 땅을 너희 소유로 너희에게 주었음이라(민수기 33: 52-53)."

"점령하라. 주님의 명령이다."

그러나 우리의 노력으로는 불가능하다. 가나안은 신전, 신당, 신상, 귀신들이 가득한 곳이다. 이런 가나안 땅에 예수 그리스도께서 오셔서 이 모든 악령을 멸하셨다.

"자녀들은 혈과 육에 속했으매 그도 또한 같은 모양으로 혈과 육을 함께 지니심은 죽음을 통하여 죽음의 세력을 잡은 자 곧 마귀를 멸하시며(히브리서 2: 14)"

우리가 인정하든지 안 하든지 이 세상에는 어두움의 영이 있다. 사탄, 마귀, 귀신들이 있다. 이 악령들을 예수께서 십자가에서 멸망시키시고 승리하셨다. 그리고 그 예수 그리스도의 승리를 우리에게 주셨다.

"내가 너희에게 뱀과 전갈을 밟으며 원수의 모든 능력을 제어할 권능을 주었으니 너희를 해칠 자가 결코 없으리라(누가복음 10: 19)."

"믿는 자들에게는 이런 표적이 따르리니 곧 그들이 내 이름으로 귀신을 쫓아내며 새 방언을 말하며 뱀을 집어 올리며 무슨 독을 마실지라도 해를 받지 아니하며 병든 사람에게 손을 얹은즉 나으리라 하시더라(마가복음 16: 17-18)."

우리에게 이런 능력, 승리를 주셨다. 우리가 당당하게 싸우면 승리하게 됨을 믿는다. 그러나 우리는 싸우려고 하지 않는다. 그저 현실에 안주해서 편안하려고만 한다. 이것이 큰 병폐다. 주님과 아름다운 관계를 맺고 싸워야 한다.

셋째, 가나안은 안식이다.

가나안은 바로 안식의 땅, 안식의 처소다. 가나안 땅에 들어가지 못했다는 것은 참 안식에 들어가지 못한 것이다(히브리서 3: 4). 가나안에 들어가는 것은 안식을 누리는 것이다. 주님께서 주신 참 안식은 영적 안식이다. 안식이란 평온한 상태, 행복한 상태다. 이는 예수 그리스도로 말미암아 영적 싸움에서 승리한 뒤에 주어지는 행복이다. 세상에는 이러한 안식, 평안, 행복이 없다. 우리의 전인격이 가나안이다. 우리의 전인격이 원래는 마귀의 소굴이었다. 그런 우리의 가나안에 예수께서 오심으로써 축복이 오고 승리하게 됐다. 그로 인해 우리는 참 평안, 행복, 안식을 누리고 있다. 두려울 것이 없다.

"내가 누워 자고 깨었으니 여호와께서 나를 붙드심이로다. 천만인이 나를 에워싸 진 친다 하여도 나는 두려워하지 아니하리이다(시편 3: 5-6)."

우리의 영·혼·육 전인격이 가나안이다.
우리의 가정이 가나안이다.
우리의 신앙 공동체가 가나안이다.
우리가 머무는 곳이 가나안이다.

가나안 정복의 원리

왕, 제사장의 사명

가나안 땅은 여호와 하나님께서 언약, 약속하신 목적지로서 그곳에서 더는 이동 없이 정착하게 됐다. 그들이 하나님의 인도하심을 따라 언약의 땅, 젖과 꿀이 흐르는 땅 그 목적지에 도착했지만 모든 것이 다 이루어진 것은 아니다. 가나안 땅에 믿음 공동체를 중심으로 생활했지만 끊임없이 외세의 침략이 있었다. 애굽, 에돔, 모압, 미디안, 블레셋, 암몬, 앗수르, 두로. 이런 외세의 침략을 수없이 받아서 유대의 역사는 전쟁의 역사다. 그뿐만 아니라 앗수르, 바벨론의 포로가 되어 예루살렘이 완전히 파괴돼 버린 때도 있었다. 이런 가나안 땅에 예수 그리스도께서 오심으로써 가나안 교회는 이 세상과 모든 민족에 중요한 소명을 가지게 됐다. 그것은 제사장의 사명과 왕의 사명이다.

"그러나 너희는 택하신 족속이요, 왕 같은 제사장들이요, 거룩한 나라요, 그의 소유가 된 백성이니 이는 너희를 어두운 데서 불러내어 그의 기이한 빛에 들어가게 하신 이의 아름다운 덕을 선포하게 하려 하심이라(베드로전서 2: 9)."

우리는 한없이 연약하고 부족하고 보잘것없지만 주님께서 우리를 제사장으로, 왕으로 삼아주셨다. 그러므로 좌절하지 말고 부끄러워하지 말아야 한다. 어떤 환경이나 어려운 가운데 있다 할지라도 부끄러워하지 말아야 한다. 나는 정말 보잘것없지만 주님께서 왕, 제사장으로 부르셨다. 그러므로 이 세상에서 왕 노릇을 해야 한다. 생명 안에서 왕 노릇하고(로마서 5: 17) 은혜로 왕 노릇(로마서 5: 21)해야 한다. 왕은 통치자이며 이는 우리에게 주신 사명이다.

"생육하고 번성하여 땅에 충만하라. 땅을 정복하라. 모든 생물을 다스리라." 이것이 가나안 믿음 공동체의 사명이다. 교회는 세상을 정복하고 다스려야 한다. 통치하되 예수 그리스도의 이름과 복음으로 하는 것이다. 요한복음에서 주님은 이것을 추수 때에 비유하고 있다. "눈을 들어 밭을 보라." 영적인 눈을 들어 보라는 것이다. 곧 영적 통찰력을 가지고 세상을 보라는 것이다. 하나님을 모르는 자들을 보라는 것이다. 영적 통찰력을 가지고 보니 추수 때가 지나가고 있다. 수많은 사람이 지옥으로 떨어지고 있다.

사도 바울처럼 내가 만난 예수, 내가 경험한 예수, 내가 느낀 예수, 내가 알고 있는 예수를 온 세상 사람들에게 전하는 것이다. 이것이 왕, 제사장의 삶이고 사명이다.

여리고성의 교훈

여리고는 가나안의 첫 번째 도시이고, 가나안에서 첫 번째 점령된 성이며, 세계에서 가장 오래된 도시다. 여리고는 8000년 전부터 존재했으며, 세상에서 가장 낮은 도시이며 해수면보다 250m 아래에 있다. 여리고는 종려나무와 샘이 있는 가장 살기 좋은 도시였고, 문화를 갖춘 최고의 도시였다. 이 여리고에서 많은 기적과 이적이 있었다. 이런 여리고를 복음의 관점에서 생각해 보자. 그리고 여리고에 내려주신 은혜를 살펴보자.

여리고성 전체가 하나님의 심판으로 멸망당한 존재 그 가운데서 오직 한 가정 라합의 집만 구원을 받는다. 이것은 전적인 하나님의 은혜다. 유약한 인생들은 이런 하나님의 은혜 없이는 심판, 멸망, 재앙, 사고, 질병, 부도를 피할 길이 없다. 여리고성이 보여주는 영적 진리는 다음과 같다.

첫째, 음란하고 타락한 도시는 망한다.

여리고성이 하나님의 심판을 받아 멸망할 수밖에 없는 것은 역사적으로나 현실적으로 모든 나라, 모든 도시에 주신 경고이고 메시지다. 즉 여리고성과 같은 도시는 반드시 하나님의 심판을 받는다. 여리고성은 찬란한 문화와 풍요함을 가졌다. 이런 도시는 반드시 타락한다. 로마의 폼페이가 대표적 예다. 삶이 풍요해지고 문화가 찬란하게 발전하면 사람들은 재미와 쾌락을 찾고 음란과 술 취함, 사치에 빠질 수밖에 없다. 또한 신전, 산당, 혼음(성창) 등 여리고는 소돔과 고모라처럼 타락한 도시다.

우리는 이 진리를 명심 또 명심해야 한다. 여호와 하나님의 무궁무진한 인자하심은 우리가 죄지을 때마다 책망, 심판하시지 않는다. 우리에게 회개할 기회를 주시며 기다리신다. 그러나 우리가 회개하지 않고 죄를 버리지 않고 계속 죄 가운데 살면서 죄를 지으면 끝내는 심판이 임한다. 개인, 가정, 교회, 도시, 국가가 그렇다. 이 영적 진리 때문에 여리고성을 완전하게 파괴하시고 심판하신다. 성안의 모든 짐승도 심판이 임할 때 다 멸망당한다.

둘째, 구별된 자는 구원받는다.

여리고성의 뜻은 무엇인가. 여리고성은 아름다운 이름의 도시다. 여리고란 '향기의 도시' '달의 성읍' '종려나무 성'이란 의미다. 이런 이름의 의미가 인간적·세상적·환경적으로는 전혀 반대의 모습이지만 복음 측면에서 보면 향기의 도시이고, 종려나무가 자라는 성이다. 여리고는 심판으로 완전히 파괴되지만 그곳에서 구원의 역사가 시작된다.

여리고는 난공불락의 요새다. 그러나 여러 번 파괴됐는데, 이는 군인들의 공격에 의해서가 아니라 천재지변 때문이다. 이스라엘 백성은 하나님의 명령대로 여리고를 돌면서 나팔을 불었을 뿐인데 완전히 파괴됐다. 여리고의 옛 성벽을 처음 발굴한 존 가스탱 박사에 따르면 모든 것이 불에 타서 죽은 증거가 아주 많다고 한다. 이처럼 여리고성 안의 모든 사람, 짐승이 다 죽임을 당했는데 오직 한 가정 라합의 집만 구원을 받았다. 그것은 라합의 믿음 때문이다. 온 마을이 심판당해도 진실한 믿음의 사람들은 구원을 얻는다. 온 도시가, 온 나라가, 온 세상이 구원을 얻는다. 라합의 구원은 극적이며 기적이다.

기생은 여리고성에서 몸을 파는 여인, 부도덕한 여인, 가장 천한 여인, 여관의 포주다. 그 당시는 여자만 여인숙의 주인이 될 수 있었다.

불행이 변해 행복이 되고, 비천함이 변해 귀중함이 됐다. 이것이 하나님이 주신 은혜의 열매이며, 예수 그리스도를 믿는 믿음의 열매다. 이것이 라합에게 임했다. 전체 여리고가 멸망하는데 라합은 저주를 축복으로, 불행을 행복으로, 비천을 존귀함으로, 멸망을 구원으로 변화시킨 여인이다.

"하나님께서 세상의 천한 것들과 멸시받는 것들과 없는 것들을 택하사 있는 것들을 폐하려 하시나니(고린도전서 1: 28)"

이것이 라합에게 임한 은혜이며 우리에게 임하는 은혜. 라합은 믿음의 여인이다. 라합은 가장 천한 여인이지만 가장 존귀한 자리에 올랐다.

셋째, 여리고는 기적과 승리의 성이다.

여리고는 이미 이야기한 대로 찬란한 문화와 부, 풍요로 인해 부패하고 타락한 도시가 됐다. 이런 도시에 하나님의 심판이 임하고, 이스라엘 백성이 살게 됨으로써 기적과 승리의 성읍이 됐다. 예수께서 오셔서 시험받으신 곳, 예수께서 소경을 고치시고, 삭개오를 구원하신 곳이다. 모든 것은 복음의 기적과 승리다. 예수께서 여리고의 유일한 원주민인 라합의 후손에게 오신다. 여리고는 가나안을 정복하는 사령부가 됐다. 여리고에서 시작된 복음이 온 가나안을 정복하는 기적과 승리를 가져온다.

예수 그리스도가 부여하는 복음의 기적과 승리는 지금도 살아 있다. 수많은 사람이 예수 그리스도의 복음을 깨닫기 원한다. 사람들은 미래, 장래,

내세가 보장된 삶을 찾고자 한다. 그러므로 우리 자신이 예수님이 주신 복음의 기적과 승리를 경험하고 그것을 전하는 삶을 살자. 오직 예수, 오직 복음만이 사탄·마귀·귀신들의 성 여리고, 부패·타락·쾌락의 성 여리고를 무너뜨리고 새로운 성, 축복의 성을 만드는 능력을 갖고 있다.

"내 앞에 있는 요단강은 갈라져라." "내 앞에 있는 여리고는 무너져라." 오직 믿음으로 대적하고 간구하면 오늘도 기적과 승리가 있다.

여리고성의 정복
|

여리고성은 참 많은 의미와 진리를 말씀해 주고 있다. 여리고성은 반드시 정복돼야 하는 성이다.

"이스라엘 자손들로 말미암아 여리고는 굳게 닫혔고, 출입하는 자가 없더라(여호수아 6: 1)."

이스라엘 자손들 때문에 문을 걸어 잠그고 누구도 출입하지 못하게 한다. 이것은 무엇을 의미하는가. 우리가 살아가는 세상에는 우리 힘으로는 극복할 수 없고, 해결할 수 없는 일이 많다. 그리고 겉으로 보기에는 화려하고 대단하지만 마음속에는 두려움과 불안, 공포가 가득한 사람이 많다.

세상의 권력, 지식, 명예, 부귀, 기술, 과학 이런 것이 우리에게 평안과 행복을 주는 것은 결코 아니다. 여리고성의 심판, 여리고성의 정복에는 우리가 이 세상을 영적으로, 복음으로 정복해야 하는 원리가 있다.

첫째, 여호와 하나님의 계획과 섭리가 있어야 한다.

여호와께서 모든 것을 알고 계신다. 여리고성의 견고함, 그 성을 지키는 군인들의 용맹함, 이스라엘 백성들의 연약함, 이 모든 것을 알고 계셔서 하나님의 방법으로 정복하도록 모든 계획을 여호수아에게 알려주신다. 그러므로 우리에게도 가장 중요한 것은 하나님의 뜻과 계획을 아는 것이다. 이것 때문에 우리는 기도에 최선을 다하고, 하나님의 도우심을 받아야 한다. 여리고성의 전쟁은 모든 전쟁이 그런 것처럼 영적 전쟁, 신들의 전쟁이다.

둘째, 여호와의 계획대로 매일 성을 도는 것이다.

이것은 매우 중요한 의미를 담고 있다. 여호수아 3절에서 21절까지의 전후 장면을 보면 잘 이해되지 않는다. 화살을 쏘고 성벽을 무너뜨리고 성문을 부숴야 할 텐데 전혀 그러지 않고, 여호와께서 그런 전투 방식을 사용하지도 않으신다. 그렇게 해서 이길 수가 없고, 이긴다고 해도 이스라엘 백성들의 희생 또한 너무나 크기 때문이다. 만일 가나안 땅 첫 번째 성인 여리고성에서 피해가 커지면 가나안의 정복도 불가능하다. 그래서 하나님께서 계획하신 방법이 있다. 순서대로 매일 이스라엘 군대가 여리고성을 도는 것이다. 절대 말을 하지 않고 계속 나팔 소리만 나게 하는 게 원칙이었다. 이는 결코 쉬운 일이 아니다.

7일째 되는 날은 일곱 바퀴를 돌고 나팔을 크게 불었다. 이는 무엇을 의미하는가. 지금 우리에게 주는 영적 의미는 무엇인가. 매일매일 성을 한 바퀴씩 돌고, 마지막 7일째 되는 날에는 7번 돌았다는 대목이 주는 영적·신앙적·성경적 의미는 믿음의 순종과 예배다.

이스라엘 백성들이 신앙의 삶을 사는 가운데 가장 중요한 것은 절기다. 절기는 제사, 곧 예배가 중심이다. 그들이 아무 말 없이 돌아야 하는 것은 예배에서 사적 언행이 금지돼야 하기 때문이다. 그리고 계속 제사장들의 나팔 소리에 귀를 기울여야 했다. 예배 때는 하나님과 하나님 말씀에 집중해야 한다. 하루에 한 번씩 여리고성을 도는 것은 그들이 날마다 매일제·상번제로 드리는 제사, 예배를 상징한다. 지금 우리가 매일매일 새벽기도를 드리는 것과 같다. 그들의 행진은 여호와의 법궤가 중심이 됐다. 여호와의 법궤가 중심이 된 것은 하나님의 말씀이 중심이 된 것이다. 예배의 중심은 하나님의 말씀이어야 한다. 이스라엘 백성은 여호수아가 전한 말씀을 듣고 그대로 순종한다.

셋째, 첫 열매를 드리는 신앙이다.

여리고성을 정복하는 과정에서 그 전쟁의 첫 열매를 드리는 신앙이 중요하다. 이는 영적 전쟁이며 신들의 전쟁이다. 전쟁은 여호와께 속했기 때문이다. 우리 삶에서 이 신앙은 대단히 중요하다. 여호와 하나님께서 우리의 믿음을 달아보시고 시험해 보시는 것이 예배와 첫 열매의 신앙이다. 이

시험에 합격해야 승리와 축복이 쏟아진다.

"여리고성의 정복과 다른 성의 정복이 근본적으로 크게 다른 것이 있다. 가나안 땅의 수많은 성읍을 정복한 곳의 재물과 가축은 군인들이 마음껏 가질 수 있었다. 그러나 여리고성은 달랐다(여호수아 6: 17-19)."

여리고성은 가나안 땅의 첫 번째 성으로 그곳의 모든 물건을 절대 취할 수 없고, 온전히 하나님께 드려야 했다. 여리고성에서는 어떤 작은 물건도 취하지 말아야 한다. 모든 금·은·동 재물은 하나님의 성전에 드려야 한다. 무슨 의미인가. 첫 열매의 신앙으로 그들의 믿음을 시험해 보는 것이다. 광야 생활에서 지친 그들에게 여리고성의 보석·의복·양들은 대단히 귀하고 가치 있는 것이었다. 그러나 탐욕을 거두고 하나님의 것을 반드시 하나님께 드려야 한다. 첫 열매를 반드시 하나님께 드려야 한다. 이것은 물건, 재물의 문제가 아닌 믿음의 문제다. 지금도 하나님은 우리의 믿음을 보고 계신다. 믿음의 정신, 사상, 신앙을 달아보신다. 우리가 어떤 자세로 예배하는지, 우리가 어떤 자세로 첫 열매의 신앙을 가졌는지를 보신다. 첫 열매의 신앙이란 가장 귀한 것을 주님께 드리는 것이며, 하나님을 최우선에 두는 것이다. 이 믿음으로 승리하고, 우리 앞의 여리고를 정복하자.

넷째, 아픔과 눈물과 절규다

아이성에서 겪은 실패의 아픔과 충격이 얼마나 큰지 여호수아는 큰 슬픔과 아픔과 절망 속에서 하나님께 절규하며 울부짖는다. 이스라엘 백성들의 마음이 녹아 물처럼 됐다. 그야말로 간담이 서늘하고 애간장이 녹아내리는 슬픔이다. 사람들이나 공동체는 이런 아픔과 실패가 있을 때 심히 슬퍼하며 울고 절규해야 한다. 영적 전쟁터에 있는 지상의 교회는 이런 탄식과 아픔과 슬픔에서 터져 나오는 영혼의 깊은 눈물과 울부짖음이 있어야 한다.

다섯째, 온전한 예배다.

가나안 땅의 첫 번째 성읍인 여리고성은 이스라엘 백성에게 너무나 중요한 성이다. 여리고성은 그들의 믿음을 시험해 보는 아주 귀한 장소였으나 그들은 실패했다. 아간의 범죄 때문이다. 비록 성경에는 아간의 범죄를 대표적으로 다루고 있지만 비단 아간만이었겠는가. 그들은 예배, 첫 열매의 믿음에서 실패했다. 그들은 하나님께서 원하시고 명령하신 온전한 예배를 드리지 못했다. 우리가 명심해야 하는 게 이것이다. 우리에게 가장 중요한 것은 예배다. 예배에 성공하면 모든 것에서 성공하지만 예배에서 실패하면 모든 것에서 실패한다. 이스라엘 백성은 여리고성에서 온전한 예배, 예물을 드리지 못해 처절한 실패를 맛보게 된다(여호수아 7: 1).

예배는 그 대상을 바로 알고 드려야 한다. 그러나 수많은 사람은 예배의 대상을 알지 못한 채 예배한다. 또는 잘못된 대상에게 예배한다.

"영생은 곧 유일하신 참 하나님과 그가 보내신 자 예수 그리스도를 아는 것이니이다(요한복음 17: 3)."

우리가 예배하는 대상은 어떤 분이신가.

이 세상과 온 우주 만물을 창조하신 여호와 하나님과 그 아들 예수 그리스도와 성령님이시다. 그 외의 사물이나 신은 미신, 잡신이다. 우리가 진실하게 하나님을 예배할 때 살아계신 하나님을 경험하게 된다. 예배의 대상은 성부·성자·성령 하나님이시다. 성부 하나님의 이름은 여호와, 성자 하나님의 이름은 예수, 성령 하나님의 이름은 보혜사이시다. 이 하나님은 각각 다른 하나님이 아닌 동일한 하나님이시며 유일하신 하나님이시다. 예배의 대상을 바로 하자.

"다른 신에게 예물을 드리는 자는 괴로움이 더할 것이라. 나는 그들이 드리는 피의 전제를 드리지 아니하며 내 입술로 그 이름도 부르지 아니하리로다(시편 16: 4)."

가나안 교회에서 예배가 대단히 중요한데 이는 온전한 예배여야 한다는 점에서다. 여호와께서 아이성에서 비극적인 실패와 절망과 슬픔을 만나게 하신 것은 예배의 귀중함을 깨닫게 하기 위함이다. 지금 우리가 드리는 예배도 온전한 예배여야 한다. 여호와께서 기뻐하시는 예배여야 하고, 보여주신 방법대로 예배해야 한다. 그러나 여리고성에서 이스라엘 백성은 온전한 예배를 드리지 못했다. 요즘 시대의 예배도 여호와께서 가장 싫어하시는 예배가 많다. 바리새인들이 그랬던 것처럼 형식적·위선적·가식적·교리적·이론적·피상적·철학적·문학적 예배가 그것이다.

> 우리가 예배의 감격에 빠져야 하고, 예배를 통해 하나님을 만나야 한다.
> 예배를 통해 치유, 회복, 소생을 경험해야 한다.
> 예배의 실패는 영적 교제의 실패다.
> 예배의 실패는 삶의 실패다.
> 예배의 실패는 축복의 실패다.
> 예배의 실패는 영적 전쟁에서의 실패다.
> 예배의 실패는 믿음의 실패다.
> 예배의 실패는 모든 것의 실패다.

예배, 첫 열매가 중요한 것은 언약이기 때문이다. 아간이 옷 한 벌, 금을 얼마 감춘 것 때문에 벌을 받은 것이 아니다. 하나님과의 언약을 깨뜨렸기 때문이다.

에발산과 그리심산

가나안은 신앙 공동체이며 여리고성과 아이성은 그 시대 공동체의 면모를 보여주고 있다. 가나안 공동체가 보여주는 믿음 공동체의 본질은 예배다. 예배는 자세와 정신이 중요하다. 신앙 공동체의 소명은 그 도시를 복음으로 정복하는 것이다. 이스라엘 백성과 여호수아는 아이성을 정복한 후에 에발산에 제단을 쌓고 제사를 드린다. 이제 가나안 정복이 막 시작되는 상황에서 이는 매우 의미 있는 일이다. 지금 한창 계속되는 전쟁, 전투 중에 이 의식을 행하고 있다. 여호와께서 모세에게 명령하신 것을 여호수아가 기억하고 순종하는 것이다.

여호와께서 모세를 통해 주신 언약을 여호수아가 기억했다가 지금 모압 언약을 갱신하고 있다. 우리가 상식적으로 생각해 보면 이는 대단히 성급하고 무모한 일처럼 보인다. 지금 전쟁, 전투를 벌이고 있다. 이런 의식은 가나안 정복이 마무리되고 땅의 분배가 다 끝난 다음에 해야 마땅하다. 그러나 여호수아는 전쟁 중에 이 의식을 행한다. 하나님과 한 약속이고 언약이기 때문이다. 에발산과 그리심산은 아이성에서 얼마 떨어져 있지 않아 이틀이면 갈 수 있는 거리다.

여호와께서 모세에게 명령하신 언약이 무엇인가.

가나안 땅에 들어가거든 에발산 앞에서 저주를 선포하고, 그리심산 앞에서 축복을 선포하도록 하신 것이다. 축복과 저주는 선택이다. 우리가 매일매일 하는 선택이 우리 운명이다.

"내가 오늘 복과 저주를 너희 앞에 두나니 너희가 만일 내가 오늘 너희에게 명하는 너희의 하나님 여호와 명령을 들으면 복이 될 것이요, 너희가 만일 내가 오늘 너희에게 명령하는 도에서 돌이켜 떠나 너희의 하나님 여호와의 명령을 듣지 아니하고 본래 알지 못하던 다른 신들을 따르면 저주를 받으리라. 네 하나님 여호와께서 네가 가서 차지할 땅으로 너를 인도하여 들이실 때에 너는 그리심산에서 축복을 선포하고, 에발산에서 저주를 선포하라. 이 두 산은 요단강 저쪽 곧 해 지는 쪽으로 가는 길 뒤 길갈 맞은편 모레 상수리나무 곁의 아라바에 거주하는 가나안 족속의 땅에 있지 아니하냐(신명기 11: 26-30)."

이것은 여호와께서 모세와 이스라엘 백성과 세운 언약, 곧 모압 언약이다. 에발산과 그리심산 앞에 세우되 이것도 여호와 하나님의 명령과 계획대로 됐다. 누가 에발산 앞에 서고 싶겠는가. 누가 저주 앞에 서고 싶겠는가. 다 복 받고 싶은 마음이다. 그러나 하나님의 명령이 있다. 이것은 언약, 계약이다.

"모세가 그날 백성에게 명령하여 이르되, 너희가 요단을 건넌 후에 시므온과 레위와 유다와 잇사갈과 요셉과 베냐민은 백성을 축복하기 위하여 그리심산에 서고, 르우벤과 갓과 아셀과 스불론과 단과 납달리는 저주하기 위하여 에발산에 서고, 레위 사람은 큰 소리로 이스라엘 모든 사람에게 말하여 이르기를 장색의 손으로 조각했거나 부어 만든 우상은 여호와께 가증하니 그것을 만들어 은밀히 세우는 자는 저주를 받을 것이라 할 것이요, 모든 백성은 응답하여 말하되 아멘 할지니라(신명기 27: 11-15)."

여호와께서 에발산 앞에 세워야 할 지파와 그리심산 앞에 서야 할 지파를 분명하게 명령하신다. 이미 축복의 삶을 사는 자들과 저주의 삶을 사는 자들이 결정된 것이다. 평소의 삶을 다 보시고, 아시고 세우신다. 그러나 우리에게는 선택권이 주어졌다. 하나님의 기적, 이적, 능력, 복은 선택이다. 내가 어느 산 앞에 서 있고, 내가 어떤 길을 선택해서 걸어가고 있는지가 중요하다.

그리심산과 에발산의 실제

그리심산과 에발산은 우리의 선택이다.

"보라 내가 오늘 생명과 복과 사망과 화를 네 앞에 두었나니 곧 내가 오늘 네게 명령하여 네 하나님 여호와를 사랑하고 그 모든 길로 행하며 그의 명령과 규례와 법도를 지키라 하는 것이라. 그리하면 네가 생존하며 번성할 것이요, 또 네 하나님 여호와께서 네가 가서 차지할 땅에서 네게 복을 주실 것임이니라. 그러나 네가 만일 마음을 돌이켜 듣지 아니하고 유혹을 받아 다른 신들에게 절하고 그를 섬기면 내가 오늘 너희에게 선언하노니 너희가 반드시 망할 것이라. 너희가 요단을 건너가서 차지할 땅에서 너희의 날이 길지 못할 것이니라. 내가 오늘 하늘과 땅을 불러 너희에게 증거를 삼노라. 내가 생명과 사망과 복과 저주를 네 앞에 두었은즉 너와 네 자손이 살기 위하여 생명을 택하고 네 하나님 여호와를 사랑하고 그의 말씀을 청종하며 또 그를 의지하라. 그는 네 생명이시요 네 장수이시니 여호와께서 네 조상 아브라함과 이삭과 야곱에게 주리라고 맹세하신 땅에 네가 거주하리라(신명기 31: 15-20)."

하나님은 우리 앞에 생명과 사망, 복과 저주를 두셨다. 그리고 우리가 무엇을 선택하고 어떤 길을 선택하느냐에 따라서 그 결과, 열매를 거두게 하신다. 따라서 우리가 매일매일 어떤 길을 선택하고 어떤 길을 걸어가는지가 우리의 운명을 결정한다. 당신은 어떤 길을 선택하겠는가.

성경이 말하는 두 길

창세기부터 요한계시록까지 오직 두 길만을 말씀하신다. 생명나무의 길과 선악을 알게 하는 나무의 길, 순종의 길과 불순종의 길, 악인의 길과 의인의 길, 지혜자의 길과 미련한 자의 길, 하나님을 사랑하는 길과 하나님을 미워하는 길, 믿음의 길과 불신의 길. 성경의 여러 길을 정리하면 예수님께서 말씀하신 좁은 길과 넓은 길이 있다. 좁은 길의 종착점은 천국이고, 넓은 길의 종착점은 지옥이다.

그 길과 발람의 길

그 길과 발람의 길은 초대교회 성도들이 걸었던 길이다. 초대교회 성도들은 분명하게 두 길을 걸었다. 하나님의 말씀은 발람의 길을 따르는 자들을 강하게 책망하신다. 발람의 길은 멸망과 사망의 길이기 때문이다.

초대교회 시대나 지금 사람들이 따르는 발람의 길은 무엇인가.

"그들이 바른길을 떠나 미혹되어 브올의 아들 발람의 길을 따르는도다. 그는 불의의 삯을 사랑하다가 자기의 불법으로 말미암아 책망을 받되 말하지 못하는 나귀가 사람의 소리로 말하여 이 선지자의 미친 행동을 저지했느니라(베드로후서 2: 15-16)."

민수기 22장에서 24장까지를 보면 발람은 선지자였으나 이스라엘의 선지자가 아닌 메소포타미아에서 활동하는 점쟁이, 박수무당이다.

첫째, 발람의 길을 따르는 자들은 진리의 길을 버린 자들이다.

'그들이 바른길을 떠나'에서 바른길은 베드로후서 2장 2절의 '진리의 길'과 같은 단어(εὐθεῖαν)이다. 진리의 길을 떠난 것은 예수의 이름은 알지만 예수님과 상관없거나 예수님과 대적하는 자들이다. 사두개인, 바리새인, 제사장, 율법사, 서기관 같은 자들이다. 오늘날의 관점으로 보면 지식적·이론적·피상적으로만 이해하고 있는 자들이다.

둘째, 발람의 길을 따르는 자들은 세상 것에 유혹된 자들이다.

미혹된 것은 탈선, 방황하며 길을 잃고 헤매는 자들이다. 그들은 위선자들이며 형식적·가식적·거짓된 자들이다. 입술로만 "주여 주여" 하는 자들이다.

셋째, 발람의 길을 따르는 자들은 불의의 삯을 좋아하는 자들이다.

발람은 하나님께서 이스라엘 백성에게 저주하지 말도록 경고하고 막으셨음에도 불구하고 엄청난 돈을 받고 이스라엘 백성을 저주했다(민수기 22: 32). 발람의 길을 따르는 자들은 바리새인들처럼 불의의 돈을 좋아하고, 검은돈을 좋아하고, 떳떳하지 못한 돈을 사랑하는 자들이다.

"그들의 우두머리들은 뇌물을 위하여 재판하며 그들의 제사장은 삯을 위하여 교훈하며 그들의 선지자는 돈을 위하여 점을 치면서도 여호와를 의뢰하여 이르기를 여호와께서 우리 중에 계시지 아니하냐. 재앙이 우리에게 임하지 아니하리라 하는도다(미가 3: 11)."

넷째, 발람의 길을 따르는 자들은 다른 신령한 자들이 죄를 짓도록 유혹하는 자들이다.

"그러나 네게 두어 가지 책망할 것이 있나니 거기 네게 발람의 교훈을 지키는 자들이 있도다. 발람이 발락을 가르쳐 이스라엘 자손 앞에 걸림돌을 놓아 우상의 제물을 먹게 했고 또 행음하게 했느니라(요한계시록 2: 14)."

자신들은 죄악의 길을 걸으면서 다른 사람들을 유혹해 같이 죄를 짓게 만드는 아주 악한 자들이다.

그 길을 걷는 자들

"사울이 주의 제자들에 대하여 여전히 위협과 살기가 등등하여 대제사장에게 가서 다메섹 여러 회당에 가져갈 공문을 청하니 이는 만일 그 도를 따르는 사람을 만나면 남녀를 막론하고 결박하여 예루살렘으로 잡아오려 함이라(사도행전 9: 1-2)."

이 말씀의 배경은 사울이 수리아 다메섹이란 큰 도시에 숨어 있는 "그 길을 따르는 자들"을 체포하러 가는 상황이다. 그 길을 따르는 자들은 지금 이스라엘 땅 안에 사는 것도 아닌 수리아라는 이방인의 나라에서 사는 자들인데도 산헤드린 공의회에 큰 위협이 된다. 이들은 평범하게 신앙생활을 하는 자들이 아니다. 그 길을 따르는 자들이란 예수 그리스도를 믿는 자들이 그리스도인(사도행전 11: 26)이라는 이름으로 불리기 전까지는 그저 그 길을 따르는 자들로 불렸다. 왜냐하면 예수는 유대의 반역자로서 반역자의 이름을 부를 수 없기 때문이다. 따라서 예수를 따르는 자들이라는 이름으로 부를 수 없어 그 길을 따르는 자들로 불렀다. 당시 그 길을 따르는 자들은 오직 쿰란 동굴에 거하던 엣센파들이다. 쿰란 동굴에 숨어 살던 엣센파 일부가 사독 제사장의 후손인 한 제사장의 인도 아래 다메섹으로 이주해 신앙의 순결과 정조를 지키기 위해 '새 언약당'이라는 공동체를 세웠다. 이 새 언약당을 '다메섹 언약파' '다메섹 엣센파'로 불렀다. 이들은 수도사 같은 삶을 살아서 순교자가 많았다. 오직 예수 그리스도를 바라보고, 오직 예수 그리스도께서 가신 그 길을 따라 걸어가고, 오직 예수 그리스도의 삶과 정신을 본받아 살았던 자들이다.

건강한 신앙 공동체를 세우는 것은 무엇보다 중요하다. 마르틴 루터는 평소 100개의 교도소를 세우는 것보다 하나의 교회를 세우는 것이 낫다고 했다. 신앙 공동체가 믿음의 공동체를 세워야 한다. 믿음의 사람들이 깨어 있어 영적인 싸움을 하고, 복음을 확장해 가야 한다.

도피성

이스라엘 백성은 하나님의 명령과 인도하심을 따라 여호수아의 지도로 가나안 땅을 정복했다. 가나안을 정복했다는 것은 오랜 시간 동안 큰 전쟁을 치렀다는 뜻이다.

여리고성 정복을 시작으로 16년 동안 전쟁을 치르고 가나안 땅을 지파별로 분배했다. 그동안 왕 31명에게 빼앗은 땅을 각 지파에 분배했다. 42개 성읍을 정복하고 엄청난 전쟁을 치렀지만 아이성 전투를 제외하고는 이스라엘 백성 중 사망자가 없었다. 그 전쟁은 하나님께 속한 전쟁이기 때문이다. 그 모두 전쟁, 정복, 땅의 분배가 끝난 후 여호와께서 가나안에 도피성을 건축하게 하셨다.

가나안땅에서 하나님의 자녀로 살아가는 이스라엘 백성에게 도피성을 건축하게 하신 것은 특별한 섭리 때문이다. 이는 광야 공동체에 있을 때부터 하나님께서 명령하신 것이다. 성경 말씀에 따르면 가나안 교회의 도피성은 두 가지다. 하나님의 제단과 도피성이다.

가나안 땅에서 도피성은 그만큼 중요한 장소였다. 이 도피성이 지금 우리에게 어떤 의미인지도 중요하다. 도피성은 창세기 19장에서 롯의 가족이 소돔, 고모라의 재앙을 피해 도망치던 것에서 유래했다. 고대 근동의 마을과 공동체에는 범죄자들이 완전히 피할 수 있고, 그들을 체포할 수 없는 특별한 성역에 대한 협정이 있었다. 도피성이란 글자 그대로 '도피하는 곳' '도망치는 곳', 성경의 표현으로 하면 피난처, 안식처다. 도피성은 아무나 들어갈 수 있는 곳이 아니다. 규례가 있었다.

첫째, 도피성은 레위인의 기업 가운데 두었다.

도피성은 사람들이 만들고 싶다고 아무 데나 만들 수 있는 것이 아니다. 반드시 하나님께서 정해 주신 그곳에만 두어야 하는데 그 장소가 레위인의 기업이다.

둘째, 가나안 땅에 3곳, 요단강 동편에 3곳, 6군데에 두었다.

이는 비록 하나님의 약속이나 명령을 어기고, 요단강 동쪽에 머물러 있다 할지라도 하나님의 은혜는 그곳에도 주어진다.

셋째, 도피성을 반드시 레위 지파의 성읍에 두는 것은 하나님의 종들, 영적 지도

자들에게 사명을 고취시키시는 것이다.

영적 지도자들은 인간의 감정이 아니라 하나님의 계명과 사랑으로 사역해야 한다.

넷째, 도피성은 누구든지 쉽게 달려 들어갈 수 있는 위치에 두어야 한다.

다섯째, 부지 중에 살인한 자들이 들어갈 수 있다.
계획적 살인을 저지른 자나 복수심이 가득 찬 살인자는 들어갈 수 없다.

여섯째, 도피성에서 생활하다가 대제사장이 세상을 떠나면 자유의 몸이 됐다.
예수님께서 오실 당시는 제사장들이 제비를 뽑아 1년에 한 차례씩 지성소에 들어가 사역을 감당했다.
그러나 가나안 교회가 시작되는 시기에는 아론이 자신의 아들 엘르아살에게 에봇을 입혀주면서 대제사장의 사역을 위임했기에 여러 명의 대제사장이 존재하지 않았다. 살인자의 죄는 반드시 그 생명값과 핏값을 지불해야 한다. 그러나 대제사장이 죽음으로써 이 살인자의 핏값을 대신한 것으로 간주됐다.

일곱째, 고의적으로 살인죄를 저지른 사람은 도피성에 들어갈 수 없었다.
민수기 35장에서 도피성에 들어갈 수 있는 살인자와 들어갈 수 없는 살인자에 대한 규례를 구체적으로 말씀하신다.

도피성의 목적

도피성의 목적은 하나님의 은혜와 사랑이다. 도피성의 목적은 분명하다. 의도적으로 사람을 죽인 자들이 아닌 우발적으로나 실수로 사람을 죽게 한 자들에게 베푸시는 하나님의 사랑이다.

첫째, 도피성의 목적은 죄의 보복자들을 피하기 위함이다.

실수로 사람을 죽였으나 가족들은 복수심에 불타서 또 다른 살인을 저지를 수 있다. 이것을 방지하기 위해서 도피성을 두었다.

둘째, 살인자가 정당한 재판을 받을 때까지 보호하는 것이다.

이스라엘 백성의 율법에는 인과응보 제도가 있다. 눈에는 눈, 이에는 이, 손에는 손, 신체는 신체, 생명은 생명으로 보응한다. 신앙 공동체는 복음이 전파된 이후에는 이런 율법을 넘어 예수님께서 그토록 강조하시고 실천하신 사랑의 법을 따르고 있다.

도피성의 영적·복음적 의미

첫째, 사람의 생명을 지극히 귀하게 여기는 것이다.

하나님은 살인죄를 무섭게 다루신다. 십계명 중 제6계명은 "살인하지 말라"는 것이다. 그러나 실수로 사람을 죽게 했다면, 그 사람의 생명 또한 죽일 수 없게 만든 것이다.

이 말씀은 이 시대의 우리들이 정말 가슴에 새겨야 한다. 어떤 시대보다 생명 경시 풍조가 심한 때에 자신의 생명이건 타인의 생명이건 무엇보다 귀하게 여겨야 한다.

둘째, 원수 갚을 일은 주님께 맡기는 것이다.

"내 사랑하는 자들아. 너희가 친히 원수를 갚지 말고 하나님의 진노하심에 맡기라 기록됐으되 원수 갚는 것이 내게 있으니 내가 갚으리라고 주께서 말씀하시니라(로마서 12: 19)."

"그러나 너희 듣는 자에게 내가 이르노니 너희 원수를 사랑하며 너희를 미워하는 자를 선대하며(누가복음 6: 27)"

셋째, 신앙 공동체의 생명은 은혜와 사랑이다.

"내 계명은 곧 내가 너희를 사랑한 것같이 너희도 서로 사랑하라 하는 이것이니라(요한복음 15: 12)."

"새 계명을 너희에게 주노니 서로 사랑하라. 내가 너희를 사랑한 것같이 너희도 서로 사랑하라. 너희가 서로 사랑하면 이로써 모든 사람이 너희가 내 제자인 줄 알리라(요한복음 13: 34-35)."

넷째, 우리 죄를 사하실 분은 오직 예수 그리스도이시다.

도피성의 규례를 보면 도피성 안으로 도망친 살인자들은 대제사장이 죽은 다음에 그 도피성에서 나와 자신의 집, 가족에게로 돌아갈 수 있다. 그 무서운 살인죄가 용서되고, 자유와 해방을 누리게 되는 것이다. 그뿐만 아니라 제사에도 참여할 수 있다. 고대 가나안 신앙 공동체에서 대제사장은 이스라엘 온 백성의 죄를 대신 가지고 대속죄절의 제사를 드렸다. 그러므로 대제사장의 죽음은 속죄의 상징이다. 대제사장의 죽음은 살인자의 죗값을 대신한 것이다. 그래서 대제사장이 죽으면 살인죄도 용서되고 자유롭게 됐다. 오늘 이 시대의 사람들은 죄의 노예가 돼 살아간다. 그러나 사람의 힘으로는 죄를 속량할 수 없다. 우리 죗값을 대신 지불하실 분은 우리의 대제사장이신 오직 예수 그리스도밖에 없다.

"그러므로 우리에게 큰 대제사장이 계시니 승천하신 이, 곧 하나님의 아들 예수시라. 우리가 믿는 도리를 굳게 잡을지어다. 우리에게 있는 대제사장은 우리의 연약함을 동정하지 못하실 이가 아니요, 모든 일에 우리와 똑같이 시험을 받으신 이로되 죄는 없으시니라(히브리서 4: 14-15)."

이 시대 영적, 복음의 도피성, 복음의 피난처는 오직 예수 그리스도이시다. 다윗은 자주 이런 고백을 드렸다. 여호와는 나의 피난처가 되신다.

다섯째, 예수는 우리의 도피성이 되셔서 우리를 죄에서 구원하실 뿐만 아니라 구원하신 후 지키시고 보호해 주신다.

우리는 이미 이런 은혜를 받아 누리고 있다. 성도는 예수를 믿는 순간 죄와 사망에서 완전히 자유롭게 됐다. 해방됐다.

"그러므로 이제 그리스도 예수 안에 있는 자에게는 결코 정죄함이 없나니 이는 그리스도 예수 안에 있는 생명의 성령의 법이 죄와 사망의 법에서 너를 해방했음이라(로마서 8: 1-2)."

그럼에도 마귀는 우리를 무기력하게 만들어 하나님께서 주신 사명을 감당하지 못하도록 마음에 마귀의 생각을 넣어 우리가 죄인이라고 유혹한다. "너는 죄인이야" "너는 이런이런 죄를 지었잖아"라고 해도 절대로 속지 말아야 한다. 이런 마귀의 생각이 올 때 외쳐야 한다. "그래 마귀야, 난 죄인이다. 그러나 예수께서 나의 모든 죄를 속량하셨다" "마귀는 물러가라"라고 해야 한다.

예수는 가난한 자들의 피난처, 도피성 되신다(시편 14: 6).
예수는 환난당한 자의 피난처, 도피성 되신다(시편 46: 1).
예수는 고난, 폭풍에서 피난처, 도피성 되신다(시편 55: 8).
예수는 원수, 대적을 피하는 도피성 되신다(시편 61: 3).
예수는 질병을 피하는 도피성 되신다.

예수는 버림받은 자들의 피난처 도피성 되신다.

그러므로 성도는 이 험악하고 위험한 시대에 오직 예수 그리스도 안에서 살고, 오직 예수 그리스도 안에 피하고, 오직 예수 그리스도를 도피성으로 인정하고, 그 안에서 살아가야 한다.

오직 예수님만이, 오직 예수님이 선포되는 신앙 공동체만이 도피성이다. 오직 은혜와 사랑이 실천되고 경험되는 공동체만이 영적 도피성이다. 이것이 가나안 믿음 공동체의 본질이다. 오직 예수님을 도피성 삼아 그 품 안에서 살아갈 때 참 평안, 참 행복, 참 자유, 참 만족이 있다.

가나안 교회의 진단

첫째, 당신은 복음의 중심이 돼 있는가.
둘째, 당신은 어떤 교회를 만들어가고 있는가.
셋째, 지금 교회는 말씀다운 말씀, 생명력 있는 말씀을 선포하고 있는가.
넷째, 능력 있는 기도가 살아 있는가.
다섯째, 평신도 훈련을 잘 진행하고 있는가.
여섯째, 전도 프로그램은 잘 운영되는가.
일곱째, 선교에 얼마나 헌신하고 있는가.

여덟째, 영적 전쟁, 싸움에서 승리하고 있는가.

아홉째, 교회는 생명력 있게 부흥 성장하고 있는가.

열째, 당신은 지금 어떤 길을 선택해 걸어가고 있는가.

열하나째, 교회의 본질, 소명, 사명에 충실하고 있는가.

열두째, 하나님께서 주신 은사와 재능은 무엇인가.

열셋째, 교회는 영적 안식처, 도피성이 돼 있는가.

가나안 교회의 과업

첫째, 가나안 교회의 가장 중요한 과업은 하나님의 영광을 드러내는 것이다.

어느 시대 어떤 교회이든지 그 교회의 존재 목적은 하나님을 영화롭게 하는 것이다. 이는 예배의 목적이며 성도들 삶의 목적이기도 하다.

둘째, 역동적인 예배가 살아 있어야 한다.

예배는 하나님을 경험하는 시간이다. 신앙 공동체는 예배가 뜨겁게 살아 있어야 한다. 예배를 드릴 때마다 하나님을 경험하고, 예수님의 은혜와 성령의 역사를 경험하고 영적 세계를 경험해야 한다.

셋째, 영적 싸움에서 승리해야 한다.

가나안에는 대표적인 일곱 족속, 일곱 귀신이 있었고, 이스라엘 백성은 이런 가나안을 지배하는 것들과 전쟁을 통해 가나안을 정복해 갔다. 신앙 공동체는 이런 영적 전쟁을 통해 승리해야 한다. 예수님은 소아시아 일곱 교회에 동일하게 말씀을 주셨다. "이기는 자에게 주시는 약속이다(요한계시록 2: 7, 2: 11, 2: 17, 2: 26, 3: 5, 3: 12, 3: 21)." 영적 싸움에서 승리하기 위해서는 영적 싸움의 대상을 바로 알고, 깨어 있어 성령의 능력과 기름 부으심이 있어야 한다.

넷째, 신 벗음의 훈련이 있어야 한다.
세상과 구별되고 사명에 충실하며 겸손하게 낮아지는 훈련이다.

다섯째, 복음의 말씀, 살아 역사하는 말씀, 설교가 있어야 한다.
한국 교회 설교를 분석한 교수들의 통계를 보면 아직도 한국 교회 강단의 설교 가운데 90% 정도는 복음보다는 율법적 설교를 하는 경향이 많다.

여섯째, 기도의 불이 있어야 한다
기도를 자주 하지 않거나, 기도의 힘이 약해져 기도의 불이 꺼진 개인이나 교회는 더는 교회라고 할 수 없을 만큼 성령의 기운이 사라져 마귀들의 놀이터가 된다.

"시험에 들지 않게 깨어 기도하라. 마음에는 원이로되 육신이 약하도다

하시고(마태복음 26: 41)"

기도를 쉬는 것은 죄이며, 기도를 쉬는 순간 시험에 빠지고 마귀의 도구가 될 수 밖에 없다.

일곱째, 가나안 공동체는 영적 훈련이 있어야 한다.
그 훈련은 다양하다. 교회마다 각 교회에 맞는 훈련 프로그램이 중요하다. 새 가족 훈련, 제자 훈련, 일대일 양육 훈련, 사역자 훈련, 사명자 훈련 프로그램 등을 마련해야 한다.

여덟째, 가나안 공동체와 성도들은 천국의 소망을 가지고 좁은 길, 순례자의 길, 십자가의 길, 예수께서 가신 그 길을 가야 한다.

아홉째, 가나안 공동체는 전도와 선교에 최선을 다해 우리를 하나님의 형상대로 만드신 목적대로 세상을 정복하고 영적으로 번성하고 충만하게 해야 한다.

열째, 교회는 도피성의 목적에 따라 은혜와 사랑이 넘쳐야 하며 참 안식, 참 평안을 주어야 한다.

나가면서

사람들은 누구나 하나님의 형상을 따라 하나님의 모양대로 지음을 받아 이 땅에 태어났다. 그러나 시간이 흐르고 나이를 먹어가면서 하나님의 형상을 잃어버리고 사람다운 성품도, 인간다움도 상실해 버리고 마치 짐승이나 동물 같은 행태로 살아가는 사람이 많다. 그보다 더 고통스러운 것은 그럼에도 자신의 영·혼·육에 생긴 상처를 알지 못한 채 그 상처로 다른 사람들을 아프게 하는 것이다.

책의 교정을 마무리할 즈음 결혼한 지 석 달 된 가정의 비극이 뉴스를 탔다. 남편이 아내를 목 졸라 죽이고도 반성이나 고통, 아픔도 없이 술에 취해 충동적으로 저지른 일이었다고 태연하게 말했단다. 이런 뉴스가 나올 때마다 마음이 심히 아프다. 여러 상담 기법 중에 아주 좋아하는 방법이 있다. 리딩 세라피(reading therapy), 독서 치료다. 책을 읽으면서 자신의 상처 난 마음을 보듬어주고, 열등감을 풀어주고, 마음의 공허함을 메워주고, 회복을 찾아가는 것이다.

성경은 이런 능력을 지닌 최고의 책이며, 수많은 사람이 성경을 읽으면서 놀라운 치유를 경험했다. 《광야 같은 인생에서 승리하는 비결》을 정독하면서 자신에게 적용해 보고자 하는 이들에게 성경의 십분의 일, 백분의 일만큼이라도 그런 치유, 회복의 은혜가 있기를 기대해 본다.

갑자기 아내를 떠나보내고 처절한 슬픔을 어찌할 수 없어 밤마다 눈물로 지새운 날이 두어 달이 돼간다. 이런 고통 속에서 이 책이 준비되었다. 제목을 정하고 깊이 격려해 주고 힘이 되어준 귀한 딸 이주경, 사위 박지훈에게 정말 고맙고 사랑한다는 말을 전한다. 보배 중 보배 손자 박세인, 손녀 박해인은 슬픔을 기쁨으로 바꾸어준 나의 분신들이다. 동아일보사 송홍근 팀장님과 한여진 차장님께도 진심으로 감사드린다. 깊은 슬픔을 이기고 이 책이 출판될 수 있었던 것은 평생을 바쳐 함께한 임마누엘교회 가족들의 위로 덕분이다. 그 사랑과 위로를 결코 잊지 않을 것이다. 이 책을 선택한 모든 분을 사랑하며 축복한다.

광야 같은 인생에서 승리하는 비결

1쇄 발행 2025년 8월 26일

지은이 이은철
발행인 임채청
펴낸 곳 동아일보사
등 록 1968.11.9(1-75)
주 소 서울시 종로구 청계천로 1 (03187)
편 집 전화 02-361-0952 팩스 02-361-0979
인 쇄 도담프린팅

저작권 ⓒ 2025 이은철
편집저작권 ⓒ 2025 동아일보사

이 책은 저작권법에 의해 보호받는 저작물입니다
저자와 동아일보사의 서면 허락 없이
내용의 일부를 인용하거나 발췌하는 것을 금합니다.

ISBN 979-11-92101-40-8 03230 값 22,000원